KB215447

철학과 현상학 연구 제15집

현상학과 정신분석

철학과 현상학 연구 제 15 집

현상학과 정신분석

[한국현상학회 엮음]

철학과현실사

▣ 머리말

작년부터 기획하고 준비해왔던 '현상학 탄생 100년 기념 국제 학술회의'가 금년 10월 7일 하루 종일 연세대학교에서 열렸다. 주제는 '현상학 100년, 그 근원과 한국적 변용(Hundertjahre Phänomenologie : Ursprung und Transformation in Korea)'이었다. 독일 부퍼탈대학의 헬트(Klaus Held) 교수와 벨기에 루벵대학의 베르넷(Rudolf Bernet) 교수를 초청하였고, 한국측에서는 한정선 교수와 홍성하 교수가 발표에 나섰다. 헬트 교수는 「진리를 둘러싼 논쟁 ─ 현상학적 전사(前史)」를, 베르넷 교수는 「후설의 베르나우 원고에 있어서의 시간 의식에 대한 새로운 현상학」을 발표하였다. 아마 이번 학술회의는 글자 그대로의 명실상부한 국제 학술회의가 되었다. 모든 발표와 질의 토론이 독일어로 이루어졌다. 마지막 종합 토의 시간에는 예상하지 않았던, 외국 교수들의 한국측 발표자의 내용에 관여하여 현상학의 한국적 변용에 대한 의견 교환이 있어서 상호간에 배운 바가 많았다. 특히 한정선 교수의 「신체의 현상학 ─ 기(氣)

의 현상학을 위한 시도」나 홍성하 교수와 김두규 교수의 「후설 현상학과 한국의 풍수지리 사상에 나타난 직관에 대한 연구」는 일반 청중들의 호기심과 관심을 불러일으키기에 충분하였다. 이번 학술회의는 한국 현상학의 연구 방향에 대해 의미를 부여할 수 있는 중요한 계기가 되었다고 생각한다.

한정선 교수의 논문은 우리의 신체를 기철학적으로 이해하고자 하였다. 그러나 그가 사용하고 있는 기의 개념은 서양철학에서 우세하게 전승되고 있는 기계론적 신체관에 대한 도전으로 이해하였다. 그래서 기의 현상을 "감추어진 현상"으로 보고 이를 이해하기 위해서 지각 개념과 현상 개념을 확장시켜야 한다고 보았다. 이렇게 되어야 지각 개념과 현상 개념은 초물리적이고, 일상적인 감각의 수준을 뛰어넘는 초감각적인 현상들까지도 담아낼 수 있을 것이라고 하였다. 그는 다양한 기현상과 기의 개념을 언급하고, 그 다음에 기철학적 기의학이 신체의 생명 현상을 어떻게 기의 흐름으로 설명할 수 있는가를 다루었다. 마지막으로 기계론적 자연주의적인 신체 이해에 대해 현상학적 에포헤(Epoche)를 시도하는 것으로 논문의 줄거리를 잡고 있었다. 마지막 장에서 현상학적으로 그 문제를 들추어내는 데 시간이 부족했던 것만 제외한다면, 기철학을 이만큼 체계적으로 정리한 논문은 없었다. 그리고 현상학적인 관점에서 다룬 논문도 처음이다.

홍성하 교수와 김두규 교수의 논문은 풍수지리 사상에 나타난 직관 개념을 후설 현상학과 연결시키는 작업이었다. 우리 철학에서 언급하고 있는 직관의 유형을 구별하여, 감성적 직관, 현상학적 본질 직관, 지적 직관으로 나누어본다면, 풍수지리 사상에서 거론되고 있는 직관은 현상학과 관련된 직관이라고 규정한다. 먼저 풍수에서의 직관을 3단계로 나누어서 고찰한다.

첫 단계는 범안(凡眼) 단계로서, 일상적이고 자연적인 눈으로 땅이나 산을 상이하게, 즉 물리적인 형체나 경제적인 이용 대상으로 파악하는 단계다. 두 번째 단계는 법안(法眼)으로, 땅을 풍수 사상의 법칙이나 원리에 따라 인식하는 것을 말한다. 세 번째 단계는 개안(開眼)으로, 참된 직관의 단계다. 후설이 순수 의식으로 나아가기 위해 현상학적인 방법을 요구하고 있듯이, 한국의 풍수 사상에서는 땅에 대한 본질적인 입장을 분석하기 위해 이러한 방법을 설정해야 한다는 것이다. 홍교수는 현상학과 풍수 사상은 서로 전혀 다른 역사적 문화적인 맥락을 지니고 있다는 것을 전제하면서, 이 두 직관들 사이의 유사성을 비교하고 있다.

최근 몇 년 동안 우리 학회는 현상학의 방법을 한국적인 문제와 상황에 적용해보려고 꾸준히 시도해왔다. 그러나 이번 기회를 통해서 이런 시도의 가능성과 불가능성 또는 그 의미와 무의미를 점검해보아야 할 시점에 도달한 것 같다. 현상학의 한국적 수용과 변용은 무엇을 말하는가? 한국 또는 동양에서만 특이하게 드러나는 문제를 현상학적인 시각에서 논의하는 것을 한국적 변용이라고 말할 것인가? 현상학에서 사용하고 있는 개념과 언어를 사용하여 한국적인 문제를 다룬다고 하여 모두 "현상학적"이라고 말할 수는 없다. 한정선 교수는 신체의 기를 자연과학적, 기계론적으로 다루어왔던 경향을 현상 그 자체로 되돌려놓는 에포헤를 단행하였고, 홍교수는 감각적 직관이나 지적 직관과 다른 현상학적 직관의 구조를 풍수 사상에서 찾아내었지만, 헬트 교수의 사뭇 다른 시각에서의 비판적 성찰(신체를 유일하게 氣로만 보는 이론에 대한 현상학적인 에포헤나 풍수의 직관 그 자체에 대한 생활 세계로부터의 현상학적 구성 등)은 현상학의 한국적 변용에 대한 인식의 전환을 요구하고 있다. 지금까지 한국의 토착 사상이나 한국의 특이한 감정과 정서를 현상학적으로 분석할 때 흔히 단순 비교적인 방법으로 접근하기가 일쑤였다. 그러나 거기서 얻어진 학문적 성취는 현상학 연구 방법 자체나, 한국 사상의 본질 파악에도 별반 도움이 되지 못했음을 인정하게 될 것이다. 아직 한 번도 우리는 우리 모두가 내놓았던 한국적 변용의 의미와 무의미에 대한 깊은 반성의 기회를 갖지 못하였다. 이제 이것이 우리에게 과제로 주어졌다.

앞으로 우리 현상학회가 성취해야 할 많은 일들이 있다. 국내 현상학 연구의 심화와 확산을 위해서 후설 저작들과 후설 이후의 중요한 현상학자들의 저작들을 번역하는 사업이 장기적인 계획으로 실행되어야 할 것이다. 그뿐만 아니라 현상학의 주요 개념들을 우리의 이해 방식에 접근하도록 번역하고, 또한 이들을 통일시키는 작업이 필요하다. 그리고 2~3년 전부터 기획하고 있는 일은 한국현상학회의 국제 학회와의 학문적 교류가 더욱 긴밀해져야 할 것이다. 금년에 이미 이남인 교수가 미국현상학회의 주선으로 초청 강연을 다녀왔다. 그리고 우리가 현상학 탄생 100년을 기념하고 있는 동안에 체코와 홍콩에서 국제학술회의가 개최되었다. 11월 14일부터 19일까지 체코의 올로목(Olomouc)대학의 주최로 '현상학 탄생 100년 기념 학술회의'가 열리고 있다. 여기에는 우리 학회 부회장 이기상 교수가 초청을 받아서 「다석 유영모의 성 개념과 공 개념(Das Heilige und die Leere bei Ryu Young-Mo)」으로 논문을 발표하게 된다. 그리고 금년 11월 21일부터 25일까지 홍콩에서 개최되는 국제 현상학회 학술대회에 학회 총무이사 한정선 교수가 초청을 받아서 「사이버 현상과 사이버 문화(Cyberphenomena and Cyberculture)」란 제목으로 발표하게 되었다. 이 학술대회는 홍콩 중국대학 철학과와 엠브레(Lester Embree) 교수가 회장을 맡고 있는 국제현상학연구소(Advanced Research Center for Phenomenology)가 공동으로 주최하는데, 학술대회의 주제는 "시간, 공간, 문화(Time, Space and Culture)"로 되어 있다. 학회의 월례 정기 발표회의 2부 순서로 국제회의를 다녀왔거나 국제적인 교류의 체험을 가진 회원들이 보고하는 순서가 있다. 이런 기회는 우리의 시각을 넓혀주기도 하지만 우리의 현상학 연구의 현주소를 확인시키는 계기가 되기도 한다. 이제는 이런 교류가 더욱 빈번해질 것으로 기대된다. 마지막으로 계획하고 있는 것은 한국현상학회의 홈페이지를 인터넷에 올리는 일이다. 우리 학회와 공식적인 연결이 없는 가운데 현상학 연구에 관한 홈페이지가 올라가 있다. 학적인 공증을 얻은 현상학 연구에 대한 논문이나 자료를 요청하는 사람들이 많이 있다는 것을 생각한다면 이 일은 시일을 다투는 일이다. 당장 내년부터라도 우리 학회가 운영하는 현상학 홈페이지가 개설되어야 할 것이다.

1998년부터 우리 학회는 1년에 2회의 학회지를 정기적으로 발행하기로 계획하였으며, 아직까지는 차질 없이 잘 시행되고 있다. 지금까지 우리는 자연, 역사, 문화, 몸 등의 철학적 문제를 현상학에서 논의하는 특집으로 발간하였다. 이번 『철학과 현상학 연구 15집』 주제는 이 연관성 위에서 그 특집 주제를 "현상학과 정신분석"으로 결정하였다. 회원들의 열정적인 연구 태도가 만들어낸 결실이다. 지난 4년 동안 학회 임원들의 헌신적인 참여가 이 모든 것을 가능하게 만들었다. 아마 젊은 현상학자들인 이종관 교수, 한정선 교수, 이남인 교수, 조관성 교수, 홍성하 교수의 도움이 아니었더라면 이런 일이 실현될 수 없었을 것이다. 윤명로 교수, 한전숙 교수, 이영호 교수가 뒤에서 학회를 후원해주었고, 일일이 거명할 수 없는 학회 회원 여러분들의 적극적인 참여와 협조로 학회가 유지되어 왔음에 깊이 감사할 뿐이다. 지방에 거주하는 회원들일수록 더 열성적으로 학회 모임에 참석하였고 돈과 시간을 아낌없이 투자하였다. 이것은 오래 전부터 내려오는 현상학회의 전통이기도 하다. 우리 학회가 다른 철학의 분과학회보다도 더욱 발전할 수 있었던 것은 바로 이런 인격적 유대가 돈독했기 때문이라고 생각된다. 그리고 이 분들 덕분에 학회장은 그냥 서 있기만 해도 어려웠던 고비 고비를 잘 넘길 수 있었다. 나는 그 분들에게 사랑의 빚을 지고 살아가게 되었다. 또 한 가지, 우리 학회지가 수준 높은 유가지로 시판되도록 하는데는 <철학과현실사> 전춘호 사장님의 지원과 도움이 컸다. 현상학회의 일이라면 싫은 내색하지 않고 직접 발로 뛰면서 모든 수고를 도맡아주었다. 2001년부터 시작되는 새 세기에는 우리 현상학회가 더욱 발전하고 학회 회원들의 연구에 많은 결실이 맺어지기를 기원한다.

2000년 11월 18일
한국현상학회 회장 박 순 영

차 례

차 례

제 1 부
현상학과 정신분석

제 1 부

언어학과 심리학

사르트르의 현실태적 존재론과 실존적 심리 분석

박 종 원 (성균관대 철학과 강사)

1. 머리말

현상학은 의식에 현시하는 현상들과 작용들을 선입견 없이 그 자체로 기술(記述)하는 철학 방법에 관한 학(學)이다. 이렇게 넓은 의미로 이해될 때, 현상학은 근세 초기에 근세 과학을 정당화하는 실체론적 세계관(자연적 태도)에서 벗어나고자 했던 다양한 분야의 학문적 태도들을 포괄할 수 있는 학문적 운동이다. 프랑스철학의 가장 큰 전통인 실증적 정신주의를 세운 콩디약과 맨 드 비랑의 철학을 비롯하여, 이 전통에 속한 무수한 철학자들뿐만 아니라, 메를로-퐁티가 지적했듯이, 프로이트나 마르크스조차도 현상학적 태도를 지니고 있다고 말할 수 있다. 물론 현상학이 철학의 한 방법론으로 구체화된 것은 말할 필요도 없이 에드문트 후설에서부터다. 후설에 의해서 현상학은 여타 학문들이 함의할 수 있는 모든 불확실성을 제거하고, 명증적이고 확실한 토대 위에 세우는 근원적인 출발이 되는 학,

즉 엄밀학이며 동시에 제일철학이 되고자 한다. 이처럼 현상학은 철학하는 새로운 방법으로 구체화되면서 '명증성', '엄밀성', '자기 의식'을 철학이 취해야 할 기준으로 삼는다. 그러나 현상학적 방법의 이런 특성들이 자체에 갈등과 자기 분열을 내포하고 있다는 것이 점차 드러나게 된다. 그것은 '명증성', '엄밀성', '자기 의식'이 일종의 명도를 가지는 개념이라는 데 기인한다. 의식 현상들은 그것이 의식에 현전한다는 의미에서는 직접적이고 명증적이지만, 이 사실이 의식 현상들의 밝기를 평가할 수 있는 기준은 아니다. 의식 현상들에 대한 의식 주관의 기준에서 그것들의 객관적 기준을 연역할 수 없는 것이 아닌가? 현상학이 엄밀학이 되기 위해서는 방법의 객관적 기준이 요구되는데, 현상학은 자신의 요구를 스스로 충족시킬 수 없는 한계를 갖고 있다. 따라서 현상학은 '명증성'과 '엄밀성'을 '자기 의식'과 더욱 밀착시켜 의식 현상들의 명도를 단순화시킨 현전성의 학문으로 되든가, 의식 현상들의 명도를 인정하면서 이 명도들의 차이를 평가하고 해석할 존재론의 보충을 요구할 수밖에 없는 듯이 보인다. 전자의 경우에 현상학은 철학의 방법으로서 더욱 자기 확인의 명도를 얻게 되겠지만, '현전성(또는 현실태적 현상)'만을 인정하는 '조야한' 직접성의 학문이 되고 말며, 반면에 후자의 경우엔 현상학적 방법은 존재성의 깊이(두께)에 더욱 접근할 수 있는 방법이지만, 이 방법이 그 자체로 충족적인 방법이 되지 못한다.

후설 이후에 독일과 프랑스에서 하이데거와 사르트르와 메를로-퐁티에 의해서 전개된 현상학의 발전은 현상학의 방법이 내포한 자기 한계를 의식하는 과정이며, 그것을 극복하고자 하는 노력들이다. 하이데거는 현상학은 존재론의 보충을 통해서 철학적 방법으로서 완성될 수 있다고 생각했고, 사르트르는 방법을 엄밀하게 하기 위해 현상학을 '현전성'의 학문으로 압축시켰으며, 메를로-퐁티는 존재론적 두께를 현전적 의식으로 기술하려 하였다. 따라서 존재성(퐁티에게서는 '육화된 의식')의 현상학적 기술(記述)은 필연적으로 애매할 수밖에 없었던 것이다. 분명히 사르트르의 태도는 현상학의 방법이 그 엄밀성을 요구할 때, 도달할 수밖에 없는 하나의 길을 우리에게 보여준다. 그 대신 그것은 현상학적 방법이 가장 협소하게 이해된 길에 해당한다. 왜냐 하면 그것은 의식의 시간적 흐름을 현전 속에 압축하는 현실태적 관점이며, 동시에 이 의식의 현전을 '자기 의식'이란 기준을 통해 확실성의 명도를 높임으로써 음영을 부정하는 방식이기 때문이다. 따라서 이런 태도는 필연적으로 존재의 두께와 의식의 음영을 부정한다. 즉, 존재에서는 잠재태를 거부하며 의식에서는 무의식을 부정한다. 넓은 의미로 이해된 현상학에서 현상들은 존재의 두께와 의식의 두께에 맞닿아 있는 접점들이라고 인정한다면, 좁게 해석된 현상학에서는 존재의 두께는 현상들의 중첩일 뿐이고, 의식의 두께는 현재적으로 머무는 과거와, 현재가 되는 미래의 변증법적 작용일 뿐이다. 사르트르가 무의식을 전제하는 프로이트의 심리 분석에 대적하는 '실존적 심리 분석'을 그의 존재론의 귀결로 내놓은 이유가 바로 여기에 있다.

사르트르의 실존적 심리 분석은 당대의 프로이트의 심리 분석에 대적하여 내놓은 정신 현상에 관한 설명이다. 동시에 그것은 그의 현실태적 존재론이 심리 현상들에 대해 취할 수밖에 없는 필연적 귀결이다. 사르트르가 그의 존재론을 전개한 『존재와 무』의 대미를 '실존적 정신분석'으로 장식하고 있는 이유가 여기에 있다. 넓은 의미의 현상학적 태도에 포함될 수 있는 프로이트의 심리 분석이 사르트르의 눈에는 부정확한 기술(記

述)처럼 나타났다는 사실, 즉 넓은 의미의 현상학적 방법과 좁은 의미의 현상학적 방법의 갈등은, 현상학적 방법을 철학의 방법으로 구체화하거나 정교화하면서 만날 수 있는 문제점이 무엇이며, 또한 현상학을 철학적으로 정교화하는 것을 어떤 기준에서 어떤 방식으로 해야 하는가를 반성하게 하는 계기가 될 것이다.

2. 데카르트 '코기토'의 수직 이동 — 현실태적 존재론

사르트르의 철학적 여정은 베르그송에서 헤겔과 후설을 거쳐 데카르트에 도달하는 여정이다. 베르그송은 어떤 의미에선 데카르트 이후에 비(非)-데카르트주의라는 철학적 전개의 정점에 위치한다고 말할 수 있으니, 이 측면에서 사르트르는 데카르트 이후의 철학의 역사를 역행하는 길을 간 것이다. 무엇이 사르트르로 하여금 철학의 역사를 역행하도록 한 것인가? 그것은 인간의 실존과 역사에 대한 관심이다. 베르그송의 존재론이 생명 이론에 근거하여 인간 존재의 근원을 설명하고, 인간의 행동과 인식 기능의 본성을 정확하게 드러냈다 하더라도, 그의 철학은 문화, 역사적 조건 속에서 인간의 실존 방식에 대한 언급을 결여하고 있다는 것이 분명하다. 사르트르가 철학을 시작할 시기에 프랑스의 상황은 인간성이 아니라 한 인간이, 인류의 역사가 아니라 한 인간의 실존적 역사가 문제시되는 상황이었다. 그 시기는 양차 대전이 이어지는 시기였고, 전쟁에서는 개인은 의미를 상실한다. 집단의 존속만이 중요할 뿐, 개인의 죽음은 집단의 승리의 상처일 뿐이다. 그러나 '나'의 죽음 앞에서 '사회' 또는 '인류'의 존속이 나에게 어떤 의미를 가질 수 있는가?

연구자들이 지적하듯이 코제브의 헤겔『정신현상학』강의는 사르트르에게 적지 않은 영향을 주었다. 그 이유는 아마도 이 저술이 인간의 역사성을 담고 있고, 개인(자아)과 타자 간의 실존 방식, 즉 변증법적 상관성을 깊이 있게 표현하고 있기 때문일 것이다. 그러나 헤겔철학이 사르트르에게 역사성에 대한 관심을 넘어 그의 존재론 형성에 영향을 준 것은 개인과 인류가 '자기 의식'을 통해 소통되는 방식이다. 사실 헤겔철학은 역사성을 문제시하지만, 개인의 실존이 문제시되지는 않는다. 왜냐하면 그에게서 개인은 '보편적 개인'이기 때문이다. 즉, 구체적 개인은 '자기 의식'을 통해 '보편적 개인'으로 환치된다. 따라서 그의 현상학은 현상 없는 현상학이다. 모든 개인들의 특수성은 이성의 빛 아래서 사라지고, 이 빛 아래선 개체와 보편 간에, 주관과 객관 간의 간격이 허물어진다. 바로 헤겔이 '절대지'와 '자기 의식'을 신봉한 순간 그는 데카르트주의의 극단적인 대변자가 된 것이다. 헤겔의 진보사관은 역사 속에서 실현되는 기계론적 이념에 불과한 것이 아닌가?

데카르트적 이념을 역사 속에서 전개한 헤겔의 '절대지'와 '자기 의식'을 사르트르는 개인의 실존 속에서 실현하려 한다. 그리고 이러한 계획을 실천하는 방법론을 그는 후설의 현상학에서 발견한다. 후설의 현상학은 우리 의식에서 일어나는 현상들을 선입견 없이 기술하는 학문이기 때문이다. 이 방법은 자연적 태도(반성적 의식의 단계에서 형성된 실체주의적 믿음)를 비판하고 생활 세계, 즉 '전(前)반성적 코기토' 단계에서의 의식 현상들을 직접적으로 기술한다. 이제 사르트르에게서 인간 실존의 의미는 의식 현상에 집중되고, 그것도 '전(前)반성적' 단계의 의식 현상에 집중된다. 후설이 잘 정의했듯이 의식은 지향적이다. 의식은 의식 대상을 상관적 존재 방식으로 세운다. 즉, 의식은 그것이 지향하는 대상 없이 독자적으로 존립하는 실체가 아니다. 이처럼 의식은 대상에 의존적이다. 대상은 '즉자적'이지만 의식은 '대자적'이다. 바로 이런 의미에서 사르트르는 세계(물질)는 '존재'고 의식은 '무(無)'라 한다. 사실 사르트르의 물질과 의식에 대한 정의는 이들의 존립 방식에 대한 한 특징을 표현하고는 있으나 이 두 존재성에 대한 적절하고 충분한 정의는 되지 못한다.

그렇다면 의식과 물질의 존재성은 어떤 기준으로 평가해야 할 것인가? 고대 그리스의 철인들, 특히 소크라테스와 플라톤은 의식(혼)의 불멸을 믿었으며, 우리 감각에 주어진 세계는 생멸(변화)하는 세계일 뿐이라고 생각했다. 지금 논의되는 방식으로 표현하면, 의식은 연속적(영원하고)이고 물질은 비연속적(순간적)이다. 고대인들의 이런 통찰에는 중요한 이해가 놓여 있다. 우리 감관을 통해서 지각되는 세계는 변화 속에 있으며 따라서 자기동일성을 유지하지 못하고, 이에 반해 의식(psychē), 더 정확히 말하면 '누스(nous)'는 자기동일성을 지니며 그것은 영원히 존속할 수 있다. 고대인들의 이 관점은 근대에도 이어진다. 데카르트는 개인의 의식이 영원성의 범주인 실체라고 생각했으며, 반면에 신체나 구체적인 물체들은 연장적인 궁극적 물질들로 해체되며, 이 궁극적인 물질들이 역시 영원성의 범주인 실체에 속한다. 이처럼 고대인들에게서나 근대인들에게서 의식은 영원성의 범주에 속한다. 즉, 그것은 물질보다 우월한 혹은 그에 못지 않은 실체 존재다. 그런데 데카르트는 의식과 세계(물질)가 그 자체로 서로 독립적인 실체가 아니고, 서로 관계 맺고 있는 존재들이라고 보는 이해의 지평을 열었다. 이 지평은 객관적 학(學)의 가장 엄밀한 근거를 확보하기 위해 '코기토'에 주어진 현상들을 방법적으로 회의하는 과정에서 열린 것이다. 의식은 무엇에 대한 의식이다. 세계는 의식에 대해서 존립한다. 이 발견은 근대인들의 정신을 통째로 흔들어놓았으며, 영국의 경험론이든 프랑스의 실증적 정신주의든 아니면 독일의 관념론이든, 이 측면에선 데카르트적 관점의 후예다. 따라서 영국의 버클리나 흄을 우리는 영국의 관념론이라고 부를 수 있으며, 콩디약에서 시작되어 맨 드 비랑에 의해 발전된 프랑스 정신주의를 프랑스 관념론이라 할 수 있으며, 독일의 칸트의 선험철학과 헤겔의 정신철학은 독일식 관념론이라 말할 수 있다. 이때 말하는 관념론이란 세계가 의식에 대해서 존재한다는 것을 수용하는 관점을 뜻한다. 바로 이것이 인식과 존재의 중심 축을 의식 주체로 이동시킨 데카르트의 '코페르니쿠스적 전회'의 결과다.

데카르트에서 나타나는 의식과 물질의 이원론과, 세계(물질)는 의식에 대해서만 그 존재성이 인식된다는 관념론의 결합은 데카르트 이후의 각 철학적 조류들이 발전시키고 있는 태도다. 물론 이 발전은 데카르트가 제시한 결합이 함의하고 있는 결함(모순)을 수정하면서 이루어진다. 데카르트의 정신에 따르면 '의식'은 실체이고 또한 다른 실체인 '물질'을 상관적 대상으로 필연적으로 세우며 존립하는 존재성이다. 그런데 데카르트는 이 두 실체를 '물질'은 연장적이고 순간적이며, '의식'은 '비연장적'이고 '영원하다'고 정의한다. 사실 이미 고대인들에게서 나타난 이 정의는 이원론적 실체론과 의식 중심의 관념론의 결합을 정당화하기에는 부정확한 정의다. 왜냐 하면 데카르트가 물질과 의식(사유)을 구분하기 위해서 사용한 '연장적', '비연장적'이라는 규정은 그런 대로 인정한다 하더라도, '순간적'이라거나 '영원하다'는 구분은 적절해보이지 않는다. 왜냐 하면 '순간' 또는 '영원'이라는 개념은 변화(생성)에 대립되는 개념으로, 두 개념이 모두 '비(非)시간적' 개념이란 의미에서 동일한 의미 내용을 갖는 개념이기 때문이다. 즉, 변화를 인정하지 않는다면, 영원히 존재하는 것이나 순간적으로 존재하는 것이나 동일한 것이기 때문이다. 그러면 '의식'과 '물질'은 존재론적으로 대립적이고, '의식'은 '물질'에 상관적으로 존립하는 존재태라면 '의식'은 어떻게 정의되어야 하는가? 라이프니츠의 "물질은 순간적 영혼이다"라는 잘 알려진 말은 바로 데카르트의 정의(定義)의 부정확성을 극복하는 방식으로 제시된 것이다. 이 정의는 '물질'과 '의식'이란 두 실재를 인정하면서도 이 두 실재가 상관적인 방식으로 존재할 수밖에 없다는 것을 설명하고 있다. 사실 데카르트의 '물질'과 '의식'의 정의는 '물질'에 대한 정의만을 제시하고 '의식'은 이 정의에 대립적으로 나타내고 있다. 따라서 그의 정의에서는 물질에 대한 정의가 더 근원적인 것이다. '물질'은 연장적이고 순간적이다. 즉, 물질에는 현재 속에 드러나지 않는 가능성 또는 잠재성이란 없다. 물질에 있는 모든 것은 공간처럼 현재 속에 펼쳐져 있다. 인간 오성에 아직 파악되지 않는 물질의 부분이란 미래가 아니라 현재 속에 포함되지 않은 '오지 않은 현재'일 뿐이다. 물질에서 미래는 존재하지 않는다. 미래는 물질의 본성에 어긋난다. 왜냐 하면 미래는 불확실성, 불가예측성을 뜻하기 때문이다. 이처럼 데카르트는 물질을 시간이 아니라 공간 표상 속에서 이해했기 때문에, 물질에 대립적으로 정의된 '의식' 또한 공간 표상 속에서 설명하지 않을 수 없었다. 즉, '의식'은 영원한 것으로 정의된다. 이렇게 볼 때 데카르트의 이원론은 모든 것이 현재적으로 설명되고, 공간적으로 이해되는 기계론으로 전락한다. 데카르트에게서 '의식'은 그가 창시한 해석기하학의 시간을 뜻하는 Y 좌표처럼 수평적, 연장적으로 펼쳐지는 공간인 X 좌표의 불연속적 중첩일 뿐이다.

반면에 라이프니츠는 데카르트의 기계론적 세계관에서 벗어나 '의식'과 '물질'이란 두 실재를 설명하기 위해 데카르트와는 반대로 '의식'을 정의의 출발점으로 삼는다. 의식의 본성은 '연속'이다. 그리고 의식과 물질의 대립적이고 상관적 관계는 <'물질'은 의식이란 본성에 대해서는 '순간적인' 존재 방식으로 표현된다>는 것이다. 이 정의 속에서 의식과 물질은 서로 완전히 독립적이지 않으면서도 대립적으로 정의되고 있다. 그것은 순간(점)들을 집적하여 운동량을 측정하는 자신(라이프니츠)의 적분법과 같은 것이다. 콩디약에서 베르그송에 이르는 프랑스 정신주의가 의식과 물질을 상관적이면서도 대립적으로 정의한 라이프니츠의 관점을 발전시키고 있다는 사실을 다시 강조할 필요는 없겠다. 요컨대 의식은 그 자체적인 실재성을 갖는다. 그러나 그것은 물질 또는 세계에 상관적으로 존립한다. 베르그송에 와서 라이프니츠의 의식에 대한 정의는 가장 깊이 있게 설명되는데, 베르그송의 정의에 따르면 의식의 본성은 '지속'이다. '지속'은 '물질'과 대비되는 모든 생명적 현상—생명체의 의식이든 아니면 신체든—을 설명할 수 있는 심층적 개념이다.

베르그송에게서 의식은 기억이다. 즉, 현재 속의 과거의 축적과 보존이다. 물질에는 기억이 없다. 거기에는 외부의 작용에 어떤 결정된 방식으로 반작용하는 본성만이 있을 뿐이다. 따라서 물질이 하는 작용은 기억이 아니며 과거의 축적도 아니다. 그것은 그렇게 작용하지 않을 수 없는 본성이며 언제나 그렇게 작용하는 타성일 뿐이다. 따라서 물질에서 작용과 반작용은 언제나 현재적 기능일 뿐이다. 거기에는 과거가 없으며 따라서 미래도 없다. 반면에 생명체에는 모든 것이 기억이다. 생명체의 혼(魂)을 구성하는 '표상적 의식'뿐만 아니라 생명체의 신체도 기억 체계다. 신체의 유기화는 어떤 기능을 하도록 기억된 것이며, 신체의 모든 세포의 재생산과 성장도 그것이 가지고 있는 기억 체계에 의존한다.

의식이 기억하며 지속한다는 것, 즉 의식은 과거를 현재 속에 축적하고 보존하는 것이라는 사실은 의식이 미래로 향해 있다는 사실과 상호 함축하는 사실이다. 과거의 축적은 미래에 사용할 필요성에서 기인하며, 이 필요성은 생명체의 신체의 본래적인 기능인 '감각-운동 기능'에서 연역된다. 의식에서 '현재'란 수학적 점 또는 순간이 아니라 어떤 두께를 가진 지속이다. 그리고 이 지속은 "과거를 기대고 미래를 향해 있는" 기능이다. 즉, 의식은 그 존재 방식 자체가 미래 함수이지 현재 함수가 아니다. 의식이 지향성인 이유는 그것이 미래 함수적 방식으로 존재하기 때문이다. 의식이 지향적이라는 말의 의미는 의식이 자신의 상관적 대상을 필연적으로 갖는다는 사실보다도 더 근원적으로는 그것이 미래 함수이기 때문에, 물질처럼 자기 안에 폐쇄되는 것이 아니라 주변에다 가능적 행동을 펼친다는 사실에서 찾아야 한다.

후설은 의식 작용과 의식 대상들의 상관적 현상으로부터 모든 인식론의 기초를 세우려 한다. 후설의 현상학적 환원은 순수 이론학을 형성하는 노에시스(noesis)의 선험적 구조를 발견하기 위한 것이다. 그러나 후설에게서는 '노에시스'와 '노에마'만이 기술될 뿐, '노에시스'의 본성이나 존재 근거를 문제시하지 않는다. 그 이유는 의식에 현시되는 작용들과 현상들만이 논의의 출발점이기 때문이다. 후설에게서도 의식은 시간적 사실이다. 그러나 그는 의식의 존재 방식이 근본적으로 미래적이며, 따라서 시간의 발생론적 근거라는 것을 다루는 것이 아니라 의식에 현시된 현상들의 연속된 계기들의 연속으로서의 시간 의식을 다룬다. 의식적 현재는 과거와 미래와 중첩되는 연속이다. 현재는 과거를 다시 취하는 작용(retention)과 다가올 현재로서의 미래를 선취하는 작용(protention)과 중첩된다. 이처럼 후설은 의식을 우리 인간에 특징적으로 현시한 '표상적 의식'에 한정하여 다루며, 표상적 의식도 현재적으로 작용하는 한에서만 다룬다. 왜냐 하면 현재적인 것만이 자기 의식에 의해서 명증적으로 의식되기 때문이다.

사르트르는 후설의 현상학적 방법을 수용하면서 의식의 현실태적 작용의 의미를 더 극단적으로 밀고 나간다. 이와 같은 극단화는 결국 데카르트의 현실태적 입장에까지 도달한다. 의식 작용은 의식 대상과 상관적 구조를 이루는데, '작용하는 의식'만이 의식이고 이 지향적 작용에 현시되는 현상만이 '의식 소여'다. 즉, 의식 주체도 의식 대상도 의식 "밖에" 있다. 의식은 나의 현재적 의식 속에 축적된 것의 전체다. 따라서 의식에서 과거는 없다. 현재 의식 속에서 과거를 의식하고 있는 것이 과거며 그것은 '과거로 인식된 현재'다. 의식은 끊임없이 자기를 부정하며 자기를 초월하고 있다. 그것은 고정된 실체적인 어떤 것이 아니라 의식의 지향성에 따라 변화하면서 — 미래에 기투하면서 — 현재화하는 운동이기 때문이다. 이 변형과 자기 축적 운동 속에서 의식은 팽창하다가 결국 소멸한다. 따라서 의식은 존재라기보다는 <미정적(未定的) 무(無)>다. <대자 존재>인 의식은 <즉자 존재>인 물질에 대해서만 존립하며 기능하다가 소멸하므로 그것은 <존재>라고 말할 수 없다는 것이다. 반면에 물질은 다른 존재에 의존적이 아니라 자체적으로 존재하므로 진정으로 <존재>라고 말할 수 있다.

사실 사르트르의 물질과 의식의 이런 구별은 그가 인간 실존의 옹호자 또는 인간적 자유의 수호자로 자처하는 것과는 반대로 그가 암암리에 유물론자의 시각을 공유하고 있다는 것을 드러내줄 뿐이다. 유물론이나 기계론적 철학자들이 의식을 설명하는 방식은 '부대현상설'이나 '동일론'이며 이는 의식을 결국에는 물질로 환원하려는 견해들이다. 물론 이들도 물질과 의식은 구별되는 존재라는 것을 인정한다. 그러면서도 그들은 궁극적으로 의식을 물질로 환원하여 결정론적으로 설명하려 한다. 그러나 그들의 의도대로 의식이 결정론적으로 설명되는 날 의식은 존재하지 않는 일종의 환상에 지나지 않게 된다. 따라서 의식의 존재를 인정한다면, 물질을 이해하는 방식으로 의식을 설명하려는 의도 자체를 포기해야 한다. 우리는 사르트르의 견해에서도 이와 유사한 모순을 볼 수 있다. 자기를 극복(초월)하고 창조해나가는 의식을 인정한다면, 이 의식의 작용들은 단순히 현실태적 작용 이상의 존재론적 의미를 가지지 않을 수 없다. 즉, 그것은 존재 지반을 지니지 못하고 끊임없이 자기를 부정하고 극복하다 사라지는 현상이 아니다. 비록 그것의 존재 방식은 대자적이지만, 그것은 즉자 존재보다 더 우월하고 높은 존재성을 지닌다. <대자 존재>가 존재하지 않는 무(변화)라면, 즉자 존재는 현상으로서의 무가 나타나기 이전의 암흑(虛無)이다. 즉자 존재는 대자 존재에 의해서만 어둠으로부터 빛으로 나온다. 즉자 존재를 즉자 존재이게 하는 것, 그것은 주변과 관계하며 주변을 비추는 대자 존재의 발광력(發光力)이다. 즉자 존재는 그것이 존재하기 위해 대자 존재를 필요로 하지 않지만, 그것이 세계 속에 즉자 존재로 드러나기 위해서는 대자 존재를 필요로 한다. 따라서 즉자 존재의 즉자성은 바로 대자 존재의 힘에서 빌어온 것이다. 대자 존재의 빛 아래서만 물질(즉자 존재)는 즉자적인 것으로 인식된다. 이 즉자성은 <자기동일성>을 유지하는 힘이라기보다도 타자 존재와 관계할 능력의 결핍

을 뜻한다. 왜냐 하면 즉자 존재가 자기동일성을 유지하는 것
처럼 보이는 것은 즉자 존재의 어떤 적극적인 능력에서 비롯된
것이 아니라, 대자 존재의 행동의 요구에 의해, 대자 존재의 시
선에서만 그렇게 나타나는 현상이기 때문이다. 따라서 이 즉자
성에 어떤 적극적인 의미가 있는 것은 아니다.

　사르트르에 따르면, <대자 존재>는 결핍 존재이고, <즉자
존재>는 충만 존재다. 인간이 갖는 <의지>, <욕구>, <지향성>
은 결핍 존재의 표식이라고 한다. 그러나 사르트르 논리 속에
서 <충만성>이란 <자기충족성>을 의미하는 듯이 보여도, 실
은 부동성, 수동성, 의지(욕구) 결핍을 뜻한다. 사실 <충만성>
이란 운동성, 능동성, 의지(욕구) 같은 개념들에만 적용될 수
있는 개념이다. 어떻게 스스로 움직이지 않고, 의지하고 욕구하
지 않는 존재에게 <충만>이란 말을 사용할 수 있겠는가? <충
만>이란 자발성의 정도, 능동성의 정도, 의지와 욕구의 정도 속
에서만 사용될 수 있다. <충만>이란 정도를 갖는 것이기 때문
이다. 단지 <충만>이란 개념이 지향하는 것은 이 정도의 무한
한 지향점이기 때문에, 이 지향점에 비추어서 다른 정도들은
결핍처럼 보이는 것이다. 그러나 이 지향점과 거기에 상대적인
부족(不足)은 존재론적 사실이 아니라 인간 행동의 요구에서
발생한 사실일 뿐이다.

　사르트르에게서 대자 존재는 사유하는 존재다. 그러나 이때
사유(cogito)란 데카르트가 의식 존재의 특징으로 규정한 사유
(cogito)보다 더 근원적인 사유를 뜻한다고 그는 말한다. 그가
보기에 데카르트가 모든 인식의 가장 근원적인 원리 또는 중심
축으로 삼은 코기토는 반성적 '코기토'다. 회의(懷疑)란 대상에
직접적으로 작용하는 사유가 아니라 이 사유에 대한 사유이기
때문에, 회의하는 코기토는 반성적 코기토일 수밖에 없다는 것

이다. 그러나 데카르트가 학의 제1원리를 발견하기 위해 방법적으로 회의했을 때, 이 회의의 끝에서 도달된 코기토(cogito)는 자신의 사유를 반성하는 코기토가 아니라 단지 사유한다는 사실이다. 이 코기토를 발견하기 위해 진행된 회의는 말 그대로 방법적으로 진행된 회의일 뿐이고, 이 회의 방식이 코기토 자신을 이중화하지 못한다. 코기토가 발견되는 순간에 방법적으로 행해진 직접적 사유와 반성하는 사유의 이중적 구조는 불필요하게 되고, 나는 직접적으로 사유하고 있다는 사실만이 확인될 뿐이다. 이 직접적 사유는, 데카르트가 이미 명확하기 알고 있었듯이 대자적 사유, 즉 지향적 사유다. 따라서 데카르트에게서 의식은 무엇에 대한 사유이고, 그것을 확인하기 위해 다시 이중화할 필요가 없는 사유다. 데카르트 이후에 프랑스 유심론의 철학자들은 바로 이 직접적 사유의 내적인 구조를 밝히려 했으며, 어떤 경우에도 반성적 의식을 논의선상에 올리지는 않았다. 단지 반성적 의식은 우리의 언어적 행위와 관련하여 우리의 사유를 표현하는 행위 속에서만 철학적으로 논의될 수 있다고 생각하고 있었던 것이 그들이다. 따라서 데카르트도 그리고 데카르트 이후의 근세에서 현대에 이르는 철학자들도, 그들이 코기토를 문제시한다면 그것은 '전반성적 코기토'를 문제시하는 것이다.

콩디약이 깊이 있게 통찰했듯이, 반성이란 정도를 가지는 개념이다. 직접적 의식에서부터 이른바 반성적 의식에 이르기까지 의식은 다양한 정도를 가진다. 이때 반성이란 말은 의식 대상이 의식 주체에게 회기된다는 것을 뜻한다. 의식에 나타난 현상들은 우리 주체의 빛이 대상에 반사되어 포착된 것이다. 따라서 의식은 확인하는 작용을 포함한다. 이때 의식에 대상을 좀더 명확하게 조명하기 위해 노력하는 작용을 <주의 작용(attention)>이라 한다. 그리고 이 주의 작용을 의식의 지향적 대상이 아니라 이 대상으로 향하고 있는 지향 작용이라는 자기 행위로 향하게 하는 것을 <반성 작용>이란 한다. 사르트르는 대상에 관계하면서 다른 한편으로 자기 자신에게 회귀하는 의식 작용을 <순수 반성>이라 하고, 대상에 배면적이고 의식 주체에만 대면하고 있는 작용을 <불순 반성>이라 한다. 사르트르는 바로 <순수 반성>의 단계가 <전반성적 코기토>의 단계라 한다. 따라서 사르트르가 <전반성적 코기토>로 다루고 있는 것은 콩디약이나 맨 드 비랑이나 베르그송 같은 프랑스 유심론의 철학자들이 다루는 있는 지각 체계와 다른 것이 아니다. 이들에게서 지각적 의식은 세계로 향한 의식이다. 그러나 이 의식은 평면적인 의식이 아니다. 즉, 그것은 수동적 경험주의자들이 생각하듯이 경험적 소여를 주체가 단순히 수용하는 작용이 아니다. 그것은 마치 감각적 자극은 지각을 구성하게 하는 암시에 불과할 정도로 의식 주체가 능동적으로 지각적 식별에 적합한 기억들을 투입시키는 복합적 작용이다. 이렇게 구성된 지각적 표상은 의식 주체에 포착되고, 이 반사된 지각 표상이 삶에 적응하는 데 충분하지 않을 때, 다시 이 지각장으로 기억이 투입되어 좀더 적절한 지각적 표상들을 형성하고, 이 표상들은 의식 주체에 다시 포착된다. 이러한 계속된 순환이 우리 지각 작용의 과정이다. 이 과정 속에서 우리는 반사된 것만을 명확하게 의식한다. 그런데 여기서 의식 주체의 진정한 능동적 작용은 포착되지 않는다. 다시 말해서 그것은 의식 주체의 작용이지만, 의식 주체로서의 우리가 그 작용을 명확히 의식하는 것은 아니다. 즉, 우리가 지각적 파악을 할 때, 아니면 우리가 어떤 외적 사태를 파악하고자 할 때, 아니면 우리가 어떤 수학적 문제를 풀고자 할 때, 우리는 이 지각적 상황을 이해하게 해줄 수 있는 적절한 기억들이 투사되는 과정이나 문제를 풀게 해줄 수 있는 어떤 기제가 작용하는 과정을 명확히 알지 못한다. 단지 우리는 그것이 작용하여 구성됨으로써 그 작용의 결과물인 의식적 내용들이 현시될 때, 그것을 의식하고 나의 기억들의 능동적 작용을 납득하게 된다. 이 납득하는 과정만이 우리 주체에게 스스로 의식된다. 이와 같이 의식 주체는 자신에게 내적으로 연계된 익명적 존재를 배후에 이끌면서 그 작용의 결과를 납득하고 자기화하는 존재다. 의식 주체가 자기를 알면서도 또한 완전히 알지 못하는 상태에 있을 수밖에 없는 것은 의식 주체가 잠재태와 현실태라는 이중적 구조를 가진 존재이기 때문이다. 의식의 본성이 선택이고, 선택이란 미래를 위해 과거의 표상들 속에서 현재적 작용에 적합한 것을 취하는 것이라면, 의식 존재가 사유하는 것, 그것은 무의식적으로 이루어지는 것이다. 이때 무의식은 자아(주체)의 부재를 뜻하는 무의식이 아니라 자아의 삶의 두께(잠재성의 두께)를 뜻하는 무의식이다. 따라서 자아란 의식에 현시되는 내용으로서의 표상들이나 자기 의식보다 훨씬 넓은 층의 무의식적(잠재 의식적) 층 위에서 구성되는 존재다.

그러나 사르트르가 생각하듯이 만일 의식에 현재적으로 현시하는 ─ 즉, 현실태적으로 작용하는 ─ 내용만을 의식이라고 한다면, 현시된 내용 너머의 대상이 나의 의식 밖에 있듯이, 나의 자아는 나의 의식 밖에 있으며, 따라서 이 존재는 익명의 존재일 수밖에 없다. 그리고 이 익명의 존재를 의식(주체)의 현상학적 분석으로부터 배제한다면, 자아는 데카르트의 기계론적 세계관 속에서의 자아처럼 매 순간 불연속적일 수밖에 없다. "우리가 일정한 순간에 존재한다는 사실이 다음 순간에 존재할 권리를 보장해주지 못한다." 따라서 이런 자아에게는 자기 부정이니 자기 극복이니 자기 초월이라는 표현조차 사용할 수 없다. 왜냐 하면 이 표현들은 자아가 시간 속에서 어떤 측면에서 불연속적이지만 근원적인 측면에서는 연속되어 있다는 것을 상정함으로써 사용될 수 있는 용어이기 때문이다. 더 나아가 불연속성이란 의식의 본성에 어긋난다. 의식은 본성상 불연속적일 수 없다. 왜냐 하면 의식이 불연속적이라고 하는 것은 의식의 소멸, 즉 죽음을 의미하기 때문이다. 따라서 만일 의식이 불연속적이라고 주장하는 것은 의식은 물질의 부대 현상이라고 말하는 것과 다를 바가 없다. 그런데 의식을 부대 현상으로 해석하는 순간 의식은 자발성을 완전히 상실한다. 즉, 의식으로서의 의미를 상실해버린다. 그렇다면 우리는 어떻게 의식 존재에게 자유를 부여할 수 있겠는가?

따라서 의식 현상들이 불연속적이라고 말하는 것과 의식이 불연속적이라고 말하는 것은 다르다는 사실을 분명히 인식해야 한다. 의식 현상들이 불연속적이라는 것은 사실에 속한다. 그러나 의식이 불연속적이라는 것은 사실이 아니다. 의식은 본성상 연속(지속)적이다. 의식은 연속적임에도 불구하고 의식 현상들은 불연속적이다. 그것은 의식 주체가 세계와 관계하는 의식의 지향성의 방향이 끊임없이 바뀌기 때문이다. 의식의 지향성의 전환에 따라 불연속적 의식 현상들은 연속(지속)적인 의식에 보존되어 그 의미를 보존한다. 따라서 의식은 본성상 연속적이라는 전제 하에서 의식 현상들이 불연속적이라는 사실은 의식 존재가 현실태와 잠재태라는 이중적 구조로 이루어졌다는 것을 의미한다. 사르트르가 의식을 현실태적 측면에서만 기술하려 한다 해도, 의식의 존재론적 본성을 이처럼 전제하지 않을 수 없는 것이다. 바로 여기에 사르트르의 현실태적 존재론의 불행이 있다. 그리고 바로 이 불행은 새로운 불행을 이끌고 온다. 그것은 사르트르가 프로이트의 무의식 이론에 대해 자기 변호를 하지 않을 수 없었다는 것이다.

3. 실존적 정신 분석

사르트르는 데카르트의 '코기토'의 수준에서 포착되는 자기 확인의 명도를 '전반성적 코기토'의 수준에서 실현시키려고 한다. 이미 앞에서 지적했듯이, 데카르트의 코기토가 반성적 의식 단계의 코기토는 아니다. 그러나 데카르트의 충만하고 완전한 세계 인식인 기계론적 세계는 반성적 의식 단계에서 생활 세계적 인식을 반성(자기 확인)하는 과정에서 이념화되는 자기 동일적 세계의 수준에 형성된 세계관이다. 이 세계관 속에서 불완전성은 없다. 인간 오성은 신(神)의 오성의 능력에 비해 미약하지만 본성이 저급한 것은 아니다. 따라서 인간 오성의 양적인 팽창은 우리에게 미래의 세계에 대한 완전한 이해에 도달하게 할 것이다. 바로 이것이 헤겔에 의해서 실현된 데카르트주의다. 사르트르는 이를 전반성적 코기토의 수준으로 내리려고 한다. 왜냐 하면 이 데카르트주의에는 후설이 말하는 '자연적 태도'(즉, 실체주의적 태도)가 놓여 있기 때문이다. 이런 실체주의적 편견으로부터 벗어나기 위해서는 보다 직접적인 의식의 단계며, 자아(soi)의 원본적 기능인 '전반성적 코기토'의 단계로 이행해야 한다. 이처럼 사르트르의 태도에는 더 완벽한 데카르트주의를 실현하려는 야심이 숨겨져 있다. 물론 데카르트의 코기토는 존재의 공간적 지평을 확보하기 위한 것이고, 사르트르의 전반성적 코기토는 시간적 지평의 존재 방식이라는 중요한 차이점이 있다. 따라서 동일한 현실태적 존재론은 이 태도의 차이에 의해서 전자에게는 충만한 신적 인식에 도달하는 존재론이 되고, 후자에게는 즉자인 신에 도달하려고 욕구하지만, 영원히 도달하지 못하게끔 단죄된 불행한 존재론이 된다.

그런데 데카르트의 이념을 유지하면서 '반성적 코기토'로부터 '전반성적 코기토'로 이행하려는 사르트르의 야심은 실현될 수 없는 것이며, 이 사실을 깨닫지 못한 데 사르트르의 불행이 있다. 데카르트의 완전한 자기 동일적 세계인 기계론적 세계는 '반성적 토기토'의 수준에서만 이념화될 수 있는 것이다. 더욱이 이 이념화는 실재에 대한 일종의 왜곡이거나 화석화다. 전반성적 코기토 단계에서 이런 이념화는 형성될 수 없다. 그리고 이 생활 세계의 인식은 이론적 세계의 인식만큼 투명한 인식도 아니다. 이때 '투명하다'는 말의 의미는 의식 내용에 관한 것이지 의식의 자기 이해하는 방식에 관한 것이 아니다. <전반성적, 전존재론적, 전인식론적, 전대상적 의식>은 의식의 자기 이해에서 <반성적, 존재론적, 인식론적, 대상적 의식>만큼 투명도를 갖는다. 의식은 그것이 전반성적 의식이건 아니면 반성적 의식이건 동일한 본성의 의식이기 때문이다. 그러나 의식의 이 두 다른 수준에서 의식 내용의 명도는 동일하지 않다. 반성적 의식의 단계는 말 그대로 의식 내용의 자기 확인의 명도를 최상으로 높인 인식이다. 이 명도를 높이기 위해 자기 동일적으로 반복되지 않는 역동적 측면들은 실재의 그늘로서 인식에서 배제된다. 바로 이 배제를 회복시키고 실재성을 더 정확히 표현하려고 출발점을 전환시킨 것이 사르트르의 계획이 아닌가? 그런데 전반성적 코기토가 반성적 코기토만큼, 아니면 그보다 더한 <의식 내용 — 그것이 의식 주체의 기능이든 또는 의식 대상이든 — 의 자기 확인>의 명도를 가질 수 있는 것인가? 전반성적 인식이 반성적 인식을 '기초지운다'는 사실이 전자가 후자보다 자기 확인의 명도를 더 많이 가지는 인식이라는 것을 뜻하는 것은 아니다.

물론 사르트르가 관심을 갖는 것은 의식 내용이라기보다는 의식 조건이다 — 비록 의식 내용과 의식 조건이 분리될 수 없는 것인데도 불구하고 말이다. 그는 무엇보다도 인간의 근원적인 실존 방식, 즉 자아의 세계 속에 존재 전략을 강조한다. 후설이 환원을 통해 발견한 것이 인식을 형성하는 선험적 구조라면, 사르트르가 환원을 통해 더 이상 환원할 수 없는 핵으로 발견한 것은 <선택하는 기능>이라는 자아(soi)의 시간 속의 실존 방식이다. 그리고 그는 이 핵에다 인격의 절대적 근원을 놓는다. 따라서 그의 논리를 따르자면, 인간 속의 모든 경향들(또는 본능들)은 이 기능하는 자아의 의식에 포착되어야 한다. 그러나 자아의 실존 조건을 말하는 것으로 자아의 작용들과 인식들의 근거가 해명되는 것은 아니다. 전반성적 코기토의 수준에서 인식은 우리의 본능과 습관과 다양한 욕구, 정념들에 의해서 지배된다. 인식의 발생은 생명의 각 종(種)들이 자연에 적응하기 위해 생명으로부터 타고난 본능이나 경향이나 (種으로 발전하면서 형성한) 습관들에 의존하기 때문이다. 따라서 베르그송의 말대로 본능의 그림자를 드리우지 않은 인식이란 없다. 메를로-퐁티의 표현으로는 그것은 애매하다고 표현할 수밖에 없는 인식이다. 이 인식은 <의식 내용의 자기 확인>의 측면에서는 반성적 코기토 차원에서 형성된 이론적 인식보다 훨씬 명도가 떨어지는 인식이다. 따라서 전반성적 코기토의 단계로부터 <의식의 자기 확인의 명도>가 가장 높은 인식 체계를 구축하려는 사르트르의 현실태적 존재론은 자기 모순에 빠지고 만다. 그러나 사르트르는 전반성적 코기토 단계에서 인식의 내용의 발생적 근거보다는 그것이 의식화된 순간에서부터 축적되는 개인적 의식의 삶에 관심을 두고자 한다. 이 의식의 개인적 삶을 이끄는 것은 사회적 삶의 형식 속에 표상화된 반성적 자아(ego)의 내면에서 미래 속으로 기투하면서 미래로 뚫고 들어가는 <선택하는 기능>인 순수 자아(soi)다. 따라서 그는 우리가 앞에서 언급한 지속하는 의식과 외적 세계에 현재적으로 작용하는 의식을 의식의 잠재태와 현실태라는 방식으로 이해하지 않는다. 그것은 모두 현실태일 뿐이다.1) 단지 우리가 잠재태처럼 이해하는 것은 의식의 자기 기만적 행위일 뿐이다. 사르트르의 프로이트 비판은 이 태도의 귀결이다.

---

1) 의식을 잠재태와 현실태라는 이중적 구조 속에서 바라보는 베르그송의 태도에 대적하여 사르트르가 의식의 현실태론을 주장한다 하더라도, 사르트르의 철학이 적지 않은 측면에서 베르그송의 영향을 받았다는 것을 부인할 수 없다. 베르그송의 첫 저서인『의식의 직접성에 관한 시론』의 주제가 '자유'이듯이, 사르트르의『존재와 무』의 주제도 '자유'다. 베르그송은 의식 현상들이 '지속'한다는 사실을 발견하고, 이 사실로부터 의식의 존재 방식이 자유라는 규정을 이끌어낸다. 의식이 지속한다는 것은 의식이 결정론적으로 설명될 수 없다는 것을 뜻하기 때문이다. 반면에 사르트르는 의식의 현실태적 기능의 측면에서 의식의 자유를 찾으려 한다. 의식은 근원적으로 선택하는 기능이고 따라서 의식은 자유롭지 않을 수 없도록 처단된 존재성이다. 그러나 이런 관점의 차이는 베르그송이 의식의 본성을 원리적으로 다룬『시론』이 아니라, 우주(세계) 속에 의식 존재(생명체)의 근원적인 존립 방식을 다룬『물질과 기억』에 조회했을 때 훨씬 좁혀질 수 있다. 세계 속에서 의식 존재(생명체)의 가장 근원적인 존립 방식을 베르그송은 "비결정성의 중심"이라고 정의한다. 즉, 생명체는 물질의 결정론적 작용들과 반작용들 속에서 외부에서 오는 작용(자극)들에 새로운 가능한 반응들의 길을 여는 자발적인 존재다. 따라서 이 존재 방식을 베르그송은 "선택 기능"이라고 규정한다. 생명의 이 기능(좀더 구체적으로 표현하면 '감각-운동 기능')은 진화선상에서 인간에서 가장 잘 실현되었다. 인간 존재에게서 이 기능은 과거의 기억들의 총체성이라는 무게를 지고 미래를 향해 가는 의식 존재의 현실태적 극단과 같은 것이다. 따라서 만일 우리가 베르그송의 존재론에서 잠재태의 측면을 배제하고 현실태 측면을 현상학적으로 記述한다고 할 경우, 우리는 거기에서 사르트르의 존재론의 모습을 그려볼 수 있을지 모른다.

프로이트가 말하는 무의식은 베르그송적 의미에서의 잠재적 의식은 아니다. 잠재적 의식이란 의식 내면에 존속하되 현재적으로는 작용하지 않는 무력한 기억들을 말한다. 프로이트가 말하는 무의식은 현재적으로 작용하는 의식이지만 단지 자아에 명확히 의식되지 않는 의식을 말한다. 이런 무의식에 대해 사르트르는 그것은 무의식이 아니라고 말한다. 왜냐 하면 현재적으로 작용하고 있는 의식은 자아에 의식되어야 하기 때문이다. 그러나 두 입장의 차이는 자아의 이중성을 인정하느냐 하지 않느냐의 차이에서 비롯된다. 심리분석학의 발단이 된 히스테리 현상에서 콤플렉스란 자아가 풀 수 없이 얽혀진 심리 현상을 지칭한다. 이 현상의 발단은 과거에 자아가 체험한 어떤 사건들에서 비롯된다. 그러나 이 현상을 만들어내는 것은 자아의 내적인 구조다. 나는 나의 주인인 것처럼 보여도 실은 그렇지 않다. 나를 나의 주인인 것처럼 생각하는 것은 나를 모든 외적 조건이나 내적 조건으로부터 독립된 한 실체처럼 간주하는 것이다. 그러나 나는 사회라는 외적 조건에 독립적이지 않고, 나의 본능이라는 내적 조건으로부터 독립적이지 않다. 이 조건들은 나라는 개체를 형성하는 필연적인 조건들이다. 뒤르켐이 밝혔듯이 개인은 사회라는 보다 큰 통일체에 종속되어 있고, 베르그송이 강조했듯이 개인은 생명체로서 생물학적 본성으로부터 벗어날 수 없다. 외견상 단순한 단위처럼 보이는 자아도 그 내적인 구조를 보면, <초자아>, <자아>, <이드>라는 세 가지 계기들로 형성되어 있는데, 이 자아는 초자아와 이드에 지배받고 있다. 따라서 우리가 절대적 자치권의 자리라고 믿고 있는 <자아>는 생물학적 본능(— 프로이트에게서는 특별히 성적인 본능)을 충족시키라는 요구와 개인적 욕구를 통제하는 사회의 요구(즉, 도덕이나 윤리)가 개인 속에 내재화된 <초자아>의 억압간의 갈등을 중재하는 역할을 할 뿐이다. 이처럼 자아란 자기 자신의 행위의 모든 동인(動因)의 주체가 아니며, 단지 이 동인들을 조절하는 데 그의 절대적인 권리가 있다. 히스테리 증상이란 자아 안에서 <초자아>와 <이드>가 <자아>를 지배하며, <초자아>와 <이드>가 억압과 저항의 구조 속에 있다는 것을 보여주는 예증이다. 사르트르는 프로이트의 자아의 내적인 구조를 그와는 달리 해석한다. <자아>는 <이드>의 욕구를 실현시키려 하고, <초자아>는 이 요구를 억제한다. 이 갈등이 <자아>가 소화할 수 없을 정도로 첨예하게 대립할 때, <자아>는 무기력증에 빠지게 되고, 결국은 자신의 보존을 위해 이 갈등을 자신의 시선으로부터 외면하게 된다. 사르트르는 이런 시선의 회피를 <자기 기만>이라고 한다. 즉, 프로이트가 신경증 환자들의 특징으로 설명한 "알면서도 모르는 상태"에 있는 것은 자아가 자기의 안위를 위해 시선을 회피하는 자기 기만적 행위라는 것이다.

신경증 환자는 반성적 코기토에서는 스스로를 인식하지 못한다 하더라도, 전반성적 코기토에서는 스스로를 의식하고 있다고 사르트르는 말한다. 기만되는 자인 한에서 은폐된 진실을 기만하는 자인 한에서는 알아야 한다.

여기에서도 두 견해의 차이는 <초자아>와 <이드>를 <자아>가 자기 의식 속에 가져오느냐 오지 못하느냐에 달려 있다. 사르트르에 따르면, <초자아>와 <이드>의 갈등은 자아의 시선 안에 있다. 따라서 자아는 원하기만 한다면 이들로부터 독립적이 되고 스스로 자율적인 존재가 될 수 있다. 반면에 프로이트에게서 <초자아>와 <이드>는 <자아>의 능력을 넘어서는 힘이다. 따라서 <초자아>와 <이드>의 갈등(즉, 억압과 저항)이 자아에게 "알면서도 모르는 상태"에 있는 것은 비록 <초자아>와

<이드>의 갈등이 <자아>에게 의식된다 하더라도, <초자아>와 <이드>가 <자아>의 능력 밖에 존재하기 때문에, 이들의 갈등의 구조가 <자아>를 내모는 것이다. 따라서 "알면서도 모르는 상태"란 자아의 <자기 기만>이 아니라, 자아가 자기 기만 될 수밖에 없는 구조 속에 있음을 뜻한다. 정신분석학의 치료법은 <자아의 자기 기만>과 <기만된 자기>의 차이점을 더 분명하게 실증해줄 수 있다.

자신의 형부를 사랑하게 되고, 그것을 억압함으로써 신경증으로 발전한 엘리자베스의 예는 억압과 저항의 관계를 가장 선명하게 드러내주는 예다.2) 그녀는 둘째 형부를 사랑하고 있었는데, 그러나 그것을 투명하게 의식하지 못하고 있었다. 즉, 그녀는 형부에 대한 사랑을 어렴풋이 의식하면서도, 그것이 그녀의 의식에 투명하게 현시되지 않는 상태에 있었던 것이다. 그것은 그녀의 초자아가 이 리비도를 억제하고 있었기 때문이다. 그녀의 이 저항할 수 없는 욕구는 단 한 번 그녀의 의식에 투명하게 나타난다. 그것은 그녀의 리비도를 억제하는 중요한 요인이었던, 언니가 죽은 순간이었다. 그녀는 언니의 죽음 앞에서 "이제 나는 형부와 결혼할 수 있어"라는 생각이 섬광처럼 머리를 뚫고 나오는 것을 목격했다. 그것이 바로 그녀의 리비도가 그녀의 의식에 드러난 순간이다. 그러나 불현듯 흘러나온 이 말을 의식한 순간 그녀는 극도로 수치감과 죄의식을 느꼈고, 다시 그녀의 초자아는 이 생각을 무의식으로 밀어버린 것이다. 그러나 초자아의 억압에 이드는 저항했으며, 이 저항을 자아가 통제할 수 없게 된 순간 그것은 신경증적 증상들로 변형되어

---

2) 엘리자베스 폰 R은 프로이트가 브로이어로부터 배운 "魂의 정화 방법(Catharsis)"을 처음으로 적용한 환자다. 이 환자의 증상은 심리적 삶이 억압과 저항이라는 구조를 가진다는 사실을 가장 선명하게 드러내준다. 따라서 우리는 이 예를 선택했다. 브로이어와 프로이트의 공저인 『히스테리 연구』 참조바람.

나타난 것이다. 이 신경증적 증상들은 비록 그것이 각 신체의 운동 체계나 인지 체계에서 나타난다 하더라도, 그것은 비기관적 증상들이다. 이 증상들은 환자가 자신의 리비도를 명료하게 의식하고 납득함으로써 바로 사라지게 된다. 왜냐 하면 이 증상들은 초자아의 억압과 리비도의 저항이란 관계에서 발생한 것이기 때문이다.

환자의 리비도를 환자의 의식에 분명하게 떠오르게 하여 납득시키면, 이 증상들은 사라지게 된다는 사실은 <초자아>와 <리비도>가 <자아>와 어떤 관계에 있다는 것을 말해주는 것인가? 그녀는 오래 전부터 형부를 사랑하고 있었으며, 그것은 언니의 죽음의 순간에 한 번 그녀의 의식에 떠올랐는데, 그녀의 도덕심이 그것을 억눌러버렸기 때문에 그녀는 그것을 의식하지 못하게 되었다. 그러나 그녀의 형부에 대한 사랑은 사라진 것이 아니라 억압된 상태로 강렬하게 저항하고 있었는데, 그것의 증거가 바로 신경증적 증상들이다. 이런 사실들을 그녀에게 설명하고 납득시킨다는 것은 무엇을 의미하는가? 이미 이 사실을 그녀의 전반성적 코기토는 알고 있었는데, 단지 반성적 코기토가 모르고 있는 것처럼 <자기 기만>을 하고 있었던 것인가? 따라서 사실이 폭로된 이상 더는 <자기 기만>을 할 필요가 없어진 것인가? 아니면 <자아>는 <초자아>와 <리비도>의 역학 관계(즉, 억압과 저항의 관계) 속에 놓여 있기 때문에, 기만될 수밖에 없었던 것인가? 환자에게 이런 관계를 납득시키고 자신의 리비도의 정체를 납득시킴으로써 '콤플렉스'의 상태로부터 벗어날 수 있다는 것은 무엇을 뜻하는가?

사르트르는 신경증의 콤플렉스가 <자기 기만>이라는 것을 설명하기 위해 <자아>는 <리비도>의 정체를 의식했다는 사실을 강조하려 한다. 프로이트에 따르면 <초자아>는 <리비도>가

의식에 현시하는 것을 억압하며, 따라서 자아는 이 리비도(형부에 대한 사랑)의 정체를 알아채지 못한다는 것인데, 사르트르는 어떻게 무의식적 존재인 <초자아>가 이와 같은 검열을 할 수 있는가를 반문한다. "우리의 의식 속으로 통과시킬 것과 보류할 것을 판단하는 검문 역할을 어떻게 무의식이 수행할 수 있겠는가?" 그리고 엘리자베스의 경우에 <리비도>는 한 번은 그녀의 의식에 분명하게 현시했다는 것이다. 언니의 죽음 앞에서 "이제 나는 형부와 결혼할 수 있어"라고 말한 순간에. 이 사실이 의식에 한 번 현시하면, 의식의 본성상 <자아>는 그것을 망각될 수 없는 것이고, 따라서 알고 있는 것이다. 그렇다면 그녀는 그녀가 알고 있는 사실을 알지 못하는 것처럼 <자기 기만>하고 있는 것이다. 사르트르가 생각하듯이 의식에 한 번 현시한 것을 자아는 모른다고 하는 것은 의식의 본성에 어긋난다. 프로이트도 이 사실을 부정하지 않는다. 그러나 문제는 왜 <자아>는 그것을 마치 모르는 것처럼 의식에 분명하게 현시하지 못하는가 하는 점이다. 즉, 프로이트가 신기하게 생각했듯이, 왜 "알면서도 모르는 상태"에 있느냐 하는 것이다. 그것은 자아 안에 자아를 이루는 여러 요소들, 즉 <초자아>, <자아>, <리비도>의 역학 관계에 의하지 않고서는 설명이 되지 않는다. 만일 사르트르가 이것을 전반성적 코기토와 반성적 코기토의 변증법적 관계로 설명하려 한다 해도, 왜 전자와 후자가 갈등 관계에 있는지를 설명해야 한다. 우리가 앞에서 지적했듯이, 이 현상에서 관찰할 수 있는 사실은 환자의 자아는 자기 기만할 정도로 능동적인 상태에 있지 못하다는 것이다. 이 수동성도 사르트르는 "위선적으로 가장된 수동성"이라고 말할 것인가? 자신이 어쩔 수 없는 상태에 빠져 있다고 위장하기 위해 자신이 능동적으로 만든 상태를 불가항력적인 수동적 상태라고 말하듯이. 그러나 프로이트가 말하는 <초자아>는, 사르트르가 생각하듯이 <자아>에 포섭되는 요소도 아니고 자아의 인격성을 형성하는 요소도 아니다.[3] 우리가 사용한 예에서 엘리자베스의 리비도(형부에 대한 사랑)를 억제하는 <초자아>는, 그녀가 기독교와는 다른 좀 더 자유분방한 문화권에서 태어났다면, 형성되지 않았을 것이다. 이처럼 <초자아>는 그 집단 또는 사회가 요구하는 윤리나 도덕으로, 그 사회의 구성원들이 수용하지 않으면 안 되는 행동 규범의 원칙이다. 따라서 그것은 개인적인 것이 아니며, 더욱이 개인의 자율적인 인격성을 형성하는 요인도 아니다. 그것은 어린 시절부터 부모에 의해서 강요되고 선생들에 의해 주입되어, 결국에는 그런 행동 규범을 자연적인 것처럼 받아들이게 사회로부터 요구된 것이다. 따라서 한 사회인으로서 성인이 되었을 때 우리에게 그것은 자연적으로 우리 자신에서 우러나오는 것처럼 무의식화되어버린다. 그러나 아무리 강요되고 학습되어 자연스러운 것처럼 된다 하더라도, 그것은 본성상 개인의 고유한 <자아>와는 이질적인 요소다. 즉, 개인적인 요소가 아니라 사회적인 요소다. 그러나 문제는 이 이질적인 요소를 자아는 자아 안에 공존시켜야 하며, 이 공존이란 개인이 사회 속에 존속하는 한 버릴 수 없는 조건이라는 점이다. 사회 앞에서 개인은 무력하듯이, 사회적 윤리가 내재화된 <초자아> 앞에서 <자아>(개인의 이성)는 무력하다. 따라서 일반적으로 사회 속의 개인들은 <초자아>의 요구에 개인의 본능적 욕구를 타협시키면서 살아간다. 그러나 금기시한 성적인 욕구는 <초자아>(이미 강요되고 학습되어 내재화된 윤리)에

---

3) 전반성적 자아(soi)의 절대적 자유를 주장하는 사르트르의 견해는 리비도와의 관계에서 자아의 독립성을 설명하는 것보다 초자아로부터 자아의 독립성을 설명하는 데 더 많은 곤란을 겪는다.

의해 의식에 부상하는 것이 통제된다. 이때 <초자아>는 자아 안에 내재화되어 있는 요소이지만 <자아>와는 이질적인 요소이고 <자아>가 어떻게 할 수 없는 힘이다. 어린 시절부터 오랫동안 부모처럼 느껴지고 선생처럼 느껴지고 결국에는 자신과 잘 구별되지 않는 친구가 되어버린 이 폭군은 자신을 위한다는 구실 하에 자신도 모르게 자신의 <금지된 성적 욕구>를 억압해버리는 것이다. <초자아>는 자신 안에 자신의 분신인 것처럼 위장하고 있지만 어쩔 수 없는 <타인>이다. <자아>는 <초자아>를 자기 자신이라 믿지만, <초자아>는 <자아>와 태생이 다른 것이다. 나는 나 자신 안에 서로 본성이 다른 두 개의 자아 — <자아>와 <초자아> — 를 가지고 있기 때문에, <자아>는 <리비도>를 느끼지만, 그것이 <초자아>에 의해 억압되었다는 사실을 알지 못한다. 마치 한 인격의 한 면인 <하이드>가 한 것을 다른 면인 <지킬 박사>가 모르듯이. 따라서 <리비도>가 <초자아>에 의해 억압되어 <자아>가 의식하지 못하는 상태에 있던, 아니면 한 번 그녀의 <자아(의식)>에 현시했다가 <초자아>에 의해 억압되던 간에 <자아>의 의식에 그녀의 <리비도>가 투명하게 현시되지 않는 것은 동일한 심리적 구조에 기인한다4).

더 나아가 사르트르는 프로이트의 심리적 결정론은 개인에

---

4) 프로이트는 인간 심리의 비정상 상태인 히스테리 증상들에서부터 인간 심리의 억압과 저항의 구조를 발견하고, 이를 정상인의 비정상적 상태라고 할 수 있는 꿈의 해석에 적용하며, 더 나아가 정상인들의 실수 행위들에까지 확장한다. 따라서 프로이트에게서 억압과 저항은 인간의 심리 현상 일반을 조명할 수 있는 근본적인 구조다. 반면에 사르트르는 프로이트가 정상인의 실수 행위의 유형에 인용한 <자기 처벌을 받기 위한 서투른 도둑질>과 같은 자기 기만적 행위를 출발점으로 해서 인간 심리의 모든 현상을 <자기 기만>으로 규정한다. 인간 의식은 전반성적 코기토와 반성적 코기토라는 이중적 관계로 이루어졌기 때문에, 의식은 근본적으로 자기 기만이라고 그는 말한다.

게 삶의 선택에 대한 책임 의식을 결여(회피)하게 만들 것이라고 비판한다. 그러나 사실 환자로 하여금 인격성을 회복하게 하고 책임 의식을 느끼게 하는 것은 사르트르의 인간 해석이 아니라 프로이트의 인간 해석이다. 신경증적 콤플렉스를 <자기 기만>이라고 할 경우에는, <자아>가 수동적일 수밖에 없는 현상을 자아가 책임져야 하는 상황에 놓이게 된다. 이런 상황은 인격성을 고양시키는 것이 아니라 오히려 파괴한다. 그것은 자기가 선택하지 않은 것을 선택한 것이라고 책임을 요구한다. 환자에게 <자기 기만>한 사람이라는 것을 스스로 인정하기를 강요한다. 반면에 프로이트의 결정론적 해석은 환자의 인격성을 고양시킨다. 이 견해는 병인들의 결정론적 관계를 주장하지만, 오히려 이 사실은 인격을 결정론으로부터 해방시킨다. 엘리자베스의 병인의 결정적 요인을 발견한 후, 프로이트는 그녀에게 "누구나 자신의 머리 속에 떠오른 모든 것에 책임을 질 필요는 없으며, 오히려 그 생각(언니의 죽음 앞에서 형부와 결혼할 수 있다는 생각)을 억압하여 그것이 신경증적 증상들로 발전한 것은 그녀가 높은 도덕성을 갖고 있기 때문이다"고 한 것은 그녀의 인격성을 회복하는 계기가 될 수 있다. 왜냐 하면 병인은 결정론적으로 작용하지만, 병인의 전개 과정에는 그녀의 인격적 노력이 포함되어 있으며, 오히려 병의 발전은 그녀의 인격적 고매함의 표현이기 때문이다. 따라서 우리는 이렇게 결론을 지을 수 있다. 사르트르의 심리적 삶에 대한 견해는 자유와 책임을 주장하지만 결국 인간을 자유와 책임이 사라지는 지대인 결정론에 구속하는 데 반해, 프로이트의 견해는 심리적 결정론을 주장하지만 그는 그 사실로써 인간의 인격성을 필연의 굴레에서 벗어나게 함으로써 자유와 책임을 회복시킨다. 사르트르의 심리 이론이 갖는 모순은 그의 존재론이 내포하는 모순처럼,

자유를 (필연의 다른 형태에 불과한) 우연 위에 세우려는 데 그
근원을 두고 있다.

□ 참고 문헌

Sartre J. P., *L'Etre et le Néant*. Librarie Gallimard. 1957.

        La transcendance de l'Ego, J. Vrin 1981.

Bergson, Henri, *Matière et Mémoire*, P. U. F.

        L'énergie spirituelle, P. U. F.

Descartes, Oeuvres, Gallimard.

프로이트, 『정신분석학 강의』(상, 하), 열린책들.

        『새로운 정신분석 강의』, 열린책들.

        『히스테리 연구』, 열린책들.

신오현, 『자유와 비극』, 문학과 지성사.

메다르 보스에게서의 현존재 분석의 의미

진 교 훈 (서울대 윤리교육과 교수)

1. 머리말

메다르 보스(Medard Boss : 1903~1990)의 현존재 분석 (Daseinanalyse)은 의학적 인간학의 분야에서, 특히 정신의학 (Psychiatrie)의 이론적인 영역에서 광범위하게 혁신적인 영향을 미쳤다. 현존재 분석이라는 개념은 다층(多層)적인 의미를 가지고 있다. 현존재 분석은 첫째로, 심리학(정신과학적)과 심리 분석(Psychoanalysis : 우리나라에서는 흔히 정신분석)을 존재론적으로 정초하려는 시도며, 둘째로, 철학적 인간학과 의학적 인간학 사이에 가교(架橋)를 놓으려는 시도며, 셋째로, 노이로제 환자와 정신병 환자에게 새로운 치료의 진입로를 개척하려는 시도다.[1] 현존재 분석은 대체로 하나의 고유한 심리 치료 (정신 치료)적인 조치로 간주되고 있으며 논자에 따라서는 심

---

1) W. Blankenburg, "Daseinsanalyse," in : *Die Psychologie des 20. Jahrhunderts, Bd.I.* Zürich, 1976., S.941.

리 분석(정신분석)과 같은 것으로 보기도 한다. 빈스방거(L. Binswanger : 1881~1966)는 현존재 분석과 심리 분석은 꼭 같은 것이 아니라고 주장한다. 그에 의하면 방법론적으로 볼 때 현존재 분석은 심리 치료 내지 심리 분석의 하나의 방법론이며, 심리 치료는 입증된 방법을 주로 사용한다는 것이다.2) 역사적으로 보면, 현존재 분석은 정신신경과 의사, 심리병리학자, 심리치료자(정신치료자)들이 하이데거의 현존재 분석을 가지고 토론을 한 결과로서 생겨난 것이고,3) 심리 분석은 프로이트로부터 기원한다.

보스(Medard Boss : 1903~1990)는 그의 저서 『심신상관의학 입문』(1954)4)과 『의학의 개관』(1971)5)을 가지고 인간의 병과 건강의 주제에서 철학적 고려와 심층 심리학적 고려의 중요성을 입증해보려고 하였다. 그는 상기의 2권의 저서 외에도 현상학적 심리학, 생리학, 병리학, 치료학과 현대 산업 사회에서의 예방의학에 관한 수다한 논문에서도 의학에서의 철학과 심층심리학의 중요성과 필요성을 강조했다.

종종 어둡고 이해하기 난해한 현존재 분석의 언어 구사와 그가 영향을 많이 받은 하이데거 사상의 복잡성은 일반 과학 서적에 익숙한 의사들과 심리학자들에게 그의 저서들의 내용들을 소화하기 어려운 것으로 보이게 만들었다. 그러나 의학과 심리학(물론 자연과학적 심리학이 아니라 정신과학적 심리학을 말한다)과 심신상관학의 내부에서 인간학에 관한 보스의 저

---

2) L. Binswanger, *Ausgewählte Vorträge und Aufsätze*, Bern : Francke, S. 307.
3) W. Blankenburg, 앞의 책, S.942.
4) M. Boss, *Einführung in die Psychosomatische Medizin*, Bern, Stuttgart, Wien : Huber, 1954.
5) M. Boss, *Grundriß der Medizin*, Bern, Wien, Stuttrart : Huber, 1971.

술을 독자가 쉽게 이해할 수 있도록 하는 자세하고 유익한 처방과 동화 방식은 아직까지 나오지 못하고 있다.

2. 그의 생애와 학문적 배경

메다르 보스는 스위스의 상트 갈렌(St. Gallen)에서 태어났고 취리히(Zürich)에서 성장했다. 그의 부친은 취리히에서 대학병원의 관리인으로서 활동했다. 그래서 보스는 의학을 공부하려는 소원을 아주 어려서부터 가지게 되었다. 그는 취리히 이외에 파리와 빈에서도 공부했다. 그의 관심은 1925년에 프로이트를 찾아가도록 만들었다. 그는 심리 분석을 프로이트에게서 배우기 시작했다. 프로이트는 젊은 보스를 귀염둥이로 돌보았고, 굶주린 듯이 보이는 보스에게 고기를 사먹을 수 있도록 종종 용돈을 주기도 했다고 전한다.

보스는 학교 공부를 마친 후, 취리히에 있는 저 유명한 '부르크휠츠리(Brughölzli)' 정신병치료소에 가서 정신과 의사로서의 수련을 더 쌓았다. 그는 취리히에서 융(C. G. Jung : 1875~1961)과 빈스방거(L. Binswanger : 1881~1996)와 같은 정신과 의사와 밀접한 관계를 맺었다. 그 두 정신과 의사들은 당시에 이미 프로이트의 심리 분석(정신분석)과는 상당한 거리를 두고 있었다. 이 두 사람의 심리 분석에 대한 의심과 의혹은 보스에게 상당한 영향을 미쳤다. 그는 한 사립 신경정신과 병원의 주치의로서 활동하면서 이들과 교분을 가졌다.

그의 심리 분석 이론의 구조에 대한 의혹은 제2차 세계대전 동안 새로운 전기를 맞게 되었다. 그는 이 시점에 하이데거(M. Heidegger : 1889~1976)의 실존철학을 접하게 되었다. 그는 1946

년 개인적으로 하이데거와 만나 교제를 가지게 되었고 하이데거가 1976년에 죽을 때까지 점진적으로 하이데거철학의 사고방식을 의학, 심리 치료, 심신상관학에다가 결부시켜 "현존재분석"에 속한다고 볼 수 있는 자기의 형상(form)으로 만들어나갔다. 보스는 1990년에 취리히 교외에 있는 촐리콘(Zollikon)에서 영면하였다.6)

보스의 삶과 세계관은 20세기의 3대 정신적-문화적 사조(思潮)의 영향을 받았다. 첫째로 1920년대와 1930년대에 어디서나 정당한 것으로 관철되어온 자연과학적으로 방향을 잡은 의학을 그들의 의과대학에서 배운 것이다. 이 자연과학적인 의학의 성과는 **단순화된 인간상(人間像)**에 근거를 두었었고, 지금도 근거를 두고 있다. 계몽주의 시대의 프랑스 철학자 라메트리(J. O. de La Mettrie : 1709~1751)는 인간을 기계(L'homme machine)라고 표현했고 그렇게 성격을 부여하였다. 19세기 후반 이래로 서양에서는 의학의 전분야에 걸쳐 이와 같은 패러다임이 지배했고, 드디어 기계론적이고 생물주의적으로 고안된 진단학과 치료법이 횡행하였다. 따라서 인간의 사회적, 심리적, 정신적 측면은 의학에서 거의 사라지고 말았고, 인간의 주체 의식도 전적으로 무시되었다.

두 번째로 메다르 보스는 프로이트와 심리 분석(정신분석)에서 기계론적·생물주의적인 의학과는 상반되는 것을 배운 것이다. 심층심리학은 치료학의 분야에서나마 무시되었던 주체에 다시 중요한 자리를 마련해주는 데 성공했다. 이것은 현대 의

---

6) J. Rattner, *Medizinische Antropologie*, Frankfurt a.M. Fischer, 1997, S.117-118. 참고. Dieter Wyss, "Die anthropologisch existentialontogische Psycholologie und ihre Auswirkungen insbesonder auf die Psychiatrie und Psychotherapie", in : hrsg H. Balmer, *Die Psychologie des 20 Jahrhunderts, Bd. I., Die europäische Tradition*, S.521-524 참고.

학에서의 일방적인 진단술과 또 이로 말미암아 결과된 치료술의 일차원성에 장시간 큰 충격을 주었다. 그래서 프로이트와 심리 분석은 그 동안 학교 의학의 순전한 자연과학적인 대비책으로 말미암아 상실했던 중요한 의미를 많은 인간(동물 아닌)의 발명에 부여할 수 있게 해주었다.

그러나 프로이트조차도 그의 술어와 이론 형성에서 당시에 지배적이던 실증주의적·유물론적 시대 조류의 한심스러운 영향을 받았다. 이것은 뒷날 두고두고 프로이트의 사상을 불신하게 만드는 요인이 되었다. 인간의 마음을 어떻게 실증적으로, 더욱이 유물론적으로 분석 검토할 수 있단 말인가? 그럼에도 불구하고 프로이트에게서는 심리적인 것은 다른 물질적인 객체(Objekte. 대상)와 마찬가지로 하나의 대상(Gegegenstand)으로 격하되고 말았고, 그는 심리적인 것을 **기술화해**(technizistisch : 억지로 기술적으로 조작한다. technistisch는 단순히 기술적이라는 뜻)보려고 시도했다. 그는 종래의 심리적인 것을 기관(器官. Apparat)으로 나타내는 놀라운 짓을 했다 : 가령 그는 이것에 '흥분을 일으키는 크기(Erregungs größen)', "반응도(反應度)", "충동", "부분 충동", "리비도", 데스트루도(Destrudo : 파괴 본능이라고 번역 가능) 등 명목상의 용어와 상관시켰고 마치 그것이 계산될 수 있는 것처럼 생각한 것같이 보인다.

메다르 보스는 훨씬 나중에 가서야 자연과학적인 의학과 함께 그의 두 번째 선생님이 될 심리 분석과 심리 분석 내면에 자리잡고 있는 인간상을 격렬하게 공격했다. 보스는 심리 분석도 그것의 심리적인 것에 대한 학설과 심리적인 것의 발병에 대한 학설을 가지고서는 **인간의 본질**과 인간의 건강 및 병을 충분히 파악하지 못한다고 보스는 생각했다.

세 번째로 보스는 자연과학적인 의학과 마찬가지로 심리 분석에 대한 비판의 지성적 기반을 인격론(셸러)과 하이데거의 철학을 통해서 배우고 얻었다. 이것이야말로 보스에게 가장 큰 지주가 된 사상이다. 하이데거는 특히 그의 『존재와 시간』 (1927)을 가지고 보스에게 두고두고 깊고 큰 인상을 남겨주었다. "시간과 존재"와 비교해보면 복잡 미묘한 언어 구사와 사고 방식을 보여준 말기의 하이데거의 저술도 보스의 현존재 분석 (Daseinsanalyse)에 통합되고 수용되긴 했으나, 하이데거의 시간과 존재는 보스에게 하나의 지침서가 되었다. 그러나 보스는 나중에 하이데거의 저술에서 인격을 비판한 부분을 결코 받아들이지 않았다.[7] 물론 다른 사람들의 인격에 대한 비판도 하지 않았다. 보스는 하이데거의 사회주의(나치즘)에 대하여 취한 잘못된 태도와 점증하는 그의 언어의 애매모호하고 어두운 표현은 하이데거가 인격론(人格論)을 상실한 것에 연유한다고 보았다. 참으로 이것은 혜안이 아닐 수 없다.

그래도 하이데거의 인간과 삶의 이해에 대한 저술은 보스의 현존재 분석의 인간학적 기반을 이룩했다. 우리가 보스의 현존재 분석의 인간학적 기반과 인간상을 주의 깊게 들여다보려고 한다면 우리는 하이데거의 사상들에 대한 고려를 하지 않을 수 없을 것이고, 셸러의 인격론에 대한 이해가 선결 요건임을 이해할 수 있을 것이다.

3. 현존재 분석의 방법과 현상학

모든 학문은 이론을 전개하기 전에, 과학이든 철학이든 간에

---

7) 바로 이 점이 보스의 위대한 점이기도 하고 필자가 높이 평가하는 부분이 기도 하다.

우선적으로 그 학문의 연구 방법과 인식론적 정당성을 어떻게 선택할 것인가를 고려하지 않을 수 없을 것이다. 왜냐 하면 어떤 방법론을 선택하느냐에 따라 연구 결과에 결정적인 영향을 미치기 때문이다. 가령 심리학을 예로 보더라도, 만일 심리학이 자연과학적인 방법론으로 인간의 마음을 탐구하면, 그 심리학은 바로 그 방법론에 걸맞는 탐구 결과만을 얻을 것이다. 그 결과 마음은 생물학적인 것이거나 물리학적인 것으로만 나타나고 만다. 괴테(J. W. von Goethe)는 이와 관련하여 비아냥거린 적도 있다 : "사람은 자기가 아는 것만을 본다." 한국 속담에도 "개 눈에는 똥만 보인다"는 말이 있다. 우리는 이 말을 과학에다 대고 말할 수 있을 것이다. 그때그때 적용하는 방법에 수용할 수 있는 실제의 단면만을 과학자는 본다고. 그러므로 가령 현재 심리학에서 유물론적 행태주의(behaviorism)의 한심한 작태는 짐작하고도 남음이 있을 것이다. 따라서 우리가 이제 육체적인 면, 사회적인 면, 심리적인 면, 정신적인 면을 가지고 있고 그렇게도 복잡하고 다면적인 인간을 탐구하고 파악하려고 한다면, 어떤 하나의 측면에서만 처음부터 축소시키지 않고 또 환원시키지 않는 방법을 선택하고 취하지 않으면 안 된다는 것은 참으로 중요한 것이다.

　메다르 보스는 그의 현존재 분석의 근간을 이루고 있고, 인간을 가능한 한 많은 측면에서 파악할 수 있는 자세를 현상학에서 찾아내었다. 주지하다시피 후설(Edmund Husserl : 1859~1938)은 20세기 초반에 현상학적 방법과 자세를 발전시켰고, 하이데거는 후설의 제자로서 그의 선생의 방법을 넘겨받았고 이를 계속 발전시켜나갔다. 메다르 보스는 마침내 하이데거의 철학을 거쳐 현상학적 방법에 접했다. 이 현상학적 방법은 그의 현존재 분석의 인식론적 기반이 되었다.

그러면 이 현상학적 방법의 핵심은 무엇인가 하고 우리는 묻지 않을 수 없다. 하이데거가 그의 『존재와 시간』에서 현상학적 행태를 기술한 것을 읽어보면 그 뜻을 헤아리기가 쉽지 않다. 그는 이렇게 말했다: "그것(현상학적 태도)은 그 자체로부터 보여주고 그 자체로부터 보게 해주듯이 무엇인가를 보여준다."[8)

라트너는 이 난삽한 구절을 쉽게 이해할 수 있도록 다음과 같이 번역·해설 했다 : "탐구자로서 우리가 파악하려는 현상을 오랫동안 집중적으로 연구하기 위해서는 현상 자체가 말하는 것을 시작하기까지 그것을 마음에 두지 않으면 안 된다." 우리는 이 번역·해설에 따라 현상을 미리 끝내놓은 이론이나 학설을 가지고 시작해서는 안 된다는 것을 알 수 있다. 자칭하는 소위 "과학적"인 이론, 선입견, 편견을 가지고 현상들을 우리는 종종 박해하거나 축소시킨다. 현상학적 방법의 주요 목표는 이와는 달리 그러한 이론과 선입견을 깨버리고 그 대신에 "사태 자체"라고 하는 말에 이르게 하는 것이다.

우리는 이것을 구체적인 실례를 들어 분명히 해보기로 하자. 가령 어떤 지인(知人)이 며칠 전부터 죽도록 누구를 사랑하게 되었다고 우리에게 이야기를 한다고 가정해보자. 그의 새로운 불꽃은 뜨겁게 동경해온 그의 꿈의 실현이자, 오랫동안 추구해온 그의 삶의 항성(恒星)이며, 그의 옛날의 장엄한 대체험일 수 있을 것이다. 우리가 이제 이 지인과 그가 사랑에 빠진 것을 프로이트식의 심리 분석적 이론을 덮어 씌어놓고 그에게서 단지 리비도의 전이(轉移)가 행해지고 있는 것을 그에게 열어보인다면, 다시 말해서 리비도의 전이, 즉 '그의 에네르기의 일정량(一定量)이 그의 욕망의 대상으로 옮겨간 것'을 그에게 열어보

---

8) M. Heidegger, *Sein und Zeit*(1927), Tübingen, 1986, S.34.

인다면, 이것은 극상해야 하나의 졸리는 웃음거리가 되고 만다는 것을 곧 알게 될 것이다. 우리의 지인이 보여주는 연애의 심각한 사건도 존재의 파악도 이러한 이론을 가지고서는 도무지 폭넓게 이해하지 못할 것이다. 우리가 만일 우리의 지인의 예외적인 상태와 연애 상태를 오로지 자연과학의 이론을 가지고서 설명해보려고 한다면, 그와 비슷한 것이 우리에게 벌어질 것이다. 연인을 거의 항상 그가 그날그날 상대하는 파트너와 같이 놓고 확대경을 들여다놓고 보면서 단지 측정할 수 있고 증명해볼 수 있는 호르몬 양의 오르고 내리는 것에 환원시켜본다면, 기껏해야 인과론의 욕구는 만족시켜줄는지 모르지만, 그 밖에 많은 문제들은 해결되지 않고 열려진 채로 남게 될 것이다.9)

보스에 의하면 '존재의 심신 상태(Seinsverfassung)'를 파악하고 이해한다는 것은 때로는 많은 인기를 얻었던 이론들을 포기하고 그런 인기가 있었던 이론 대신에 인내하면서 현상들에 주의 깊게 관심을 기울이는 것을 의미한다.10) 그렇다면 보스는 현상학적 태도와 방법의 도움을 받아 인간의 어떤 존재의 심신 상태 또는 어떤 인간학을 밝혔는가를 우리는 묻지 않을 수 없다. 또 어떤 존재론적 현상, 즉 존재의 본질을 반영시켜주는 현상을 보스는 말로 전달하는가? 보스가 심신상관의학에 대하여 심사숙고한 개혁과 결실은 무엇인가? 심신상관학의 탐구와 진단학과 치료학은 어떤 변화와 개선을 기대할 수 있는가? 이 밖에 현대의 심신상관학자들은 실제로 현존재 분석대로 전환하고 있는가" 또는 그들은 적어도 현존재 분석의 중요한 이념을 인지하고 있고 구체적인 치료의 실습에 현존재 분석을 활용하

---

9) Medard Boss, *Grundriß der Medizin*, Bern : Huber, 1971, S.381.
10) Boss, 위의 책, S.395.

고 있는가? 등등의 의문을 보스의 관점에 따라 우리는 다음 절에서 차례차례 해명해보기로 하자.

4. 전통적[11] 의학 및 심리학과 심신상관학에 대한 비판적 고찰

메다르 보스가 심신상관의학에서 그 자신의 입장과 그의 목소리를 어떻게 내고 있는가를 확연하게 이해하기 위해서는 우리는 그의 저서 『심신상관의학 입문』과 또 그의 주저인 『의학의 개관』을 주의 깊게 읽어나가야 할 것이다. 그는 이 책들에서 앞에서 우리가 던진 의문과 관련하여 폭넓게 상세하게 보고하고 있다. 그는 그의 저서에서 전승되고 정착되어 사용되고 있는 의학과 심리학의 개념들을 일단 사용하면서도 전승되어온 의학과 심리학과 심신상관학에 대하여 비판을 하고 자기의 입장을 밝히고 있다.

그는 그의 『심신상관의학 입문』의 "지금까지 전해온 의학의 표상 세계의 방식과 한계"라는 제목을 붙인 장에서 상이한 철학 및 과학의 모델과 주도적인 견해들을 가령, 생기론(生氣論)적이고 기계론적인 생물학 및 자연철학과 유물론(唯物論), 드리쉬(H. Driesch : 1867~1941)의 신생기론(新生氣論), 체계 이론(體系理論) 창안자인 베르타란피(L. von Bertalanffy)의 유기체론적 고착 방식 등을 꼬치꼬치 캐묻고 논했다. 보스는 이 모든 것들이 그 나름대로 상이한 시대에 많건 적건 의학에 의

---

11) 즉, 여기서 '전통적'이라는 말은 근세 이후부터 전승되어 현재 관계적으로 사용되고 있다는 뜻이며, 고전적(古典的)이라는 말과는 다른 뜻으로 사용되고 있다. 실제로 근세 이후 서양의 학교 의학을 가리킨다.

미를 부여한 것으로 보았다. 그러나 이 모든 것들이 병과 건강의 통념에 영향을 미쳐왔지만, 그것들을 많은 순전한 인간의 발병에 대한 병인학적 질병발생론(病因學的 疾病發生論. Ätionpathogenese)의 본래적인 내용의 핵심을 사실적으로 밝혀줄 수 있는 본질을 전혀 다루지 못했다는 것이다.[12]

보스는 몇 가지 실례를 들어 자기의 비판을 예시했다. 기계론적이고 기술론적인 의학으로는 우리는 가령 히스테리 같은 현상과 발병뿐만 아니라 많은 신체 기관의 노이로제, 특발성(特發性) 질환이나 필연적인 질병 그리고 전형적인 예로서 근긴장이상증(筋緊張異常症. Dystonie. 이상긴장증) 같은 질병 등을 그 질병들의 발생 조건이나 그 질환들의 진단과 치료의 결론에서 도무지 쉽게 간파 이해할 수 없다는 것이다. 보스는 그의『의학의 개관』에서는 자연과학적으로 정향(定向)되고 있는 의학에 대해서 더욱 날카롭게 그 잘못된 점을 폭로한다. 그는 취리히 출신의 레귤라(Regula) 부인의 병력(病歷)과 치료와 같은 구체적인 질병 기록을 근거로 소위 자연과학적인 유물론적·기술론적 의학과 이런 의학의 병원학적 질병발생론의 구상(構想)과 그 치료 능력의 한계를 분명하게 밝혔다.

레귤라 부인은 유아기에 습진을 앓았으며, 그후엔 그 원인을 설명할 수 없는 전염성 염증에 쉽게 감염되곤 했다. 그녀는 여기에 덧붙여 15세부터는 끈질긴 변비증으로 고생했다. 그녀는 19세에 결혼하고난 후부터 그녀의 병은 장무력증(Colon irritabile grave), 월경전 유방통(Masto dynie), 자궁경부통 같은 병으로 번져나갔다. 더 지나서는 그녀는 극도로 통증을 유발하는 건막염(腱膜炎. Tendoperiostis)과 급성췌장염(Pancreativitis acuta)

---

12) Boss, *Einführung in die Psychosomatisch Medzin*, S.32ff 참고. Boss, *Grundriß der Medizin*, S.45ff 참고.

까지 앓게 되어 종내는 광범위한 모르핀 치료까지 받아야만 했다. 그녀는 170cm의 신장(身長)에 겨우 38kg의 몸무게를 가질 정도로 쇠약해지고 말았다. 이 환자는 수많은 의사의 치료를 받았지만 차도가 없었고 28세가 되던 해에 드디어 목숨이 경각에 이르게 되었을 때, 그녀는 마지막으로 심리 치료 의사인 보스를 찾아왔다. 그녀는 보스와 상담을 한 후 3년 이내에 신체적으로 문제되었던 모든 환부들이 쾌유되었고, 그녀는 불행했던 결혼 생활도 극복하고 성숙하고 행복한 부인이 될 수 있었다고 한다.

보스는 이 환자의 케이스에서 자연과학적으로 정향된 의학의 시도와 본보기 그리고 정상적인 "건강한" 현상들, 예컨대 의식, 의지, 기억, 자각, 정상적인 신체 기능들과, 이와 마찬가지로 병리학적 증상들, 예컨대 고통, 감염, 체중 감소, 다리의 골절도 설명해보는 것을 구체적으로 시연했다. 다시 말해서 취리히 출신의 레귤라 부인의 여러 가지 발병에 대한 이러한 설명의 본보기와 이러한 설명에 결과하고 있는 학교 의학의 반응, 즉 진단학과 치료학은 육체적인 질병과 건강의 본질에 관해서 뿐만 아니라 심지어 인간의 본질에 관해서까지도 물리학적이고 생화학적인 표상들에 의해서 각인되고 있다는 것을 그는 입증해 보였다.

골격에도 영향을 미칠 수 있는 전단력(剪斷力. Scherkräfte)과 견인력이라든가, 골격 조직을 새로 나게 하거나 분해시키는 골격배종(Osteoblasten), 원생 동물(原生動物. 原蟲, Protozoom)과 박테리아가 감염에 책임이 있다든가 장염이 장(腸) 점막에 변화를 준다는 것은 그러한 학교 의학에서는 잘 알려져 있고 아주 친숙하다. 그러나 이러한 의학의 진단 능력은 취리히의 레귤라 부인의 병력(病歷)을 제대로 이해하게 해주는 것은 고

사하고 제대로 조사하는 것조차도 충분히 해주지 못하고 있다는 것이다. 그 환자를 치료해본 의사마다 자기에게 제공된 그 환자의 통증과 증상에 따라 양심적으로 전념했고 정확하게 해부학적으로 그 질병을 치료했다. 그러나 이 의사들 중에 어떤 의사도 그 환자와 밀착되어 있는 환자의 개인 "역사"의 보고를 파악하지 못했었다. 그래서 그 환자의 삶을 결정했고 특정한 발병의 병원론에서 전혀 양화(量化)할 수 없는 역할을 그 환자의 기분들, 감정들, 분위기들, 애정과 열정들은 자연과학적으로 정의(定義)하고 있는 의학의 인식론적 작업 도구와 장비 도구로는 전혀 감지할 수 없었다.

20세기 서양 현대 의학이 거의 전적으로 자연과학적 사고 방식에 의거하고 있는 진단학적 일면성과 이것으로부터 결과하는 치료학의 일차원성은 무엇보다도 심층심리학에 의해 크게 충격을 받았다. 인간 실존의 많은 현상들을 심리 분석(정신분석)의 도움으로 학교 의학의 한갓 자연과학적인 대비책의 지배 하에서 그 동안 잊어버리고 있었던 확실한 의미를 다시금 찾아 볼 수 있게 되었다.

그렇지만 프로이트조차도 그런 시대의 자식이었고 19세기 하반기의 시대적 제약을 받았던 패러다임에 일치하는 생각에 잡혀 있었다. 이 패러다임은 기술론적이고 유물론적인 세계관의 배경 속에서 그나마도 인간의 심적이고 정신적인 현상들을 관찰하고 정리해보려고 했다. 그러므로 우리들은 심리 분석(정신분석)의 발기인의 용어와 이론을 구축하는 데서 흔히 기계에 의한.기계론에 흠뻑 빠져 있는 심층심리학을 기획했었다는 것을 잊지 말아야 할 것이다. 보스는 이와 관련하여 이렇게 말했다 : "프로이트는 병리학적 현상들을 설명하기 위해서 그가 상정한 심리적 도구 속에서 몇 가지 적은 행동 장애를 수용하는 것으로 만족했다. 프로이트의 이론에서 가장 중대한 결점들은 내면적인 마음(영혼)의 충동을 제대로 보지 못한 것과 시기를 맞추지 못하는 표상들에다가 병리학적으로 리비도를 고정시키는 것, 또 리비도의 초기의 발전 단계로의 퇴행(退行. Regression), 그리고 종내는 고통스러운 내적인 심리의 표상들의 모사(模寫)와 거기에 속하는 애정과 "심리적 도구"의 불충분한 체계로 자리를 바꾸어간 것 또는 내적 심리의 표상을 리비도가 점령하고 있다고 하고서는 나중에 가서 그러한 표상으로부터 벗어나고 있다고 하는 것이다."[13]

그러므로 보스에 의하면 심리 분석(정신분석)도 심리적인 것의 학설과 그 학설에 의한 발병론을 가지고서는 인간의 건강과 병적 존재의 본질을 충분히 파악하지 못했다고 한다. 그렇기는 하나 프로이트와 더불어 계속 작용하고 있는 원인에 대한 "기술적인 병원론(病原論)의 스케마의 인과적 사슬을 더 연장하게 되었고 다음과 같은 공식을 보충하게 되었다 : 심리(주체) → 자율신경계의 이상긴장증(vegetative Dystonie) → 기능적 기관 노이로제 → 기관의 구조상해(Strukturläsion) → 기관의 병."[14]

그러나 여전히 현대의 심신상관학적 이론 구성의 광범위한 범위를 지배하고 있는 이러한 병원학적 스케마는 메다르 보스의 견해에 의하면 인간 현존재의 본질과 핵심을 지나쳐버리고만 것이다. 다시 말해서 그 공식은 폐쇄적이고 상호 이질적 실체들(예컨대 심리적인 것, 실체, 기관 등)간에 인과성(因果性)을 가정하고 있다. 그러나 현상학적 관점에서 보면 그 실체들은 기껏해야 전체적으로 조직되어 있는 육체의 상이한 요소들

---

13) M. Boss, *Grundriß der Medizin und der Psychologie*, zweite Auflage, Bern · Sttutgart · Wein, 1975, S.151.
14) Boss, 위의 책, S.32.

이 시간적으로 차례차례로 있는 것들이라고 기술(記述)될 수 있을 뿐이다.

그래서 보스에 의하면 마음(Seele)은 인과적으로 그 마음이 속해 있는 신체에 영향을 미치는 것도 아닐 뿐더러 육체가 아주 개별적인 신체적 상태에 빠져 있기 때문에 또한 불안이나 성가심 또는 그 밖에 어떤 애정이나 감정이 성립하지 못한다고 한다. 그리고 프로이트의 충실한 제자였던 프란츠 알렉산더(Franz Alexander : 1891~1964)에게서 특히 잘 드러나고 있는 유물론적 일원론이라든가 또는 이와 정반대로 비스(W. H. von Wyss) 등이 주장하는 영적(spiritueller) 일원론으로는 도무지 심신상관의학의 이론적 토대가 될 수 없다고 보스는 말한다.[15] 의학, 심리학 그리고 심신상관학은 모름지기 후설이 말하는 사태 자체(Sachen selbst)로 그리고 정교하지는 않지만 사색적인 이론으로 집중하고 있고, 현상들을 바르게 다루고 있는 적절한 인간학적 토대를 필요로 한다고 하겠다.

5. 현존재 분석적 건강 개념의 의미

우리가 해부학적 병리학, 이상변태생리학(異常變態生理學. Pathophysiologie) 또는 병리생화학(病理生化學. Pathobiochemie)과 같은 현대 의학 서적들의 책장을 들춰보면, 대단히 드문 발병의 발생과 경과 그리고 예후(豫後. Prognose)에 관하여 오늘날의 지식들로 가득 차 있는 것을 볼 수 있다. 어떤 세포와 어떤 기관이나 전체 유기체의 사멸, 염증, 기능 장애, 변종(Entartung)으로 안내하는 기계론들은 때로는 분자생물학(分子生物學)의 수준

---

15) Boss, 위의 책, S.36 참고.

에 이를 정도로 샅샅이 살피고 기술되어 있다.

그러면 병의 부재(不在)가 건강인가 하고 우리는 묻지 않을 수 없다. 이 경우에 건강은 통계학적으로 생산해낸 규범 가치, 정상적으로 부딪히게 될 생물학적 기계론의 집합(集合)과 가우스(C. F. Gauß : 1775~1855) 이론의 분배 곡선으로 설명되는 표준치로 파악되고 만다. 데이터와 수치가 동물 세포, 식물 세포 또는 인간 세포와 어떤 관계가 있는 것인가를 묻는다면 생리학적으로 또는 생화학적으로 보면 아무런 역할도 하지 못한다고 밖에 대답할 수 있을 뿐이다. 오늘날 수의학과 인간의학(Humanmedizin) 사이의 경계는 현저하게 불분명해졌다. 인위적으로 유발시키는 실험실의 셰퍼드(개)의 심근경색은 인간 심장의 경색의 모델로 이용되며, 아리스토텔레스가 일찍이 인간의 중심 기관이라고 표현한 바 있는 부위의 결함의 모델로 이용된다.

보스는 이와 같은 병과 건강의 상태를 인간의 상태와 동물의 상태를 똑같이 놓고 보는 것과 또 현대 의학과 심리학의 센세이션을 일으키는 기형과 건강한 사람을 조목조목 기술하고 간명하게 기술하는 것에 대하여 격렬하게 반대했다. 참으로 보스의 태도는 지당한 처사가 아닐 수 없다! 보스는 인간의 건강에 대한 포괄적인 정의를 그의 저서에서 아주 중요하게 다루었다. 그는 제일 먼저 건강의 정의를 내리고 그 다음 이 건강의 정의로부터 인간의 병의 본질을 파악하고 기술했다. 그는 건강과 병을 단순하게 개념적으로 정의하지 않고 구체적인 사례를 가지고 파악하려고 했다. 그의 저서 『의학의 개관』의 제1장의 장명이 "몇 가지 테스트 케이스(Testfall)의 건강한 태도 방식에서 현존재에 알맞는 조사 방법의 시도"16)라고 되어 있다.

---

16) Boss, "die Umgriß der Medizin"의 1장 명은 1. Kapitel : Die Erprobung

그러면 이제 우리는 보스에게서 건강한 **사람**은 어떻게 표현되는가 하고 묻지 않을 수 없다. 여기서 우리가 유념해야 할 것은 의학적 인간학자들은 강단 철학자들처럼 낱말의 공허한 개념 정의를 하려고 하지 않고 구체적으로 앓고 있는 **사람**과 건강한 **사람**을 이해하려고 한다는 것이다. 사람이 없는 한갖 "건강"이란 개념을 무의미한 말에 불과하다. 이 물음에 대한 대답을 얻기 위해서는 우리는 먼저 인간학과 존재론의 지식에 대한 이해를 하지 않으면 안 된다. 왜냐 하면 건강이라는 주제는 곧바로 인간 일반의 본질에 대한 물음과 직결되어 있기 때문이다. 보스는『의학의 개관』이라는 명칭을 바르게 사용하려면 우선 인간은 도대체 어떻게 무엇으로 지금 나타나 있는가를 물어야 한다고 말했다.17)

이 물음을 물으면서 우리는 철학적 인간학의 영역의 한복판에 있게 된다. 보스에게서 철학이란 하이데거의 인격론(人格論. 사실은 셸러의 인격론이지만)과 거의 같은 의미를 가지고 있다. 보스는 그가 한없는 존경을 했던 하이데거의 실존론에 바탕을 두고 건강한 사람에 대해 기술했다. 하이데거가 그의『존재와 시간』에서 실존적인 것(Existenzial)이라고 기술한 것은 다름 아닌 건강한 사람의 첫째가 되고 가장 중요한 특징이 된다. 그것은 인간 현존재의 "세계-내-존재(In-der-Welt-Sein)", 즉 세계가 개방된 "실존하는 것"으로 표현될 수 있다.18) 세계가 제공하는 모든 것, 즉 물질적인 것, 자연적인 것, 정신적인 것, 이웃, 문화적 형성물 등을 그때 그때의 현존재에 의해 잠재적으로 인식될 수도 있고, 이해될 수도 있고, 파악될 수도 있

---

einer dasseinsgemäßen Unterhaltungsmethode an einigen gesunden Verhaltensweisen des Testfalles이다.

17) Boss, 앞의 책, S.328.

18) M. Hedegger, *Sein und Zeit*, Tübingen, 1986, S.52ff.

다.

　하이데거와 보스가 함께 건강한 사람으로 표현된 '세계 개방을 위해 태어난 인간'으로부터 그 자신에 의한 결단과 피상적으로 의식된 결단에 의해서 또 환경에 의해서도 경우에 따라 아주 자주 폐쇄된, 세계로부터 닫혀져 있는 현존재가 되고 만다. 그러나 세계로부터 닫혀져 있다는 것은 이미 사르트르(J. P. Sartre : 1905~1980)에 의해서 인간의 "원죄(原罪)"라고 불리기도 했지만, 이 닫혀져 있다는 것은 병리학과 발병의 영역으로 들어섰음을 말해주는 것이다. 막힘이 없이 물 흐르듯이 하는 교제와 세계로 열고 나아가는 대가를 치러야만 건강은 존재한다. 그래서 세계와의 접촉이 감소될 때 항상 심적이고 육체적인 발병이 닥친다.

　인간의 세계-내-존재라는 말은 모든 개개인이 특정한 공간 안에서 살고 있음을 의미한다. 그렇지만 어떤 인간이 어떤 공간 속에 있다고 하는 것은 공간 안에 있는 어떤 대상의 정태(情態)와 동태(動態)와는 근본적으로 구별된다. 인간 아닌 모든 대상에는 단지 기하 법칙이 타당하나 인간은 그렇지 않다. 보스는 이와 관련하여 이렇게 말했다 :

　"인간의 세계의 공간성이란 근본적으로 세계가 없고 생명이 없는 사물이 그 속에서 현전하고 있는 기하학적 공간과는 도무지 비교할 수 없는 것이다. 사물은 공간 속에서 그것의 부피에 일치하는 공간을 받아들이고 측정할 수 있는 거리에 의해 다른 사물로부터 그만큼 떨어져 있다. 그러나 인간 세계의 공간성이란 오히려 열려 있고 자유롭고 융통성이 있음으로 해서 인간이 의미를 부여할 수 있고 지시 관계를 가질 수 있다."[19]

　그러므로 보스에 의하면 인간에게서 공간을 분위기, 개방성,

─────────────

19) Boss, 앞의 책, S.244.

확대 지향, 기분, 각성, 당사자(관계되는 사람)의 사전 지식(事前知識)과 교육에 따라서 개개인간에게 새롭게 그리고 지속적으로 변화하면서 하나의 주관적인 것으로 구성된다. 개개인간이 그의 세계 개방성에서 빛을 샅샅이 비추어줄 수 있는 공간은 그것의 넓이와 부피에서 개인에 따라 차이가 날 뿐만 아니라 또한 개인과 관계하면서 시간적으로도 차이가 난다. 때로는 이 개별적 공간은 그것의 차원을 돌발적으로 변화시킨다. 예컨대 어떤 고통은 한 인간의 주목과 확대 지향을 받고나면 그 범위가 그의 새끼발가락 크기만큼 축소되기도 한다고 한다.

보스에 의하면 건강은 공간적인 '세계-내-존재'의 방해받지 않고 영향을 받지 않는 발전을 표현하는 것이고 병은 개인의 주관적 공간이 그의 차원에서 지속적인 축소 경향과 성장 위축 경향에 부닥치게 될 때 발생한다. 보스는 여기서 레빈(Kurt Lewin : 1890~1947)의 형상심리학적인 위상론(位相論. Topologie)에서 말하는 장론(場論. Feldtheories)의 '호도로기론(Hodologie. 직역하면 道論)20)을 받아들인다. 다시 말해서 인간의 심리적인 자세는 통계적인 것으로 알 수 있는 것이 아니라 그 자세가 생겨난 상황 전체를 고려해야 하는 것, 즉 실험실이나 병원에서 검사한 물리적인 자료에만 의거하는 것이 아니라 검사되고 있는 기관의 자연적 환경과 상황과 밀접한 관계가 있다고 보는 것이다.

비단 공간에서 뿐만 아니라 시간에서도 그러하다. 그러므로 모든 인간은 각기 자기에게 고유한 호도로기적인 시간 속에서

---

20) K. Lewin, *Principles of topological psychology*, 1936 및 *Feldtheorie in den sozialwissenschaften*, 1953 참고. 그는 형상론(形象論)에 불만을 품고 장론(場論)을 발전시켰다. 그에 의하면, 심리적인 삶의 공간에서 목표가 정해진 태도는 상징적이거나 실재적인 운동이 문제가 된다고 한다. 따라서 삶의 현장(상황)이 중시된다.

살고 있다. 얼핏 보면 이것은 매우 낯선 것으로 들릴 것이다. 왜냐 하면 우리들은 시간에 대하여 공적이고 상호 주관적인 성격을 부여하는 데만 익숙해왔기 때문이다. 일반적으로 시간이란 지금이라는 점들의 집합으로써 날짜를 헤아릴 수 있고 모든 사람에게 똑같다든가 또는 적어도 비교할 수 있는 것이며, 사람에게만 특유한 공적인 자산(資産)이고 우리들이 이것과 관계를 맺고 사는 데 익숙한 것이다.

시간은 본래부터 항상 인간과 관계를 맺고 있다. 시간은 인간과 함께 비로소 세상에 나온 현상을 서술하며 인간만이 측정하고 인식하는 현상을 서술한다. 그러나 시간은 인간과 세계와의 모든 관계 속에 두루 섞여 있을 뿐만 아니라 동시에 생명 없는 물질적인 사물에도 부착한다. 그렇지만 우리들 가운데 누구든지 가지고 있고 우리가 고유한 방식으로 체험하고 정의를 내리는 시간은 공적이고 측정된 시간과는 현저하게 구별된다. 보스는 이에 대해 다음과 같이 말했다:

"시간을 가지고 있다는 것은 인간 일반이 있다는 것처럼 전체로서 있으며, 즉 그와 만나고 있는 것과 이전처럼 관계를 수행하는 것으로 실존하고 있는 것을 가리킨다. 그것과 저것을 위해 시간을 가진다고 하는 것과 이러한 태도의 가능성의 수행에서 현존재는 그것을 전개하고 시행한다는 의미를 **가져온다.**"21)

그러므로 보스에 의하면 시간은 우리 앞에 있는 어떤 대상처럼 놓여 있는 것이 아니다. 다시 말해서 시간은 어떤 사물도 아니며 우리의 인격 밖에서 진행되고 있는 우리가 올라타거나 내릴 수 있는 그런 과정이 아니다. 시간은 우리가 어떻게 우리의 현존재를 가져오며 어떻게 살고 있는가 하는 방식이다. 따라서

---

21) Boss, 위의 책, S.268.

이와 더불어 우리의 전적으로 개인적이고 비교할 수 없는 시간이다. 그러나 우리는 이러한 시간을 지금의 시점들을 나란히 늘어서 있는 것으로 체험하는 것이 아니라 오히려 잠시 동안 또는 오랜 시간으로, 마치 흘러가고 있거나 우리로부터 달아나고 있는 시간으로, 오래 지나간 시간으로 또는 먼 미래에 이르는 시간으로 체험한다.

인간은 현재를 자기가 선택한 미래의 계획에 의거하여 형성하고 이와 동시에 그의 과거를 경험으로 사용할 때 가장 먼저 발생한다. 그러나 과거와 관계된 것에 너무 많이 집착하면 — 이것은 흔히 의기소침할 때 잘 관찰되는 것인데 — 발병의 원인이 되거나 또는 발병의 표시가 된다. 미래는 과거와 정반대로 인간에게 자유와 발전과 변화와 변형과 행복을 그리고 이와 함께 가능한 건강을 약속해주는 시간의 차원이다.

우리가 앞에서 살펴본 것처럼 개개인의 세계 개발성은 인간의 공간성과 마찬가지로 시간성의 측면과 관련하여 세분될 수 있고 특징지을 수 있다. 개인의 공간성과 시간성과 마찬가지로 개인의 기분 상태(Gestimmtheit) 내지 개인의 기분은 개인의 세계-내-존재에 대한 유사한 영향을 받는다. 가령 우리는 각기 매일 아침 자기만이 가지고 있는 기분을 가지고 깨어난다. 이 기분은 여러 가지 요소들, 예컨대 꿈, 기대, 체험, 만남 등에 의하여 영향을 받는다. 이러한 정신 상태 또는 정조(情調. 기분)는 흔히 하루종일 또는 한 주일 또는 1년 내내, 아니 한 평생에 걸쳐서 항상 반복하고 있는 동기 또는 테마에 미친다. 어떤 시기의 기분은 양탄자의 실오라기처럼 우리의 실존의 진행으로 엮어지고 그 양탄자의 문양과 색상과 조색(調色. Tönung)을 결정한다.

보스는 정조와 관련하여 이렇게 말했다:

"어떤 한 인간이 가질 수 있는 모든 기분(정조)은 그의 실존의 가능성으로서 그에게 처음부터 항상 이미 함께 주어져 있으며, 그러한 본질의 가능성으로써 항상 이미 원래부터 자기의 현존재를 함께 구성하는 성향을 가지고 있다. …… 인간적인 실존이 본질적으로 끊임없이 정조(情調)에 젖어 있다면, 우리가 이런 저런 현실의 기분에 빠져 있는 어떤 사람을 본다면, 앞서서 지배하고 있는 기분 상태의 영향을 받는 해당되고 있는 현존재의 원기분(原氣分. Umstimmung)만이 근본적으로 항상 문제될 수 있다."22)

많은 정조(情調)들은 예컨대, 희망, 신뢰, 명랑 또는 사랑은 광범위하고 풍부한 세상과의 접촉을 가능하게 해준다. 이 정조들은 인간의 세계-내-존재를 넓혀주며 건강을 촉진시켜준다. 그러나 성가심, 불안, 우울, 지루함 같은 나쁜 정조들은 세상과의 접촉의 빈도를 축소시키고 개인을 뿌루퉁하게 만들고 고독과 은둔과 함구(입을 다뭄)에 빠지도록 한다.

많은 육체의 발병에는 나쁜 기분(Verstimmungen)이 선행하거나 동반하고 있다. 그러므로 이러한 소극적으로 물들어 있는 정조들이나 욕정은 신체의 부위에 폭넓게 작용하고 있는 제일급 병리학적 요소들로 이해되지 아니하면 안 된다.

정조들은 또한 우리가 세상과 사물들과 특히 다른 사람들과 가까이 하고 싶은 느낌을 갖거나 가까이 하고 싶지 않은 느낌을 갖는 데 대하여 책임이 있다. 모든 나쁜 기분 앞에서는 세상은 내려가게 되고 사회성이 존재한다는 사실조차도 우리의 시야로부터 사라지고 만다.

인간의 자기의 세계-내-존재 안에서 만나는 가장 흥미로운 대상이야말로 타자(他者), 즉 이웃(Mitmensch)이다. 인간은 이

---

22) Boss, 위의 책, S.290f.

웃과의 관계에서, 사회성에 접하면서 비로소 인간(人間)이 되며 우리의 실존은 인간적(人情이 있는)이고 상호 협조적이고 공동체적인 현존재의 형상으로 성숙한다.

건강은 우리 자신에 대한 염려(念慮. Sorge)와 다른 사람에 대한 배려(配慮. Fürsorge)의 결과로 성립한다. 다른 사람이 있다는 사실은, 하이데거에 의하면 배려의 형상으로 다른 사람들을 걱정하도록 우리에게 의무를 지게 하는 것이다. 배려는 이 경우에 앞서서 행하는 배려의 성격을 가장 먼저 받아들여야 하는 것이지, 나중에 누구를 대신해서 행하는 배려의 성격을 받아들이는 것이 아니다. 누구를 대신해서 행하는 배려는 항상 종속적인 타성을 초래할 위험을 안고 있다고 하겠다.

병은 흔히 다른 사람에 대한 배려가 감소될 때 결과하는 것이다. 그렇지만 뒤늦게 환자에게서 발병하기 직전에 이웃의 자유로운 발전에 대해 제한된 배려와 감소된 관심이 확인되게 되기도 한다. 많은 경우에 거의 눈에 띄지 않을 정도로 환자의 사회에 대한 관심의 무게가 자기 이해 관계(가령 나르시시즘)의 무게로 옮겨간다. 이 감소된 공동체감(Gemeinschafsgefühl)이 개개인으로 하여금 사회성과 이성과 관계를 맺는 데에 아주 부족한 상태에 머물도록 이끌고 간다. 그 결과 그는 위험에 처하게 되고 지속적으로 병이 난 상태에 있게 되는 것이다.

보스는 여기서 배려의 덕을 어떤 것에 푹 빠져버리는 것(Verfallen-Sein)과 혼돈해서는 안 된다고 한다. 어떤 사물에 또는 어떤 다른 인간에 한 개인은 푹 빠져버릴 수 있다. 그러나 이 경우 결정적인 기준은 자유와 자율성이 제거되고 예속을 받아들이는 것이다. 특히 다른 사람과의 교제에서 부자유와 예속은 언짢은 기분(Mißstimmung)과 격정의 형태로 표현된다. 격정은 일종의 나쁜 기분(Verstimmung)으로서 심리적이고 육체적인 부조화를 가져온다. 그래서 기능적이고 외부 형태론적 (morphologisch)인 변화와 발병은 이러한 부조화의 결과일 수 있다.

그 무엇에 푹 빠져버린다는 것은 고유한 실존의 비본래성을 보여주는 것이다. 많은 사람들은 무책임한 세상 사람들(das Man)이 그들에게 기대하고 있는 평균적인 것, 다대수, 공중(公 衆)과 같은 것을 생각하고 느끼고 살아간다. 개인의 독창성, 개 성은 대체로 외형적인 것에만 미치고 말거나 거부되고 만다. 그래서 고유한 자아 존재(Selbst-Sein)는 불안과 고집의 대가 를 치러야만 존재한다. 고유한 자아 존재는 값싸게 부르는 <아 니오>에서 성립하지 않고 가장 본래적인 존재에 이르려는 고 생 많은 궐기에서 성립한다.

실존의 건강한 모습은 하이데거에 의하면 "내가 나 자신으로 있는 것(Ich-selbst-Sein)"이다.[23] 그러므로 세상 사람에 푹 빠 져버리고 있는 것은 아주 위험스러운 것이고 짧거나 길거나 간 에 병나게 되어 있는 것이다.

보스는 건강한 사람을 특징짓기 위하여 하이데거의 초월 (Transzendenz)을 원용한다. 하이데거는 자기의 위상(Status) 으로부터 항상 다시금 넘어서고 변화하는 인간의 능력을 초월 이라고 이해한다. 변화에서, 지속적인 변형(Metamorphose)과 발전에서, 정(情)적인 존재에 대립하고 있는 그의 가장 내면적 인 본질에 따라 산다.

현존재가 초월하고 있는 시간적 차원은 미래다. 인간은 미래 속으로 들어가는 것을 기획한다. 그래서 인간은 이 미래 기획을 그의 현재에서 실재가 되도록 추구한다. 그래서 점차적으로 형

---

23) M. Heidegger, *Sein und Zeit*, Tübingen, 1986, S.531 참고. Rattner, 앞의 책, S.131-132 참고.

성되어온 과거와의 관계가 경우에 따라서 병인학적 병발생(病因學的 病發生. Ätiopathogenetisch)의 요소를 묘사해준다.

보스에 의하면 많은 발병(發病)에서 환자의 초월과 미래의 관계의 부족이 확인된다고 한다. 병이 악화되기 오래 전에 이미 환자들은 확대되고 있는 세계에 대한 관심이 정체되거나 상실이 되고 있고, 희망을 잃고 있고, 초월이 결핍되어 있는 것이 확인된다.

우리가 앞에서 서술한 인간의 병과 건강에 대한 보스의 이론적 고려는 하이데거의 실존철학의 영향을 크게 받고 있을 뿐만 아니라 구체적인 실습과 시술에서도 영향을 받고 있다. 라트너는 보스의 "현존재의 심신상관학은 의학과 심리학에 하이데거 철학의 실존적인 것을 폭넓게 적용한 것으로 해석하고 이해될 수 있다"[24]고 하였다. 의학적 진단학과 치료에 그와 같은 철학적 사유를 구체화시킨 것을 우리는 보스의 사례 발표에서 많이 찾아볼 수 있다.

보스는 1978년에 출판된 그의 저서 『심신상관학의 실습』에서는 그가 이미 『의학의 개관』에서 인간의 현존재와 그것의 병리학적 각인을 아주 고답적인 이론으로 서술한 것을 구체적으로 예시하였다.

6. 현존재 분석 이론의 결과와 심신상관학의 실습

보스는 현존재 분석 이론의 효과를 구체적으로 심신상관학의 실습에서 예증해 보여주었다. 그는 식사 장애, 고혈압, 소화기 장애, 기관지 천식(Asthma branchiale)에 현존재 분석 이론

---

24) Rattner, 앞의 책, S.133.

을 직접 적용시켜 성공한 많은 사례를 발표했다.

1) 식사 장애

현대 의학에서도 식사 장애로 고통받는 환자를 대체로 크게 두 가지 부류로 분류해서 보고 있다. 첫째 부류는 원하지 않는, 식사 조절을 하느라고 해도 체중 증가에는 별 영향을 주지 않아 급기야 비만(肥滿)에 이르는 것을 보여준다. 둘째 부류는 식사를 자주 하지만 잘 토함으로써 상대적으로 일정한 몸무게를 유지하거나 아니면 식사를 거부함으로써 때로는 악액질(Anorexia nervosa ; Kachexie)에 이르는 것을 보여준다. 문제는 이 두 가지 유형의 식사 장애는 해당되는 환자의 삶의 질과 기대를 심하게 제한시킬 수 있다는 것이다.

보스는 비만한 사람들을 여러 가지로 다시 세분해서 관찰했다 : "지구형" 비만형, "영적" 비만형, 이율배반적 비만형(전쟁 혼란기와 기아 사태가 발생했을 때 나타난다), 총애를 받는 어린이들에게서도 나타나는 비만아와 어른의 비만형 등으로 이들 모두는 그 나름대로 고유한 특징을 보여주지만, 보스는 비만환자들에게서 공통점을 발견할 수 있었다. 아주 많은 비만증 환자들은 희망 상실과 어두운 미래를 이유로 세계와의 관계가 단지 영양 섭취(주로 물질적인 것만을 취하고 정신적이거나 사회적인 성질의 것은 취하지 않는다)로만 축소되고 있다는 것이다. 다시 말해서 영양의 실재적 현존과 같이 확실하고 견고한 것이야말로 정신적인 구조물이라든가 신뢰할 수 없는 관계라든가 깨지기 쉽고 요구가 많은 세계 관계보다는 환자 그 자신에게 더욱 확실한 만족을 준다는 것이다.[25] 그러므로 비만증

---

25) Boss, *Praxis der Psychoanalyse*, Bern : Huber, 1978, S.45f 참고.

환자들은 탐식에 푹 빠져버리고 음식 외에는 관심이 없어진다. 많은 비만 환자들에게서 사회와 세계에 대한 관심이 명확하게 퇴보하고 있다는 것이 진단된다. 비만증 환자들은 과식한 후 휴식이 필요하고 먹는 것 외에는 무관심해지고 몸이 둔해지므로 자연히 타인과의 관계가 줄어들게 된다. 보스는 과체중의 여자 환자가 그의 심리 분석 치료를 받은 지 반 년 후부터 서서히 몸무게가 줄어들었다는 사례를 보고했다. 그 환자가 의사를 부모처럼 신뢰하고 인간 관계가 좋아지기 시작하자 그녀의 몸의 지방이 마치 버터가 햇빛에 녹듯이 녹아내리기 시작했다고 한다.26) 그리고 보스는 비만증 환자가 다이어트나 단식에 실패하는 가장 큰 이유는 이웃과의 관계가 부족했기 때문인 것도 밝혀냈다.

보스는 병적인 체중 감소 환자에 관해서도 환자의 현존재 분석을 통해서 완쾌시킨 것을 보고하기도 했다. 모든 체중감소증 (Anorexie) 환자들에게서는 육체적인 삶에 대항하는 심한 스트라이크를 하는 것을 볼 수 있다. 그들은 미성년 시절로 의도적으로 돌아가려고 음식을 거부하기도 하고, 거식증을 가지며, 많은 경우에는 단식 자살을 기도하기도 한다고 한다. 그들은 그들의 시간과 공간을 가능한 한 최소의 차원으로 축소시킨다. 그들의 식사를 거부하는 것은 육체의 부담 없이 살아가려고 하는 시도라고 볼 수도 있다. 이 병은 사춘기의 젊은 여인에게서 흔히 발생한다. 그들이 제2의 성(性)적 특징이 나타나고 월경을 하게 되면, 굶고 단식하고 구토하고 관장약을 남용하고 깡마르기를 원하면서 자기 몸을 변형시키려고 한다. 소녀들은 몸이 가볍고 민첩하고 고독한 성스러움을 이상(理想)적인 것으로 보고 시간, 건강, 행복, 때로는 자기의 삶까지도 희생하려고

---

26) Boss, 위의 책, S.42.

한다. 이런 소녀들은 육체적인 것을 혐오하고 세속적인 감각적인 것과 성적인 것 등 삶의 특징에 저항하고 거부한다.

이러한 거식증 환자와 깡마른 것을 원하는 환자의 치유는 과식증 환자나 비만증 환자의 경우와 비슷하게 그들의 정조(精操)와 이로 말미암은 세계-내-존재에 대하여 착수하고 현존재 분석을 하는 것이다.[27]

식사 장애의 치유는 어떤 비법이 따로 있는 것이 아니며 이 발병의 개선이나 치유는 약물 사용을 통하거나 우연히 되는 것도 아니며, 환자 자신이 자기의 반성을 통하여 자기의 기분 내지 정조를 건전하게 유지하게끔 인도해주는 것이 관건이라고 하겠다.

2) 심장 순환 장애

보스는 그의 저서 『심신상관학의 실습』에서 또한 심장 순환 장애, 특히 특발성 고혈압에 대한 치유의 사례를 보고하고 있다. 그는 특발성 질환(Idiopathisches)과 거의 모든 고혈압 환자의 발병에서 하나의 공통점을 찾아냈다. 그는 이것을 "개인의 긴장 상태에 처해 있는 것(das Gespannt-Sein des Indivdiums)"이라고 명명했다. 인간은 지구상 어디에서나 아주 불안한 정도에서 고혈압, 즉 혈관 경련과 혈액 순환의 과중 압력과 육체 내면적 초긴장을 쉽게 앓게끔 되어 있다. 보스는 늘 긴장 상태에서 미국에서 살고 있는 아프리카인과 할리우드의 영화 배우들이 쉽게 고혈압에 걸리는 것을 예시했다.

그러나 사회적 사정뿐만 아니라 또한 많은 개인적인 규범과 이상들도 긴장을 고조시키고 고혈압을 유발할 수 있다. 예컨대

---

27) Boss, 위의 책, S.47ff.

엄격한 완벽성, 지나친 자기 제어, 겉치레, 지속적으로 아무 데도 치우치지 않고 중립을 지키려고 애쓰는 것 등은 한 인간의 현존재에 큰 영향을 미쳐 갈등을 유발하고 압박감을 준다. 인간이 갈등을 겪는다는 것이 문제되는 것이 아니라 그러한 갈등이 얼마나 과도한 것이며 어떤 종류와 어떤 방식으로 인간에게서 이루어지며, 그것들이 불쾌한 기분을 지속적으로 가지게 하고 그의 실존에 영향을 미치느냐가 문제되는 것이다. 따라서 특발성 고혈압의 수련에서 결정적인 것은 갈등의 내용이나 양이나 질이 아니다. 우리 각자는 자기의 혈압이 갈등에 즉시 반응하지 않게 하면서 그 갈등 상황을 멀리 두고 놓고 보고 견뎌 나가는 것이 아주 중요한 것이다.

보스에 의하면 고혈압을 안정시키는 데에서 결정적으로 중요한 것은 갈등 상황에 빠져 있는 환자로 하여금 이러한 갈등을 반성하게 하고 말로 표현하게 하고 그의 이해 관계에 맞추어 행동하고 변화하게끔 하는 전략을 제공하는 것이다.[28]

3) 위장발병(胃腸發病)

위와 장의 기관의 심신상관학적 발병은 보스에 의하면 위와 장의 기관의 중요 기능들, 예컨대 식물(食物)을 움켜잡은 것, 가지고 있는 것, 간직하는 것, 잘게 부수는 것, 소화시키는 것, 흡수하는 것, 동화 작용을 하는 것, 통합하는 것, 넘겨주는 것, 밖으로 내미는 것 등이 거의 항상 심적·정신적 해결을 제대로 하지 못하는 것과 밀접한 연관이 있다고 한다. 보스는 이에 대해 다음과 같이 말한다 :

"움켜잡는 것, 음식물을 먹어치우는 것, 자기 것으로 만드는

---

28) Boss, 위의 책, S.108 참고.

것, 통합하는 것, 음식물을 간직하거나 밀어내는 것 등 이러한 세계 관계들 중의 어떤 것이 감당할 수 없는 정도가 되어서 규범에 따른 수행에 의해서 이웃과 환경과의 관계의 영역으로부터 밀려나버리게 되면, 위와 장의 기관의 적당한 부분이 그것의 기능이나 구조에서 병적 현상으로 발전하게 된다 ; 다시 말해서 한 인간의 현존재가 그러한 관계들의 어떤 태도로 말미암아 사기가 뚝 떨어져버리고 축소되고나면, 그 태도는 과중한 부담을 지지 않을 수 없게 된다."29)

예컨대 궤양 환자에게서 흔히 특정한 인격 구조가 발견된다는 것을 많은 내과 전문의와 심신상관학자들은 이미 오래 전부터 알고 있었다. 그러나 보스는 심리분석가(정신분석가)들이 궤양 환자들이 입으로 받아들이는 충동이 선천적으로 강하다는 일반론을 비판하고 모든 궤양 환자가 다 그런 것이 아니라고 반박한다. 그는 한 걸음 더 나아가 심리분석가들의 궤양발생론에서 소극적으로 받아들이는 충동과 적극적인 공격적 충동으로 구분해서 설명하는 것도 부당하다고 비판하고, 궤양 환자의 사실적인 세계 관계에 대하여 고찰하는 것만이 의미 있고 중요한 것이라고 강조한다.30)

여러 가지 계기들, 생활사, 생활 기록에 남을 사건들, 성격상의 특징들은 환자의 세계 관계와 삶의 수행에 밀접한 관계를 가지고 있고 다양한 성질을 가지고 있음으로 개인간에 상당한 차이가 있기 마련이다. 그러므로 위궤양이나 십이지장궤양에 대한 일반화한 병인학적 질병발생론에 대해서 보스는 동의하지 않고 세계 관계의 특수한 관점과 대비책을 주장한다. 그래서 보스는 어떤 특정한 사물이나 인간이 병에서 문제되는 것이

---

29) Boss, 위의 책, S.120.
30) Boss, 위의 책, S.130ff.

아니라 어떤 경우에 사물을 장악하고 있는(Sich der Dinge gemächtigen) 현존재 방식의 일방(一方)적인 과중(過重)이 항상 문제되는 것이라고 한다.

보스는 거식증, 과식증, 고혈압, 위 및 장의 궤양 외에도 변비, 대장 및 천식, 다발성 관절염 등에 대해서도 이와 비슷한 진단을 내리고 처방을 제시했다. 보스 자신도 한 인간의 개별적인 특수한 세계 관계와 기본적인 기분을 짧은 인터뷰나 문진(問診)을 통해 파악하기 어려움을 인정한다. 끝으로 우리는 보스가 현상학적 탐구에 정향(定向)하여 진단 방법을 심신상관학에 도입하고 환자의 생활 기록, 심리 분석적 대화 치료(talking care)를 개발한 것에 대하여 높이 평가하지 않을 수 없다. 그가 한 인간의 발병과 육체적 증세의 독특한 의미와 개별적인 내용을 파악하고 많은 인내가 요구되는 진단학을 주창하면서 의학적 인간학에 대해 큰 공헌을 한 것에 대해 우리는 길이 찬양해야 할 것이다.

병리적 정신 현상의 원인론과 극복론 : 사후 작용

이 창 재 (광운대 철학과 교수)

1. 서 론

정신의 병리적 현상들은 어디로부터 어떻게 생겨나는 것인가? 왜 자신의 의지와 무관한 실수와 증상들이 삶의 과정에서 되풀이되는 것인가? 왜 만물의 영장임을 자랑하는 인간들은 생존의 위협이 없는 상황 속에서도, 자신의 삶을 의식에 의해 행복하게 만들지 못한 채, 정신 내적 원인에 의한 스트레스에 휘둘려 살아가는 것인가? 필자의 정신분석 강의에 참여하는 절반의 사람들은 그 원인을 도무지 알 수 없다고 말한다. 그리고 다른 절반의 사람들은 자신이 고통받는 원인을 약간은 짐작하지만, 증상이 어떤 과정들을 거쳐 발생하는 것이며, 그것을 어떻게 극복해야 할지 알 수가 없다고 말한다. 이에 대해 철학자들은 어떠한 설명을 제시하는가? 서양의 전통 형이상학자들은 영원한 안정을 보증받을 수 없는 변화하는 육체와 세속의 권력에 집착하기 때문에 고통에 빠지게 된다고 말한다. 그들의 눈에 육체와 세속의 권력은 결코 궁극적 실체가 아니며 영원한 만족을 제공하는 대상도 아니다. 그럼에도 불구하고 일반 사람들은 마치 그것에 대단한 가치가 담겨 있다고 믿는다. 이 믿음 때문에 그것을 획득하지 못하거나 그로부터 만족을 얻지 못할 경우 분노, 피해 의식, 열등감을 느낀다. 형이상학의 관점은 정신이 고통받는 원인을 나름대로 설명해준다. 그런데 현대 자본주의 사회에서 육체의 건강과 사회적 권력의 소유는 정신의 행복과 병을 결정하는 구체적인 요인으로 작용한다. 정신의 성질을 수십 년간 공부하고 가르쳐온 철학자들조차, 사회적 권력의 주변으로 밀려날 경우 정신에 상처를 입곤 한다. 이러한 현상은 심지어 세속의 권력은 허망한 것이며 영혼의 구원이 인생의 궁극 목적이라고 설파하는 종교가들에서조차 다반사로 관찰된다. 이것이 우리의 현실이다. 이러한 현실은 더 이상 내밀한 소문이 아니기 때문에 현대인들은 더 이상 말과 실천이 어긋나는 철학자나 종교가를 진심으로 신뢰하지 않는다. 현대인들은 육체의 건강과 쾌감 그리고 정신적인 안정과 기쁨을 제공할 대상을 바란다. 이런 대상을 오랜 기간 만나지 못할 때 그들의 삶은 불안해지고, 보다 강화된 방어 기제를 작동시키게 된다. 그런데 현대인들이 자신의 정신 건강을 유지시켜줄 신뢰할 만한 대상을 만나기란 구조적으로 쉽지가 않다. 가령, 자본주의적 생활 세계에서 <타인들을 향해> 형이상학적 정신 수양을 외치는 사람은, 타인들을 심리적 덫에 걸리게 하여 그들로부터 삶의 에너지와 이익들을 교묘하게 빼앗아가는 몰염치한 인간 사냥꾼으로 해석된다. 여기에 철학자도 예외는 아니다.

프로이트는 사유의 전능성을 과시하는 사변 철학이 사람들의 삶을 병리적인 방향으로 유도할 뿐만 아니라, 그 자체로 병리적인 정신 상태의 징후라는 생각을 숨기지 않아 왔다. 그는 인간이란 타자에게 오랜 기간 의존해야만 생존할 수 있는 연약한 존재며, 사회적 관계에 적응하기 위해 정신적 상처를 지닐 수밖에 없는 불행한 존재라고 해석한다. 그래서 그는 주어진 정신적-신체적 조건들을 최대한 온전히 향유함으로써 신경증적 고통들로부터 벗어나는 삶을 사는 데에 큰 의미를 부여한다. 그리고는 인간을 편견과 환상으로 유도하여 궁극적으로 정신-신체적인 질환에 빠뜨리는 형이상학과 종교를 대체할 새로운 관점으로서 정신분석학을 개척한다. 그렇다면 정신분석학의 관점에서 볼 때 정신의 병은 어떻게 발생하는 것이며, 어떻게 극복될 수 있는 것인가? 그리고 프로이트의 정신 관점과 현상학의 정신 관점은 어떤 연관을 지니는 것인가?

2. 신경증의 기원 : 유년기의 성적 외상[1]

인간은 어떤 원인들로 인해 자신의 인생을 스스로 즐기지도 못하고, 이익이 되게 행동하지도 못하는 불행한 심리 상태에 처하게 되는가? 자아의 기능이 일부 마비되는 신경증이 발생하는 원인은 무엇인가? 프로이트는 신경증자들에 대한 정신분석 과정에서 그들 대부분이 유년기에 주위 사람으로부터 강한 성

---

[1] 프로이트에게 <성적 외상(外傷)>은 다양한 의미를 지닌다. 일차적으로는 외부 대상으로부터 구체적으로 받은 강한 신체적인 자극을 의미한다. 그리고 여기에 정신의 <성적 해석>이 첨가되어야만 인지적-정서적 충격인 <외상(trauma)>이 발생한다. 그런데 아이가 외부 대상과 갖는 성 경험이 구체적으로 무엇을 의미하는가에 대해 우리는 조심스레 접근해야 한다. 그것은 때로 신체적인 성 관계를 지칭하기도 하고, 아이와 부모 사이의 애정 관계를 지칭하기도 한다. 프로이트가 오이디푸스 콤플렉스를 '발견'한 이후의 유년기의 <성적 외상>이란, 주로 엄마로부터 자신의 절대적 사랑 요구가 거절당했다고 느끼는 아이의 보편적인 심리적 상처를 지칭한다.

적 자극을 받았으며, 그것이 이후의 삶에 큰 영향을 주었다고
토로하는 것을 관찰한다. 억압된 무의식을 의식에 드러내는 정
신분석 작업에서 신경증자들은 오랜 방어적 저항 기간을 거친
후에 자신이 숨겨온 콤플렉스가 성적 상처와 관련된 것임을 내
밀히 토로한다.[2] 프로이트가 임상에서 만난 신경증자들에 대한
정신분석 과정은 대부분 성적 상처의 회상과 고백으로 끝이 난
다. 그리고 그 성적 상처는 놀랍게도 대부분 유년기에 발생되었
다고 표현된다.[3] 이러한 일련의 임상적 관찰을 통해 프로이트는
신경증이 유년기에 가까운 외부 대상으로부터 받은 구체적인 성
적 외상(트라우마)[4]에 의해 발생한다는 이론을 정립한다.

---

2) 정신분석 과정은 다음과 같다. 초기 면담 → 자유 연상과 꿈 해석 → 방어
적 저항과 자유 연상의 지지부진 → 정신분석가의 고유한 분석 기교와 전이
현상 발생 → 전이에 대한 정신분석가의 해석 → 해석에 대한 내담자의 정서
적 반응과 자기 인식 → 내담자에 의한 자기 무의식의 언어적 정리 → 분석의
종결. 위 과정에서 내담자는 자신의 무의식을 드러내려는 자유 연상 활동을
금지하는 강한 정신 내적 방어 작용에 부딪쳐, 더 이상 자신의 의지로 자신의
무의식을 떠올리는 것이 불가능하게 되는 <저항>에 직면하게 된다. 내담자
의 이 저항과 병리적 방어 기제를 온전히 인식하고 극복하도록 유도하는 것
이 바로 정신분석가의 주역할이다. 프로이트는 바로 이 저항이 극복되고난
다음에야 무의식의 핵심 내용들이 표출된다고 본다.
3) S. Freud. *The standard edition of the complete psychological works of
Sigmund Freud*, (London, The Hogarth Press,1966), Vol.I, p.231. 앞으로 이
책은 SE로 약칭함.
  "신경증의 선택은 사건이 발생한 <시기들>이 결정적이다. …… 만약에 <유
년기>와 사춘기에 어떤 성적 <장면>도 없었다면, 방어는 병리적 결과를 지
닐 수 없다."
4) 트라우마(trauma)란 지울래야 지울 수 없는 오래 지속되는 충격적인 정신
적 상처를 의미한다. 흔히 의학에서는 교통 사고 환자를 트라우마 환자로 칭
한다. 왜냐 하면 강한 외부 충격을 받아 몸의 균형이 깨진 상태며, 그 후유증
이 오래가기 때문이다. 여기서 트라우마가 <외상(外傷)>으로 번역된 이유는
그것이 <내적 환상>에 기인된 것이 아니라 구체적으로 외부 대상으로부터 받
은 충격적 상처라는 뜻을 내포하기 때문이다. 그러나 정신분석학에서는 내적
환상과 회고적 사후 작용에 의한 트라우마의 발생이 빈번하므로, 이 글에서 트

프로이트에 의하면, 유년기에 감당하기 힘든 성적 자극들을 받으면, <성적 해독(noxa)>이 발생하게 된다. 그 이유는 유아나 아동은 아직 성 기관이 성숙하지 않았기에 성적 자극에 의해 정신 내면에 발생된 성적 긴장을 성교 활동을 통해 외부로 분출할 능력이 없다. 또한 아직 운동 기관이나 인지 능력이 미숙하기 때문에, 성적 흥분과 긴장을 대리 발산 내지 승화할 방법을 알지 못한다. 이런 상황에서 성적 긴장이 축적되면 감당하기 힘든 불쾌로 느껴지게 되며, 이 불쾌로 인한 정신의 붕괴를 막기 위해 병리적인 방어 기제가 본능적으로 작동한다. 그리고 병리적인 방어 기제를 사용한 결과로 <나중에> 신경증 증상이 발생하는 것이다.

3. 신경증의 종류 : 현실신경증과 정신신경증

프로이트는 자아 기능이 의식의 뜻대로 온전히 발현되지 못하는 상태 일반을 넓은 의미의 신경증으로 지칭한다. 그리고 신경증을 현실신경증과 정신신경증으로 구분한다. 현실신경증은 정신적 외상이나 갈등으로 인해 발생한 병이 아니라, 단지 리비도(성 욕동) 분출의 부적절함으로 인한 자아 기능의 마비 상태를 지칭한다. 따라서 무의식에 대한 정신분석이 불필요하며, 현실 경험을 통해 리비도를 적절히 분출해주면 해소될 수 있다. 현실신경증은 <불충분한> 리비도 분출로 인한 불안신경증과, <불만족스러운> 리비도 분출 경험에 기인된 신경쇠약증으로 구분된다.[5]

라우마는 외적 자극과 내적 자극 모두에 기인된 상처의 의미로 사용한다.
5) S. Freud. SE, Vol.I. pp.188, 190-192.

정신신경증은 전이 신경증(히스테리, 강박신경증, 공포신경증)과 자기애적 신경증(편집증, 분열증)으로 구분된다. 프로이트는 리비도가 자기 밖의 타자에게 <전이>될 수 있는 신경증만이 정신분석 관계 설정과 치료가 가능하다고 본다. 반면에 리비도가 외부 세계로부터 철수하여 자신의 자아에 부착된 자기애적 신경증은 분석가와 내담자 사이의 정신분석 관계가 맺어지지 않기 때문에 정신분석 치료가 불가능하다. 그렇다면, 정신분석 치료의 대상인 히스테리, 강박신경증, 공포신경증은 어떠한 원인들에 의해, 어떠한 과정들을 거쳐 발생되는 것인가?

4. 사후 작용론

"기억 흔적들의 형태로 현전하는 재료들은, 새로운 환경들에 따라서 시시각각으로 재-배열, 재-필사된다."[6]

1895년 「과학적 심리학을 위한 계획」에서 프로이트는 엠마라는 13세 소녀의 가게공포증 사례 분석을 통해 신경증의 발생 원인과 과정을 설명한다. 엠마는 혼자서는 가게에 들어가지 못하는 공포증을 지닌다. 가게공포증 증상이 발생하게 된 원인을 <자유 연상> 과정을 통해 추적해보니 다음과 같은 사건이 엠마에 의해 기억되었다.[7]

첫째, 12세에 엠마는 옷을 사러 옷가게에 혼자서 들어갔다. 가게에

---

6) S. Freud, SE.I, p.233.
7) S. Freud, "Project for a scientific psychology"(1895), SE., Vol.I. pp.353-356.

는 손님이 없고 10대 후반으로 보이는 가게 점원 두 사람이 있었다. 엠마는 옷을 고르던 중 우연히 시선을 옆으로 돌렸는데, 두 점원이 나이에 비해 노숙한 옷을 입고 있던 그녀의 <옷>을 쳐다보며 <웃고> 있었다. 그 중 한 점원의 모습이 엠마에게 <기분 좋게 느껴졌다>. 그런데 갑자기 엠마는 뭔가에 놀라서 황급히 가게를 뛰쳐나왔고, 2주 정도 집에서 앓다가 전에 없던 가게공포증 증상을 지니게 되었다.

프로이트는 위의 기억에서 점원이 엠마의 옷을 보고 웃는 상황만으로는 신경증을 유발하는 병리적 방어 기제와 트라우마가 발생되지 않는다고 보고서, 계속 <자유 연상>을 시도하였다. 엠마의 방어적 <저항>을 완화시키면서 진행된 오랜 자유 연상 작업의 결과 가게공포증과 연관될 만한 또 다른 사건이 엠마에게 간신히 기억되었다.

둘째, 8세경에 엠마는 사탕을 사러 사탕 가게에 혼자서 갔다. 가게에는 손님이 없고 중년의 가게 주인만이 있었다. 엠마가 사탕을 고르던 중, 가게 주인이 엠마에게 다가와 <씩 웃으며> 엠마의 <옷> 속으로 손을 집어넣고서 성기를 여러 번 압박했다. 엠마는 사탕을 사고 집에 왔고, 엠마에게 특별한 이상이 발생하지 않았다. 열흘쯤 후에 엠마는 한 번 더 그 가게에 갔고, 아무 일 없었으며, 그후엔 그 가게에 가지 않았다.

프로이트는 위 두 사건이 엠마의 신경증 발생에 모종의 관련이 있다고 보고, 이에 대한 분석을 시도한다. 먼저 옷가게에서 엠마가 점원의 웃는 모습을 보고 기분 좋음을 느낀 순간, 갑자기 놀라서 황급히 달아난 이유는 무엇인가? 프로이트는 이를 다음과 같이 해석한다.

어느덧 사춘기에 접어든 엠마는 점원이 자신의 옷을 보며 웃는 순간, 어떤 기분 좋음을 느꼈다. 그 기분 좋음은 지금까지 느껴보지 못했던 일종의 <성 감정>이었다. 그런데 그 성 감정과 그녀의 <옷>을 쳐다보며 <웃는> 점원의 모습은 그녀가 까맣게 잊고 있던 과거의 사탕 가게 사건을 <갑자기 기억>나게 했다. 그 순간 점원의 웃음은 사탕 가게 주인의 씩 웃는 모습과 <연결>되고, 점원이 바라보던 자신의 <옷>은 <옷 속으로 손을 집어넣어 성기를 압박하던 행위>와 <연결>되었다. 프로이트는 이를 신경증자들의 정신에서 자주 발생하는 <잘못된 연상>이라고 칭한다.[8] 이러한 뜻밖에 연상된 사탕 가게 주인의 성기 압박 기억은 엠마의 정신에 과거 그 시점에선 없었던 <성적 방출>을 일으킨다. 그리고 갑자기 엄청나게 생겨난 성적 흥분은 그것을 감당할 줄 모르는 엠마의 정신에서 불안으로 변형된다. 이 불안과 더불어 그녀는 방금 전에는 기분 좋게 느끼던 점원이, 자신을 과거의 사탕 가게 주인처럼 <공격>할지 모른다는 무의식적 추론을 하게 되고, 이에 놀라서 황급히 도망간 것이다.

집에 와서 엠마는 2주 동안 정신적 혼미 상태로 앓아 누웠었다. 그리고는 뜻밖의 가게공포증 증상이 그녀에게 출현했다. 그렇다면 그 2주 동안 그녀의 정신에는 어떤 일들이 발생했기에 신경증 증상이 출현하게 된 것인가?

엠마의 자아는 뜻밖의 <기억>으로 인해 발생된 성적 흥분과 불안에 대해 정상적인 방어를 할 수 없었다. 그 이유는 자아는 주로 <외부 지각들>에 대한 방어 작용에 자신의 주의를 집중

---

8) Freud, "project for a scientific psychology"(1895), SE.I. pp.352-356. 프로이트는 히스테리의 '선행하는 잘못(Proton pseudos)', 즉 임의적인 잘못된 연결(연상)에 의해 잘못된 결론인 트라우마와 증상이 발생하는 것으로 해석한다. 이런 잘못된 연결은 오직 성적 분야에서만 발생되며, 그 이유는 성에 대한 느낌과 해석 관점이 유년기와 사춘기에 각각 매우 다르기 때문이다.

하므로, 정신 내부에서 돌출한 뜻밖의 <기억>과 그것에 병행된 정서적 불안과 불쾌에 대해서는 미처 대비하지 못하기 때문이다.9) 따라서 정상적인 방어에 실패한 자아는 병리적인 방어기제인 <억압>을 황급히 작동시키게 되며, 그 결과로 증상이 발생한 것이다. 그런데 개인의 **정신에 순간적으로 발생한 일련의 정신적 연상들과 방어 작용들은 무의식적이다.**10) 따라서 엠마는 자신이 놀라게 된 이유에 대해 알지 못한 채, 가게에 갈 때마다, 자신이 의식할 수 없는 어떤 불쾌하고 불안한 무의식적 환상에 시달리게 되어, 가게에 혼자서 들어가지 못하는 것이다. 한 가지 더 특이한 것은 엠마가 8세 때 사탕 가게에 두 번째 간 것에 대해 13세의 지금에 와서 너무도 괴로워한다는 점이다. 그녀는 마치 자신이 사탕 가게에 어떤 기대를 가지고 간 것처럼 심한 죄책감과 수치심에 시달린다. 그리고 이런 죄책감과 수치심은 12세 당시의 엠마가 2주간 앓고 있던 시기에도 출현했다가 병리적으로 억압된 것으로 추정된다. 즉, 2주 동안 엠마는 자신의 과거 사건에 대한 <어떤 해석>에 의해 괴로워하다가, 일종의 <타협책>으로서 기억된 과거에 대한 자아의 방어적 억압과 망각이 발생하고, 그 결과로 증상이 생긴 것으로 추정된다. 가게공포증 증상의 발생이 당시의 엠마에게 타협책인 까닭은 무엇인가? 그것은 한편으로는 엠마가 자신의 불미스러운 과거 기억을 의식에 계속 유지하다간 내면의 초자아나 외부 대상들로부터 발각되어 처벌받아 인생이 처참하게 끝날지도 모른다는 주관적 생각과 공포에 시달리기 때문이다. 다른 한편으로는 그녀의 자아는 자신의 과거 기억을 성숙하게 재해석하여 승화시킬 능력을 갖고 있지 않기 때문이다. 그래서 그

---

9) S. Freud. SE.I, pp.357-358.
10) S. Freud, SE. Vol.III, p.167note.

녀의 자아는 두 상태 사이에서 <억압>이라는 제3의 길을 차선책으로 택한 것이다. <억압>은 불쾌한 기억으로부터 벗어나게 하는 단기적인 유용성을 지닌다. 그러나 그 결과로 발생된 가게공포증은 그녀의 삶에 심각한 <반복적인 고통>을 유발하기 때문에, 결과적으로 <신경증적 방어 선택>은 합리적이라고 평가되기 어렵다. 그녀의 무의식적 정신 작용에 의해 선택된 증상이 합리성을 지니려면, 증상으로 인한 자아 기능의 마비 상태와 심리적 고통이 <잠정적>이어야만 한다. 그런데 불행히도 일단 증상이 발생되면, 그로 인한 정신-신체적 고통은 너무도 오랜 기간 반복적으로 지속되기 때문에, 결코 자아의 합리적 자기보존술로 평가되기 어렵다.

위에 서술된 신경증 증상의 발생 원인을 일반적인 정신분석 관점으로 정리하면 다음과 같다.
(1) 엠마에게 신경증을 일으킨 <근본 원인>은 8세 때 옷가게에서 받은 성적 자극에 있다.
(2) 엠마의 신경증을 유발한 <촉진적 원인>은 12세 때의 옷가게 경험에 있다.
신경증은 일반적으로 유년기에 발생된 근원 소인에 사춘기 이후에 발생한 촉진적 원인이 덧붙여져서 발생하는 것으로 설명된다. 그런데 위 두 정리는 최종적으로 타당한 것인가? 그리고 위 두 설명으로 신경증의 원인이 충분히 설명되는가? 프로이트는 위 두 원인에 대한 보충 설명으로 <사춘기 도래의 지연>이라는 요소를 덧붙인다.11) 이는 유년기와 사춘기의 성 욕동과 자아 상태가 매우 다르다는 뜻을 강력히 시사한다. 이러한 다름의 이유는 양 시기 사이에 <잠복기>라는 평온해보이는 심리-성

---

11) S. Freud, SE.I, p.356.

적(psycho-sexual) 발달 시기가 있기 때문이다. 이 <잠복기>는 유년기의 정신 관점과 사춘기 정신 관점의 차이성을 준비하는 기간으로서 신경증의 발생에 고유한 역할을 담당한다. 왜냐 하면 이 <차이성>이 신경증의 발생에 결정적인 역할을 하는 <사후 작용>이 기능하기 위한 주요 조건이기 때문이다. 가령, 자아와 성 기관이 미성숙했던 8세 때 엠마가 받은 성기 자극은, 당시의 엠마에게 <성적인 의미>로 해석되지 않았다. 그런데 사춘기에 접어든 12세에 엠마는 <잠복기(8~12세)> 동안에 교육을 통해 습득한 성에 관한 지식과 신체적인 성숙으로 인해, 옷 가게에서 <성 감정>을 느끼는 순간 '현재의 관점'에서 과거 사건에 <성적 의미>를 부여하게 된다. 즉, 과거의 사건이 '현재의 관점'에 의해 사후(事後) 기억되는 과정에서, 일종의 정신적 <사후 작용>이 발생한 것이다. 엠마의 경우, 이 사후 작용으로 인해 과거 사건 당시에는 존재하지 않았던 <성적 의미>와 <성적 흥분>과 <공격>받았다는 <심리적 불쾌, 불안>이 뜻밖에 발생되었다. 그렇다면 **사건에 대한 <지각>이 아니라 사건에 대한 <사후 해석된 기억>이 과거 경험의 의미를 변질시켜 <정신적 상처(트라우마)>를 일으킨 것이다.**[12] 이러한 <심리적 사실(psychological fact)>의 변질은 인간의 리비도(성 욕동)와 자아가 나이에 따라 다른 상태로 변화했고, 교육에 의해 성에 대한 특정한 가치 평가 관점이 정신에 각인되었기 때문에 발생하는 것이다.[13]

여기서 우리는 과거에 외부로부터 받은 자극들을 '단순한 지각'에서 충격적 상처로 변질시키는 놀라운 힘을 발휘하는 <사후 작용>의 정체를 주시해보자. 엠마의 신경증을 발생시킨 사

---

12) S. Freud, SE.I, p.356.
13) S. Freud, SE.III, p.164.

후적(Nachträglich) 작용에는 두 가지 의미가 내포되어 있다. 하나는 <지연 작용(deferred action)>이고 다른 하나는 <회고 작용(retroactive action)>이다.

1) 지연 작용

'지연 작용'이란 어떤 강한 외부 자극을 받을 경우 정신에 곧바로 병이 발생되지 않고 <흔적>으로 남아 있다가, 사후(事後)에 어떤 유사 자극이 추가될 경우 최초 흔적과 새로운 자극이 결합하여 트라우마를 일으키는 정신 작용이다. 이 '지연 작용'은 예기치 못한 순간에 발생되기 때문에 갑자기 출현한 증상에 시달리게 되는 당사자들은, 도대체 왜 자신에게 이런 불행한 증상이 발생하게 되었는지 그 원인과 과정을 알지 못한 채, 갖가지 억측과 상념에 잠기게 된다. 지연 작용은 이처럼 과거의 어떤 사건이 증상과 곧바로 연결되지 않고 지연되어 그 효력을 드러내기 때문에, 병의 원인에 대한 정확한 인식을 힘들게 만든다. 지연 작용은 또한 정신에 뜻밖의 불안, 불쾌와 트라우마를 발생시키고, 그것에 대처하는 병리적 방어 기제의 작동으로 인해, 자아의 인식 기능을 심각히 훼손한다. 일단 신경증자가 되면 그는 자신도 모르게 작동되는 방어 기제로 인해 신경증을 발생시킨 원인들을 스스로의 힘으로는 좀처럼 <기억>하기가 힘들게 된다. 그로 인해 그의 삶은 의식적으로는 도무지 기억나지 않는 과거의 어떤 생각과 정서에, <반복해서> 휘둘리게 된다. 가령, 엠마의 경우 8세 때의 사탕 가게 사건은 그 당시에는 <성적 외상>이 아니었다. 그러나 정신에 남겨진 <흔적>과 정신의 '지연 작용'에 의해, 나중에 (12세 때 옷가게에서의 사소한 자극과 결합되어) 외상으로 변형된 것이다. 프로이트는 당대의 가치관에 의해 의식에 통합되지 못하고 억압된 자극들, 생각들, 정서들 중에서 특히 성과 연관된 유년기 자극들의 <흔적>이, <잠복기>라는 지연 기간을 거쳐서, 성욕과 성 지식에 눈뜨는 사춘기 이후의 정신에 지연 작용하여, <성적 외상>을 발생시킨다고 해석한다. 지연 작용은 성인신경증의 발생 원인이 유년기에 받은 강한 성적인 외부 자극들에 기인된 것이라는 <성적 외상설>을 주장하는 근거를 제공한다. 즉, 성인신경증은 과거에 외부 대상으로부터 받은 구체적인 성 경험에 의해 발생되는 것이다. 프로이트가 이것에 '유혹설'이라는 이름을 붙인 까닭은 유혹하여 성적 자극을 촉발하기만 할 뿐, 성적인 분출이 충족되지 않는 상태를 지칭한다. 이 경우 정신과 신체에 축적된 성적 긴장들은, 적절히 분출되거나 승화되지 않는 한 <성적 해독 (害毒. sexual noxa)>이 되어 신경증의 원인이 된다.[14] 프로이트는 정신분석가 개업 초기(1892~1897)에는 유년기의 성적 유혹이 신경증 발생의 필요 충분 조건이라고 생각했다. 왜냐 하면 성적 유혹 사건은 아이에게 성적 해독을 발생시켜, 필연적으로 병리적인 방어 기제를 작동시키고, 그로 인해 나중에 증상이 발생된다고 보았기 때문이다. 또한 성적인 <유혹>은 당대의 금욕적 도덕가치관으로 인해 병리적 방어 기제인 <억압>을 발생시키는 대표적 원인이었기 때문이다.

---

14) 오이디푸스기(3~6세)의 남자아이들은 그 동안 자신의 성욕 충족 대상이었던 엄마로부터 과거와 동일한 성적 접촉을 거절당하는 충격적 상황에 직면하게 된다. 이 경우, 엄마는 남아에게 성적 자극을 제공하는 대상이면서, 성적 충족을 제공하지 않는 대상이 되어 <성적 해독>이 발생한다. 프로이트는 이 상황이 오래 지속되면 성인신경증이 발생될 가능성이 높다고 해석한다. 이 상황은 아이의 <거세 공포>로 인해 성적 욕망을 단념하고 외부 세계의 요구를 내면화함으로써 조기 수습되고 망각된다. 그런데 부모의 규범 요구의 내면화가 건강한 <승화>인지, 어느 정도 병리적인 억압인지에 대해 프로이트는 명료한 정의를 내리지 않는다.

프로이트가 정신분석 치료 과정에서 내담자의 입을 통해 직접 듣거나 여러 상황을 종합해 구성한 유년기의 외상, 유혹 사례들은 '원초적 장면'(자신의 출생 비밀과 연상된 부모의 성교 장면)의 목격, 아버지나 가까운 주변 인물로부터의 강간, 성적 학대, 성적 공격, 유혹 받음 등이다. 이처럼 유년기에 받은 성적 외상과 유혹이 성적 해독을 발생시키고 그 해독이 병리적 방어 기제의 작동을 유발하여 잠재된 병리적 상태로 있게 된다. 그리고는 <잠복기라는 지연 기간>을 거쳐 사춘기 이후의 <촉진적 사건>과 결합하는 순간 신경증 증상이 발생한다고 보는 것이 외상설(유혹설)이며 지연 작용이다. 이 외상설에서는 정신에 각인된 과거 사건의 흔적이, 그 이후의 정신 상태에 평생 영향을 미친다. 즉, **인간은 자신의 의지와 의식으로는 좀처럼 과거의 흔적을 지울 수 없는, 과거에 얽매일 수밖에 없는 존재**인 것이다. 무의식에 억압된 과거의 흔적은 그것이 의식에 의해 상기되어 재해석되지 않는 한 그 이후의 어떤 경험에 의해서도 결코 수정되지 않은 채, 계속 강박적인 영향을 미친다.[15] 프로이트는 과거 <흔적>들의 부정적 영향력을 해소하기 위해서는 정신분석가와의 <정신분석> 작업이 필요하다고 본다.[16] 이미 무의식적 상처와 병리적인 방어 기제와 증상을 지

---

15) 프로이트, 「레오나르도 다빈치의 유년기의 한 기억」, 『프로이트 예술 미학 분석』, 김영종 옮김, 글벗사, 1995, 87쪽.
16) 여기서 <정신분석가>란 반드시 법적인 자격증을 가진 사람을 지칭하지 않는다. 철학자일지라도 정신분석학 이론들에 대한 지식과, 자신의 정신과 타인들의 정신에 대한 충분한 <분석 경험>과, 이미 충분한 분석 능력을 지닌 자로부터 <개인 분석을 받아> 자기 정신의 문제점을 스스로 극복해본 경험이 있다면, 그는 정신분석가의 자격을 지닌다. <정신 분석> 작업의 묘미는 자기 혼자서는 자신의 무의식적 방어 작용으로 인해 도저히 인식되지 않는 개인의 무의식이, 정신분석 파트너(정신분석가)와의 상호 협력 <관계>속에서 <자유 연상>이 이루어질 경우엔, 훨씬 더 잘 기억되고 해석된다는 점에

니고 있는 개인은, 그가 아무리 철학적 지식과 합리적 사유 능력을 많이 축적했다 해도, 자신의 의지와 의식으로 자신의 무의식을 엄밀히 인식하고 변형시킬 수 없다. 또한 **인간의 의식은 외부 대상에 대한 지각과 관념을 제공하는 정신 작용들에 대한 <대상화된 인식>을 결코 가질 수가 없다. 정신 작용들은 인식의 조건이므로 인식의 <직접적인 대상>이 되지 못한다.** 그로 인해 정신 작용들의 대부분은 무의식적이다. 그런데 인간의 정신 작용은 결코 완벽한 기능체가 아니다. 인간의 정신 작용은 외부 상황에 적응하는 과정에서 병리적(방어적)으로 위축되기도 하고, 능동적이고 개방적인 기능을 발휘하기도 한다. 즉, 개인의 정신 작용들은 의식의 의지에 의해 합리적으로 작동하는 것이 아니라, (내적 본능과) 외부 세계와의 관계 속에서 그것의 기능이 상당 부분 결정된다. 따라서 프로이트는 인간의 정신 작용들에 병리적인 영향을 미치는 정신 내외(內外)적 요인들에 대한 분석을 시도한다. 그는 정신 기능들이 불완전하며, 형성되는 과정중인 <유년기>에, 외부로부터 받는 <성적 자극>이 그 개인의 정신 기능의 온전함／위축됨을 결정하는 핵심 변수라고 해석한다. 그래서 유년기의 성적 외상, 유혹이 자아 기능의 부분적 마비 상태인 신경증을 유발한다고 생각했던 것이다.17) 그는 유년기의 성적 외상에 대한 <흔적>을

있다. 한국 속담에 "중이 제 머리는 못 깎아도 남의 머리는 잘 깎아줄 수 있다"는 말이 정신분석 작업에 잘 부합된다.
17) 필자의 "정신분석" 강의에 참여한 수강생들로부터 받은 <자신에 관한 정신분석> 보고서에는 유년기의 성 경험으로 인해 자신도 모르게 발생한 인생의 질곡 과정들을 <자기 분석>한 글들이 적지 않다. 그 중 한 보고서는, 20대 여성 친척의 유도로 4세경에 가졌던 여러 번의 구강 성교 경험이, 그 이후부터 20대 후반의 청년이 되기까지 그 개인의 정신 상태와 실제 행동을 무의식적으로 얼마나 심각하게 좌우했으며, 그것이 어떤 상황에서 어느 정도 극복되었는가의 과정을 구체적으로 <자기 분석>하고 있다.

무의식의 영역에서 의식의 영역으로 위치 변환시키면, 그것의 영향력을 해소할 수 있다고 보고서, 신경증을 유발하는 무의식의 흔적들을 <기억>해내는 정신분석 작업을 시도한다. 그런데 그는 그 과정에서 정신의 새로운 정신 작용에 직면하게 된다. 그것은 새로운 종류의 사후 작용인데, <지연 작용>이 아닌 <회고 작용>이다. 그는 이 회고적 사후 작용에 의해 신경증이 발생하며, 역으로 신경증이 치료될 수 있음을 자각하게 된다. 그렇다면 그가 정신분석 초기부터(1895) 어느 정도 자각했고, 꾸준히 세련화시킨 회고적 사후 작용에 대해 알아보자. 그는 회고 작용의 역할에 주목함으로써, <외상설>을 포기하고 <환상설>을 구성하게 된다.

2) 회고 작용(retroactive action)

"경험들, 인상들, 기억-흔적들은 새로운 경험들과 조화되기 위해 또는 새로운 발달 단계의 획득과 조화되기 위해 나중에 <개정>될 수 있다. 이 사후 작용 속에서 과거 사건들은 **새로운 의미뿐만 아니라 새로운 <심리적 효력>을 부여받을 수 있다.**"[18]

'회고 작용'이란 현재의 정신 관점에 의해 과거의 경험들이 (재)해석되어 새로운 의미와 새로운 심리 효과를 발생시키는 것을 뜻한다. 프로이트에 입문하기 힘들어하는 자들은 정신분석학이 마치 개인의 과거가 현재를 좌우하는 단일한 결정론인 양 요약하려 한다. 그러나 개인 삶의 모든 문제들이 유년기 발달 과정에서 생긴 문제에 기인한다고 설명하는 것이 정신분석

---

18) J. Laplanche & J.-B. Pontalis, *The Language of Psycho-Analysis*, trans. by D. N. Smith.(New York ; Norton & Company, 1973), p.111.

의 전부는 아니다. 개체는 <현재의 관점>에서 과거의 경험들을 상기하여 재해석하기도 하며, 바로 이 재해석이 과거 사건들에 새로운 의미를 부여하여 과거를 개정시킨다. 문제는 어떤 종류의 사후 해석과 의미 부여를 하느냐에 있다. 병리적인 회고 작용을 하면 트라우마와 증상이 발생되며, 역으로 성숙한 회고 작용을 하면 트라우마와 증상이 해소되고 성숙한 삶을 살게 된다. 정신분석이 신경증자의 무의식에 억압된 과거의 상처들을 그토록 집요하게 <기억>해내려 하는 까닭은 바로, **무의식적 과거는 의식에 <기억>되어야만 비로소 회고적 사후작용에 의한 개정이 가능**해지기 때문이다. 그 개인에게 적합한 성숙한 회고 작용의 방향성을 얻고자 함에 있다. 엠마의 경우를 통해 다시 그녀의 신경증이 어떻게 이 회고 작용에 의해 발생되는가를 관찰해보자.

12세의 엠마가 옷가게 점원이 그녀의 옷을 쳐다보고 웃는 것을 본 순간, 이미 사춘기에 접어든 그녀는 지금까지 느껴보지 못한 야릇한 성 감정을 느꼈다. 그 성 감정이 느껴지는 순간 무의식(엄밀히 말해 前의식)에 묻혀 있던 과거 사탕 가게 사건이 갑자기 기억된다. 그 순간 정신의 <회고 작용>에 의해 그녀는 과거에 그녀가 겪었던 일이 일종의 <성폭행>이었다는 해석을 한다. 이 순간 강한 <불쾌감>과 더불어 지금 자신의 옷을 쳐다보며 웃고 있는 (자신에게 기분 좋은 느낌을 주는) 저 점원 역시 사탕 가게 주인처럼 자신을 <공격>할지 모른다는 불안이 돌출한다. 그 순간 놀라서 가게를 뛰쳐나가게 된다.

불쾌하고 불안한 기억은 즉각 억압되기 때문에 엠마는 자신이 왜 가게를 뛰쳐나가게 되었는지, 그리고 그녀에게 왜 가게 공포증 증상이 생기게 되었는지 전혀 기억하지 못한다. 단지 그녀는 반복해서 가게공포증에 시달릴 뿐이다. 이 사건에서 점원의 미소를 보고서 기분 좋은 성 감정이 드는 순간과 갑자기 어떤 불쾌와 불안감이 들어 가게를 뛰쳐나오는 순간 사이에, 엠마의 정신에는 특정한 <회고 작용>이 작동되었다. 엠마는 4년 전의 사탕 가게 사건에 대한 <기억>이 갑자기 떠오르는 순간, 그것을 사춘기에 접어든 <현재의 관점에서 회고적으로 해석>한 것이다. 그 순간 과거 당시에는 아무런 성적 의미도 지니지 않았던 과거 사건에 <성적 의미>가 부여되어 갑자기 <성적 흥분>이 방출되었고, 당시에는 없었던 <공격>을 받았다는 생각이 새로 발생되어, 강한 심리적 불쾌, 불안감이 분출되었다. 즉, 과거의 사건이 회고 작용에 의해 해석되는 순간 그 사건은 외상(트라우마)으로 변질된 것이다. 어떤 사건이 외상으로 개정되는 순간 개인의 정신은 강한 불쾌감 때문에 그것을 의식에 계속 담고 있을 수가 없게 된다. 그로 인해 병리적인 방어기제인 억압을 작동시켜서 불쾌, 불안감을 처리하게 된다. 그 결과 **억압되어 망각된 '불쾌한 생각'**으로 인해 가게에 갈 때마다 원인 모를 공포에 시달리는 특정한 증상이 발생하는 것이다.

회고 작용에 의해 개정되는 것은 구체적인 현실 경험뿐만 아니다. '현재'의 정신이 인정하는 의미 있는 컨텍스트에 통합되기 불가능했던 자극들, 관념들, 환상들 모두가 회고적 변형 작용의 대상이 된다. 이러한 회고적 사후 해석은 유기체의 생리적 성숙과 지적 변화에 의해 발생되거나, 사건들과 상황들의 변화에 의해 발생된다. 이 회고 작용은 개체가 새로운 차원의 의미에 접근하도록 허용하며, 개인의 초기 경험들을 재활성화한다. 이 재활성화가 병리적일 경우에 그 개인은 증상에 휘둘리게 되며, 성숙한 재활성화일 경우엔 새로운 삶의 기쁨과 에

너지를 지닐 수 있게 된다.

　프로이트는 인간 정신에 회고적 사후 작용이 발생되기 위한 조건들을, 유년기의 성 경험, 시간에 따른 리비도의 변화, 촉진적 사건과 뜻밖의 과거 기억, 교육에 의한 자아 관점의 변화 등으로 해석한다.

5. 새로운 병인론 : 환상설

　프로이트는 신경증자들이 유년기에 성적 유혹을 받았다고 한결같이 생각한다는 사실에 대해 어떤 의혹을 갖게 된다. 이들의 생각이 보편성을 지님은 개인 경험이 가지고 있는 우연성과 개연성의 한도를 넘어선다. 따라서 그는 유년기 외상 사건의 보편적 실재성에 대해 의혹을 가지고 자신의 정신에 대한 분석을 시도한다. 마침 아버지의 사망과 더불어 40세의 나이에도 불구하고 강한 정신적 충격에 빠져 있던 그는 자신이 충격을 받게 된 원인을 분석한다. 임상적 자료들의 진리성에 대한 의혹과 자기 분석의 결과 그는 신경증자들이 유년기에 겪었다는 성적 유혹은 사실적 경험이 아니라, 본능과 욕망에 의해 발생된 심리적인 환상일 가능성이 높다는 결론을 내린다. 즉, 성인 신경증자들이 유년기에 주변 인물로부터 성적 유혹을 받았다고 보편적으로 생각하는 것은, 성과 연관된 보편적인 억압 사건이 유년기에 발생되어, 그것이 무의식에 흔적으로 남아 있다가 정신분석 과정에서 분출되기 때문으로 추정된다. 그런데 유년기에 성과 연관된 억압이 발생되었다는 것은, 유아들이 이미 성 감정과 성에 대한 인식을 지녔다는 것을 의미한다. 그렇다면 그들이 겪었다고 믿는 성적 유혹의 정체는 무엇인가? 프로이트는 정신분석 과정에서 신경증자들에게 회상된 유년기의 성적 장면들은 사실에 대한 기억이기보다는, 유아기에 지녔던 환상에 대한 상기 내지 성기기에 있는 개인의 회고적 은폐 기억(screen memory)일 가능성이 높다고 해석한다.19) 그렇다면 사람들이 왜 그런 환상을 보편적으로 갖게 되는 것인가? 프로이트는 이를 본능 이론으로 설명한다. 즉, 인간은 유년기부터 이미 독특한 성 욕동과 성 욕망을 지니며, 그 성 욕동과 성적 소망이 성적 환상을 발생시킨다. 그 성적 환상은 아이가 어른들의 규범을 내면화하여 초자아가 발생하는 순간부터 억압되어 무의식에 묻혀 있다가, 정신분석 과정에서 분출된 것일 가능성이 높다. 이러한 추론에 의해 프로이트는 그가 자부하는 유아성욕론, 리비도발달론을 구성하게 된다.

6. 유아성욕론, 리비도발달론의 관점에 의한 신경증 원인에 대한 재해석

프로이트는 유아 성욕에 대한 확신과 더불어 지금까지 주장해온 외상설을 포기하고 환상설을 주장하게 된다. 이 관점에 의거해서 엠마의 사례를 해석하면, 기존의 내용을 보다 상세화하는 측면이 있고, 기존의 해석이 바뀌는 측면이 생긴다.

(1) 엠마는 **이미 유년기에 성 욕동(리비도)과 성적 소망을 지니고 있었다.** 8세의 시기는 리비도의 활동이 비교적 완만한 잠재기에 해당한다. 그래서 그녀에게 8세 때 사탕 가게 사건은 강한 성적 자극으로 느껴지진 않았다. 그러나 엠마는 이미 그

---

19) 프로이트, 『일상 생활의 정신병리학』, 이한우 옮김, 열린책들, 1997. 70, 75쪽.

당시의 자극을 **불쾌감이기보다 쾌감으로 느꼈을 수 있다.**[20] 그랬기에 그녀가 그 가게에 10일 후쯤 다시 가게 된 것이다. 이 경우, 8세 때의 사건이 불쾌감을 준 사건이 아니라면, 8세 때의 사건 그 자체를 신경증의 근본 소인이라고 간주하기 어렵다. 왜냐 하면 쾌감을 주는 것은 <외상>이 되지 않기 때문이다.

(2) 8세에서 12세 기간의 리비도 잠복기 동안에 엠마에겐 오랜 기간에 걸친 사회적 도덕 교육과 성 교육이 주입되었을 것으로 추정된다. 당시대의 금욕주의적 도덕 관점으로 추정해보건대, 성에 대한 모든 생각과 정서는 일상의 의식에 통합되기 어려운 부정과 억압 대상이 된다. 이 경우 억압된 대상이 의식에 떠오르는 순간 의식을 구성하는 중심 관념들과 심한 갈등을 일으키기 때문에 불쾌감과 죄책감이 발생하게 된다. 왜냐 하면 **억압이 일어나는 원인은 성 충동 그 자체에 있기보다는 과거의 성적 사건·성 감정과 현재의 정신 관점 사이의 불일치, 대립에 있기 때문이다.**[21]

(3) 리비도가 강하게 활동하는 사춘기에 진입한 12세의 엠마는 옷가게에서 점원을 보며 처음으로 성 감정을 느꼈고, 그것이 8세의 성 체험을 연상시키고 재활성화시켰다. 그런데 **리비도가 왕성한 사춘기의 '현재 시점'에서 기억을 통해 회고된**

---

20) 외상설을 주장할 당시의 프로이트는 유아는 성 욕동과 성 욕망을 지니고 있지 않으며, 이런 유아에게 성적 자극을 주면 <성적 해독>과 <불쾌감>을 일으켜 훗날 신경증의 원인이 된다고 해석한다. 그러나 유아 성욕을 인정하게 되면 이 해석이 달라진다.
21) 현재 정신의 중심을 형성하고 있는 관념들, 도덕 관점과 갈등을 일으키는 생각들, 정서들은 모두 억압 대상이 된다. 이 말은 억압 작용이 정신 내적 관념들, 관점들 사이의 충돌과 투쟁에 기인됨을 의미한다. 이러한 정신 내적 싸움들은 마치 외부 세계 권력 집단 사이의 싸움을 연상케 한다.
　신경증의 원인을 환상설로 규정하게 되면, 정신 내적 갈등과 트라우마 발생의 원인은, 환상과 환상 사이의 갈등 결과로 서술될 수도 있다.

과거는, 과거 그 당시보다 훨씬 강한 흥분을 발생시킨다.[22)] 즉, 실제의 지각 그 자체보다도 강한 흥분이 회고된 기억(환상)에 의해 발생된 것이다.[23)] 그로 인해 정상적인 방어가 힘들어져서, 병리적인 방어 기제인 <억압>이 발생되고, 그 결과로 증상이 출현하게 된 것이다.

유아성욕론과 리비도발달론은 신경증의 발생 원인에 대한 설명을 보다 명료화하는 역할을 한다. 이 이론들에 의거해 프로이트는 그의 숙원이던 신경증의 원인에 대한 설명 모델이 확립되었다고 확신한다.[24)] 위의 해석에서 우리는 신경증의 병인

---

22) S. Freud, SE.III, p.167. "만약 성적 경험이 성적으로 미성숙한 시기에 발생되고, 그것에 대한 기억이 성적으로 성숙한 이후에 발생된다면, 그때 그 기억은 과거 경험 그 자체보다 훨씬 강한 효과를 갖게 된다."

23) 프로이트, 「어린 시절의 기억과 은폐 기억들」, 『일상 생활의 정신병리학』, 이한우 옮김, 열린책들, 1998, 70, 75쪽. "성인기의 강력한 힘들은, 어린 시절의 체험들을 회상하는 능력에 영향을 미쳐왔다." "어린 시절의 기억들에서 우리는 진정한 기억 흔적이 아닌, 이후의 수정된 흔적을 갖게 된다. 결국 이런 수정된 기억이란, 그 사이에 일어날 수 있는 다양한 심리적 요인들에 의해 영향을 받았음이 분명하다."

24) 그러나 세상 사람들은 유아성욕론과 리비도론이 당대의 도덕 가치관에 대립되었기에 프로이트의 이론을 공개적으로 수용하지 않았다. 특히, 프로이트의 오른팔이던 칼 융은, 프로이트의 본능 이론과 외상설을 단지 신경증자들이 구성한 순수 '회고적 환상'일 뿐이라고 비판한다. 이에 대해 프로이트는 비록 유년기와 무의식에 관계된 심리학적 영역에서는 사실과 환상에 대한 엄밀 구분이 불가능하지만, 유년기 성 경험에 대한 회상과 '원초적 장면' 등을 순수한 환상이라고 보지 않는다. 그는 '원초적 환상'이라는 개념을 도입하여, 원시적 인류가 겪었던 경험들이 유전되어 개체의 정신 속에서 환상을 유발한다고 제시한다. 이 경우, 그 환상은 적어도 인류가 겪은 역사적 사실을 내포하기 때문에 순수 환상은 아닌 것이다. 즉, 아무리 회고적 사후 작용에 환상성이 개입된다 해도, 트라우마와 정신 질환은 최소한 순수 환상에 의해 발생되진 않는다(J.Laplanche & J.-B.Pontalis."Primary phantisies", op cit. pp. 331-332).

은 특히 성적 요인에 있다고 프로이트가 강조한 이유를 주시해야 한다. 그것은 다른 본능들과 달리, 인간의 성 욕동이 유아기부터 성기기에 이르기까지 유난히 커다란 변화를 겪기 때문이다.25) 이 변화가 과거 사건에 대한 성적, 도덕적 의미 해석의 차이, 불일치를 확대시키고 그로부터 강력한 사후 작용과 병리적 방어 기제와 트라우마가 발생되는 것이다.

7. 외상설과 환상설 사이에서

신경증의 원인은 구체적인 외부 자극으로 인한 외상에 있는가, 아니면 성 본능과 정신 내적 사후 작용에 기인된 환상에 있는가? 이 문제에 대한 프로이트의 입장은 말년에 이르기까지 단일하지가 않다. 정신분석학을 인간 정신의 본성을 규명하는 중심 학문으로 정립하기 위한 운동의 초기부터 말년에 이르기까지, 프로이트는 여러 방면의 학자들로부터 정신분석학의 비과학성과 비도덕성을 비난하는 공격에 직면해왔다. 이런 상황에서 신경증의 원인이 무엇인가의 문제는 그에게 중요한 의미

---

25) Freud, SE, Vol.I. p.236. "한 불쾌한 사건이 발생하고, 그것이 나중에 재상기되면 새로운 불쾌를 방출한다. 이 경우 이 새로운 불쾌는 방어될 수 없다. 그 경우 <기억>은 마치 그것이 현행하는 사건인 양 활동한다. 이런 경우는 오직 성적인 사건일 경우에만 발생할 수 있다. 왜냐 하면 성적 사건들이 방출하는 **흥분의 크기가, 시간(성적인 발달)과 더불어 증가하기 때문이다.**"
프로이트가 제시하는 리비도의 발달 과정은 다음과 같다 : 구강기 → 항문기 → 남근기 → 잠복기 → 성기기(사춘기부터 죽을 때까지). 여기서 구강기부터 남근기까지의 시기를 유아성욕기로 지칭하며, 성기기 이전 시기를 전(前)성기기로 지칭한다. 프로이트는 유아성욕기와 성기기 사이의 정신적-성적 (psycho-sexual) 차이가 사후 작용과 억압, 트라우마 발생의 원인이 된다고 본다.

를 지닌다. 만약 정신분석학이 과학처럼 사실을 객관적으로 규명하는 학문이라면, 신경증을 일으키는 원인에 대한 객관적이고 구체적인 자료를 제시해야 한다. 그런데 신경증의 원인에 대한 구체적이고 객관적인 자료가 제시될 수 있는 것인가? 프로이트는 사유, 정서, 행동이 자아의 뜻대로 움직여지지 않는 현상들이 발생하는 원인은 무의식에 있으며, 그 무의식의 핵심에는 유년기의 '성적 상처'가 있다고 주장해왔다. 그런데 문제는 그 '성적 상처'가 실재로 있었던 외상(外傷)인지 아니면 유아 성욕·성적 소망·회고 작용이 만들어낸 주관적 환상인지에 대한 엄밀한 객관적 검증이 불가능하다는 점이다. 왜냐 하면, 언어 습득 이전의 유아기에 대한 명료한 언어적 기억은 본래부터 존재하지 않으며, 그 기억의 사실성에 대한 객관적 확인이 어렵기 때문이다. 그렇다면 정신분석학은 검증될 수 없는 자료들을 통해 자기 이론의 정당성을 보증받으려고 하는 비학문적 가설이라는 비난을 면하기 힘들다. 이런 비난에 답하기 위해 프로이트는 말년에 「정신분석에 있어서의 구성들」이라는 글을 통해 자신의 입장을 밝힌다.

프로이트는 정신분석가의 과업이, **"과거 사건들이 정신에 남겨놓은 <흔적>들 중에서 어떤 원인(억압)에 의해 <망각>되어온 부분을 판독 또는 보다 정확히 말해 <구성>하는 것"**이라고 규정한다.[26] 이러한 (재)구성 작업은 고고학자의 유적 발굴 작업과 유사하다. 차이점이 있다면 고고학자는 중요한 부분들이 이미 상당히 소실되었거나 <파괴된 대상들>을 짜맞추어 (수천 년·수만 년 전의) 원 대상을 재구성한다. 이에 비해 정신분석가는 <여전히 살아 움직이는> 무의식이란 자료를 다룬다. 또한 개인의 과거는 정신 속에 대부분 보존되어 있다. 심지

---

26) S. Freud, SE,XXIII, pp.258-259.

어 강력한 방어 기제에 막혀서 완전히 망각된 것처럼 보이는 것도, 어느 정도 어느 곳(실수, 증상, 꿈, 전이)에서 그것의 정체를 드러낸다. 분석가는 내담자와의 <전이> 상황에서 무의식이 <반복 재연>되는 생생한 자료를 얻어낼 수 있다. 이렇게 비교되는 상황에서 만약 고고학이 인류의 비밀을 밝히는 하나의 소중한 학문으로 인정받는다면, 인류의 병을 치료하기 위해 무의식에 감추어진 정신의 비밀을 밝히는 정신분석학이 학문으로 인정되지 못할 이유는 없는 것이다. 만약 망각된 무의식을 짧은 시간에 완벽하게 드러내게 하는 <분석 기술>을 개발해낼 수만 있다면, 정신분석학의 위력은 대단해질 수 있다.27)

정신분석학적 <구성>이란 자유 연상된 말의 심층 의미를 부분적으로 판독하는 <해석> 활동의 거시적인 의미를 지칭한다. 가령, 내담자가 망각해온 유년기 역사에 대해 거시적으로 설명해주는 작업이다. 분석가는 신경증자가 자유 연상과 전이 과정에서 뱉어낸 언어들 중에서 무의식을 드러내는 말과 방어적으로 각색한 말, 중요한 것과 주변적인 것을 세세히 구분해내어, 내담자의 병인(病因)을 가장 잘 반영한다고 생각되는 (유년기와 사후 작용의) 진실을 분석가의 관점으로 <구성>한다. 이 구성은 망각된(억압된) 사실을 온전히 반영할 수도, 하지 못할 수도 있다. 이 구성이 신경증자 스스로가 자신의 병리적 방어 기제로 인해 기억해내지 못하는 병인을 온전히 반영하는가 아닌가는, 분석가의 구성에 대한 신경증자 자신의 <정서적 반응>에 의해 파악된다.28) 만약 분석가의 구성이 신경증자가 의식하기를 두려워했던 병인(病因)을 제대로 지적한 것이라면, 신경증자는 이에 뚜렷한 정서적인 반응을 보인다. 반면에 잘못된

---

27) S. Freud. Ibid, pp.259-260.
28) S. Freud. Ibid, pp.261-262.

구성일 경우 신경증자는 아무 정서적 반응을 보이지 않는다. 그렇다면 정신분석가가 <구성해낸 '진실'>의 본성은 무엇인가? 그것은 실재로 발생되었던 <사실>을 반영하는가? 아니면 <환자의 심리적 환상>에 대해 분석가가 만들어내는 <또 다른 환상>인가?

프로이트는 이 물음에 대해 분석가의 <구성>이란 하나의 <추측(conjecture)>이라고 말한다.[29] 그런데 그것은 단순한 추측이 아니라 내담자의 무의식을 역동시켜서 그로 하여금 자신의 망각된 진실을 상기하게끔 만드는 치유적인 추측이다. 그런데 내담자가 상기한 무의식적 진실의 정체는 주관적 환상인가 아니면 (개인의) 역사적 사실인가? 이에 대한 프로이트의 최종 입장은 다음과 같다.

내담자가 상기한 것은 분석가가 구성한 바로 그 내용이 아니라 그 내용과 연관된 어떤 무엇일 수 있다. 분석가의 정확한 구성 활동에 자극되어 억압되었던 무의식이 의식으로 회귀되지만 여전히 내적 저항이 발생하기 때문에, 회귀된 무의식은 덜 중요한 대상들로 <대체>된다. 이 대체된 무엇은 <일종의 환상>이라고 볼 수도 있다. 그러나 그 환상들에는 유아기에 경험되고, 잊혀졌다가 회귀한 무엇이 왜곡된 방식으로 담겨 있다. 분석가는 이러한 왜곡된 환상에 부착된 내담자의 신념으로부터 <역사적 진리의 조각>을 해방하여, 그것을 그것이 속해 있던 과거 지점으로 온전히 회귀시키는 작업을 해야 한다. 분석가의 구성은 단지 그것이 <상실된 경험 조각들을 회복>시키기 때문에 효력이 있다. 그리고 신경증자의 환상에는 인류의 원초적 환상 요소들이 내포되어 있는데, 이 환상이 개인 정신에 영향을 미치는 힘은 억압되어 망각된 개인의 과거 사건들과 원시 인류가 겪었던

---

29) S. Freud, Ibid, p.265.

과거 사건이라는 <역사적 진리> 요소에 기인하는 것이다.[30]

위 말들의 의미는 다음과 같이 재정리될 수 있다. 신경증의 병인에는 개인의 과거에 발생되었다가 억압되어 망각된 구체적인 외상의 측면과, 병리적 방어 기제와 사후 작용이 만들어 낸 환상의 측면이 함께 있다. 또한 신경증자가 지닌 성적 환상들(거세, 유혹, 원초적 장면……)에는 개인이 직접 겪은 사실이 아니라, 인류의 <원초적 환상들>이 개인에게 유전된 요소가 있다. 이 경우 그 환상들에는 환상의 요소와 더불어 원시 인류가 실재로 겪은 <역사적 진리>의 요소가 내포되어 있다. 그리고 정신분석 과정에서 분석가의 <구성>에 의해 신경증자의 정신에 망각되었다가 <회귀>한 회상 내용에도, 환상의 요소와 사실의 요소가 함께 내포되어 있다. 왜냐 하면 어떤 사실이 한 번 억압되어 망각되었다가 <(재)상기>될 때는 결코 원형 그대로 회귀하지 않기 때문이다. 즉, 정신분석 과정에서 드러나는 신경증의 원인에는, 환상의 요소와 사실의 요소가 교묘히 섞여 있다. 이러한 <환상적 사실성>은 인간 정신의 못 말리는 현실이다. 신경증자는 정신분석 과정에서 상기된 과거 내용을 자신의 겪은 바로 그 사실인 양 믿는다. 그런데 이러한 믿음의 이면에는 우리가 엠마의 경우에서 관찰한, 현재 관점에서의 회고적 <사후 작용>이 은폐되어 있음을 주시해야 한다. 프로이트는 이 사후 작용이 정신에 일으키는 심리적 효력의 긍정적 측면과 부정적 측면 사이에서 여전히 갈등을 한다. 왜냐 하면 그의 마

---

30) S. Freud, Ibid, pp.268-269. 프로이트는 '원초적 환상'이라는 개념을 도입하여, 외상설과 환상설 사이의 중간 입장을 취한다. '원초적 환상'이란 인류의 원시 시대부터 겪은 경험들이 이드에 유전되어 개인 정신에 발생시키는 환상이다. 이것은 개인이 직접 겪은 사실이 아님에도 불구하고, 개인의 정신에 때로 병리적인 사후 작용을 일으키는 환상이다. 그러나 그것은 역사적으로 발생되었던 사건이라는 점에서 단순한 환상은 아닌 것이다.

음 한편에는 자유 연상과 <구성> 활동을 통해 내담자의 정신에 억압된 과거의 진실을 원형 그대로 발굴해내어 자기 인식하게 돕는 것이 정신분석의 본질이라는 실증주의적 과학 정신이 작동한다. 그는 여전히 계몽주의적 과학 정신에 의거해 정신의 영역에서 환상과 진실의 차이성을 명료히 구분하고 싶은 것이다. 그래서 그는 죽음을 앞둔 말년(1937)에 「종결될 수 있는 분석과 종결될 수 없는 분석」이라는 논문에서 내담자의 현재 정신 관점과 기대에 만족을 주는 치료 기법(공감 기법)을 경계한다. 그는 신경증의 근본 치료를 위해서는 현존하는 증상의 원인뿐만 아니라 무의식 깊은 곳에 숨겨진 근본 갈등을 상기하도록 자극해야 한다고 본다. 그래서 내담자가 자신의 현재 정신 관점(과 사후 작용)에 안주하지 못하게끔 <비공감적 치료>술의 필요성을 계속 강조한다.[31] 그런데 프로이트는 다른 한편으로 사후 작용에 대한 고찰을 통해, 인간의 무의식적 과거에 대한 <사실 대 환상>의 엄밀 구분이 원리적으로 힘든 것임을 자각한다. 따라서 그는 외상설과 환상설 사이에서 단일한 입장 표명을 유보한 채, 양쪽 관점 모두를 취하는 비결정적 개방성의 태도를 취하는 것이다.

8. 사후 작용의 현대 철학적 의미 : 시간, 인과, 의미의 비결정성

신경증의 발생 과정에서 사후 작용의 역할에 대한 프로이트의 성찰은, 철학자들에게 정신의 시간성과 인과성, 의미의 본성

---

31) S. Freud, "Analysis Terminable and Interminable", SE.XXIII, pp.231-233.

에 대한 새로운 해석 관점을 제공한다. 이를 음미하기 위해 다시 엠마의 경우로 돌아가보자.

엠마의 가게공포증을 발생시킨 원인은 무엇인가? 8세 때의 사탕 가게 사건인가? 아니면 12세 때의 옷가게에서의 경험인가? 아니면 제3의 요소인 8세와 12세 사이의 성적 <잠재기>에서 교육을 통해 엠마의 정신에 각인된 당대의 성 가치관인가? 8세 때의 사탕 가게 사건만으로는 엠마에게 정신적 이상이 발생하지 않았다. 그리고 8세 때의 사탕 가게 사건을 떠올리게 하는 어떤 경험이 엠마에게 생기지 않는다면, 엠마는 평생 정상적으로 살아갈 가능성을 지닌다. 따라서 8세 때의 사건이 결정적 병인이라고 규정하기 곤란하다. 그렇다면 12세 때의 옷가게 경험인가? 그 경험만 가지고는 신경증의 발생을 설명하기 곤란하다. 왜냐 하면 그 당시 엠마는 어떤 불안이나 불쾌감을 느끼지 않았기 때문이다. 그렇다면 증상을 일으키는 트라우마는 교육에 의해 생겨난 것인가? 금욕적 성 교육만 가지고는 인간 일반에게 트라우마가 발생하진 않는다. 그렇다면 신경증을 유발하는 병인은 어디에 위치하는가? 어떤 사건이 병의 원인이고 어떤 사건이 병의 결과인가?

서양 고-중세 형이상학과 근대 이성은 시간이 과거로부터 현재와 미래로 단일하게 흘러간다고 해석해왔다. 그 관점에서 보면 현재의 증상을 발생시킨 원인은 항상 과거에 위치한다. 그런데 사후 작용에 의하면 개인의 정신 세계에는 <고정된 과거와 고정된 현재, 고정된 미래>란 실재하지 않는다. 즉, 과거란 늘 이동하는 '현재'에 의해 미래의 '현재' 시점에서 개정될 수 있는 무엇이기에 미래성을 내포한다. 즉, 정신 세계에서 어떤 사건은 정신에 남겨진 과거의 흔적인 동시에 시간 의식이 없는 무의식에서 항상 역동하고 있는 현재며, 미래적 변화 가능성을 지닌 미래다. 따라서 <고정된 과거 사실>이란 더 이상 존재하지 않는다. 우리가 어떤 무엇에 대해 <과거 사실>이라고 규정할 수 있는 것은 단지 어떤 특정한 현재 순간에서만 <잠정적>으로 유효한 발언이다. 이러한 상황에서 과거 / 현재 / 미래라는 발생학적 선-후 관계 구분은 결정적 의미를 지니지 못한다. 그것은 사실에 대한 지칭 기호가 아니라, 잠정적인 쓰임 기호일 뿐이다. 또한 무의식에는 시간 의식이 부재하기 때문에, 과거 / 현재 / 미래의 구분이 무의미하다.

위의 생각들을 신경증의 원인론에 적용해보자. 우리가 <지연 작용>을 주시하게 되면, 인간 정신은 늘 따라 다니는 과거 흔적의 영향력에 의해 좌우되는 것처럼 해석된다. 반면에 <회고 작용>을 주시하면 정신 세계에서 과거 흔적은 (그것이 무의식에서 의식으로 기억될 수 있는 한) 현재의 자아에 의해 개정될 수 있는 무엇이므로, 중요한 것은 현재의 자아 발달 상태가 된다. 여기서 프로이트가 주시하는 것은 신경증자들을 비롯하여 자신의 **무의식에 대한 <자기 인식>을 기피하는 자들은, 늘 과거의 흔적들에 자기도 모르게 반복해서 휘둘리는 삶을 살게 된다**는 점이다. 반면에 자신의 무의식에 대한 <자기 분석>을 꾸준히 해가는 사람은 현재의 관점에 의해 과거를 변형시키며, 외부 세계로부터 새로운 경험을 꾸준히 섭취하여 늘 새로운 의미 세계를 살아가게 된다. 병자와 정상인의 차이란 과거의 의미 세계에 <고착>된 <과거적 현재>를 살아가는가, 아니면 과거에 대한 성숙한 사후 해석과 새로운 경험에 대한 개방적 태도로 인해 <과거-현재-미래가 통합된 삶>을 사느냐에 있다.

프로이트의 사후작용론은 또한 전통 형이상학과 근대 이성의 단일한 인과 관점을 전복시킨다. 두 종류의 서로 다른 사후 작용들이 활동하는 정신 세계에서는 원인과 결과에 대한 일의적인 규정이 어렵다. 가령, 과거의 흔적들이 현재의 정신 관점을 결정하는 원인이기도 하고, 현재의 정신 관점에 의해 과거의 의미가 개정되기도 한다. 이러한 다중적 상호 영향 관계에 놓여 있는 정신적 사실에 대해 기존의 인과 범주를 통한 일의적인 해명은 타당성을 지니기 어렵다. 왜냐 하면 기존의 인과 범주는 시공간적 방향성과 필연적 관계성을 내포하는데, 사후 작용하는 정신 세계에 대한 시공간적 방향성 설정과 필연적 관계성이 제시될 수 없기 때문이다. 따라서 우리에게는 정신 세계에 대한 해명에 적합한 새로운 '인과' 관점의 개발이 요구된다.

프로이트의 사후작용론은 또한 포스트 모던 기호론의 선구적 모델이 된다. 즉, 어떤 경험(기호)의 의미와 가치는 일의적으로 고정되어 있는 것이 아니라, 개인의 정신 상태와 외부 세계(이데올로기)의 상황에 따라 항상 새롭게 변화된다.[32] 프로이트는 엠마에게 성에 대한 새로운 가치 교육을 통해 그녀로 하여금 스스로 자신의 과거에 대한 성숙한 사후 해석을 하도록 도와줌으로써, 그녀의 신경증을 치료할 수 있었다. 이처럼 사탕가게 사건과 옷가게 경험은 엠마에게 트라우마의 원인이 될 수도 있고, 인생에 대한 폭넓은 이해의 계기가 될 수도 있다. 동일한 사건일지라도 개인의 정신적 성숙도와 외부 세계의 시선에

---

32) 기표(: 사건, 대상)의 의미는 결코 고정되어 있는 것이 아니며, 삶의 맥락에 따라 끊임없이 변화한다고 보는 현대기호론은 특히 라캉과 데리다에 의해 활발하게 주장된다. 데리다는 <차연>을 통해 의미 발생의 조건이 기호들 사이의 차이성과 지연성에 있음을 제시한다. 그리고 라캉은 기표의 은유-환유적인 운동성에 의해 인간의 정신에 의미가 새롭게 생성되고 억압되는 것임을 정신분석학적으로 드러낸다 : J. Lacan, *Écrits*, trans. by Alan Sheridan, (New York ; W. W. Norton & Company, 1977), pp.48-49.

따라 그것의 의미와 가치가 크게 달라진다. 즉, 정신 세계에서는 병의 실체적 원인이란 없으며, 병에 대한 절대적 판단 기준 역시 존재하지 않는다.[33]

프로이트가 제시한 두 종류의 사후작용론에는 이처럼 근대 철학의 관점을 전복시키고 현대 사상을 개시하는 혁명적인 인간학과 인식론, 의미론이 담겨 있다. 프로이트에게 <정신분석>이란 병리적인 사후 작용을 성숙한 사후 작용으로 변화시켜, 삶을 온전히 인식하고 향유하게 돕는 활동 일반을 의미한다. 이러한 정신분석 이론과 관점, 분석 기술을 철학자들은 철학의 발달을 위해 어떻게 수용하고 활용해야 하는 것일까?

프로이트는 말년에 쓴 「정신분석에 있어서 구성들」이란 논문에서 정신분석적 <구성(해석)>은 정신분석의 최종 상태가 아니라, 하나의 예비 작업일 뿐임을 강조한다.[34] 이 말은 일반적인 학문들은 탐구 대상에 대한 구성(해석)이 탐구 활동의 최종 상태와 최종 목표이지만, 정신분석은 <구성>을 통해 신경증자의 병을 치유하는 구체적인 과정을 꾸준히 계속하는 <실천적 학문>이라는 의미를 담고 있다. 그는 이론과 현실 사이의 끊임없는 교류 활동이 없는, 이론 중심적이고 사유 중심적인 탐구 활동은 의식의 자기애적 환상에 빠질 위험이 있음을 늘 경계한다. 그렇다면 **철학은 자신의 사유가 현실과 일치하는**

---

33) 정상 / 비정상에 대한 규정은 문화와 시대에 따라 큰 차이성을 지닌다. 가령 중국에서는 우울증이라는 것이 병으로 인정되지 않아 왔다. 우울증이 '질병'으로 판단된 것은 단지, 미국의 정신의학이 어떤 증상을 설명하기 위해 생물의학적 인과적 존재론을 가정했기 때문이다. 문화에 따른 정상 / 비정상의 기준이 달라짐에 따라 전세계 정신분석가, 정신의학자, 심리학자들이 모여 <질병 분류 기준>에 대한 새로운 <합의>를 일정 기간마다 시행하고 있다 (DSM) (Richard A Shweder, 『문화와 사고』, 김의철 옮김, 교육과학사, 1997, 9장 참조).
34) S. Freud, "Constructions in Analysis", SE.XXIII, p.260.

것인지의 확인 활동을 경시하는 일종의 자기애적 사변 활동
이라고 비판하는 프로이트에 대해 현대의 철학자는 어떤 응수
를 할 수 있는가. 현대의 철학자는 자기 자신과 인류의 정신적
고통들에 대해 얼마만큼의 치유 능력을 지닌 것인가? 자본주의
가 생활의 의미를 규정하는 환경 속에서, 대중의 신뢰와 대접
을 받지 못하면서도 여전히 철학에 기대와 생명을 걸고 살아가
는 철학자들에게, 이미 성숙한 정신성을 지녔다고 자부하는 또
다른 철학자들은 (프로이트를 넘어설) 어떤 정신적 힘과 메시
지를 전해줄 수 있는가?

9. 정신의 본성에 대한 후설의 해석과 프로이트
   해석의 차이점[35]

후설은 근대 철학과 근대 과학이 학문의 확실한 근거를 제시

---

[35] 현대 정신분석학에서 정신의 성질에 대한 <현상학적 해석>은 매우 중요
한 위상을 차지한다. 특히 후설의 <지향성> 개념은 <대상관계론>과 코헛의
<자기심리학>의 **이론적 토대인 동시에 제1진리**로 간주된다. 따라서 현상
학적 진리의 가치를 보다 부각시키기 위해서는 후설과 대상관계론, 자기심리
학의 연관성을 소개하는 것이 더 적합할 것이다. 그러나 이 논문에서는 프로
이트의 사후 작용을 초점화하기 때문에, 현상학의 관점과 정신분석학 관점의
비교가 쉽지가 않다. 필자는 현대 영국과 미국에서 가장 부각되고 있는 대상
관계론, 자기심리학과 현상학 관점의 연관성 비교를 다음 기회에 다룰 것이
다. 한 가지 주목할 점은, 프로이트 이론에 대한 충분한 숙지가 없는 상태에
서 프로이트 이후에 전개된 위 입장들에 대한 지식을 습득할 경우, <정신분
석학>에 대한 온전한 인식이 어렵다는 것이다. 대상관계론에 대한 참고 문헌
으로는 다음의 책이 훌륭한 고전이다 : 제이 그린버그 & 스테판 미첼, 『정신
분석학적 대상 관계 이론』, 이재훈 옮김, 한국심리치료연구소, 1999 ; 스테판
미첼 & 마가렛 블렉, 『프로이트 이후 ─ 현대정신분석학』, 이재훈·이해리
옮김, 한국심리치료연구소, 2000.

하지 못할 뿐만 아니라, 의미와 가치 문제에 대해 설명하지 못하는 무기력함으로 인해 유럽 학문의 위기를 유발한다고 생각한다. 그리고 이 위기를 해소하기 위해 전통 학문 관점들의 문제점에 대한 반성을 시도한다. 그의 주요 반성 대상은 주관적 의식과 객관적 외부 세계를 개념적으로 구분하고서, 의식에 의한 외부 세계에 대한 인식을 시도하는 실증주의 관점과 심리학주의 관점이다. 후설은 이 두 관점이 무엇보다도 의식은 항상 어떤 대상에 대한 의식이며, 지향 대상들과의 관계를 떠나 독립적으로 존재하는 의식 활동과 의식 내용은 결코 존재하지 않는다는 사실을 간과함을 비판한다. 의식의 <선험적 지향성>에 대한 후설의 반성적 자각은, 현대 대상 관계 정신분석학과 자기심리학의 철학적 배경인 동시에 제1진리로 간주된다. 필자는 이 글에서는 후설의 정신 관점이 프로이트와 어떤 연관성과 차이성을 지니고 있는지를 후설의 심리학주의 비판 주제를 통해 간략히 비교하고자 한다.36) 후설은 학문적 보편성과 필연성의 근거를 확립하기 위해 특히 심리학주의를 경계한다. 그가 보는 심리학주의의 편견은 다음과 같다.37)

(1) 정신의 규칙들은 심리학적으로 기초지어지므로, 인식의

---

36) 필자가 과거에 읽은 후설의 저작은 『데카르트적 성찰』과 『현상학적 이념』이다. 앞의 책의 전반부에는 명증적이고 확실성을 지닌 <순수 인식>을 위한 반성 내용들과 의식의 선험적 구조인 지향성에 대한 주장이 있었고, 후반부에는 <지평> 개념과 <현상학적 인식의 미래적 개방성>이 언급되어 있었다. 필자는 한 책에서 위 두 개념이 어떻게 양립할 수 있는지에 대해 아직까지 충분히 숙지하지 못했다. 이 말은 순수 의식의 명증성을 강조하는 후설 전기의 입장과 생활 세계와 역사적 지평을 인정하는 후기의 입장이 어떻게 양립될 수 있는지에 대한 필자의 무지를 담고있다. 그래서 필자는 부득이 후설의 사상들 중에서 정신분석학에서 중시되는 <현상학적 지향성> 개념과, 심리학주의에 대한 간략한 언급에 논의를 국한하였다.
37) 이종훈, 『현대의 위기와 생활 세계 — 후설의 생활 세계 개념 연구』, 동녘, 1994, 29-39쪽 참조.

규범 법칙들은 심리학적 인식론에 근거해야 한다.

(2) 논리학의 개념들은 심리적 활동의 산물이다.

(3) 판단의 명증성은 판단 작용에 우연히 수반되는 감정이거나 그 조건이다. 논리학 역시 심리학적 명증성에 관한 이론이다.

위 편견들에 대해 후설은 다음과 같은 비판을 제기한다.

심리학주의는 논리 법칙을 심리적 사실에 근거하는 심리 법칙으로 착각한다. 즉, 논리 법칙이 심리 물리적 실험을 <반복>함으로써 일반화된 발생적인 경험 법칙이며, 모든 <사유 작용의 조건>을 진술하는 법칙이라고 해석한다. 그런데 이러한 해석은 이념적인 것과 실재적인 것, 이성의 진리와 사실의 진리, 선험적 진리와 경험적 진리를 구분하지 못하는 무지의 결과다. 순수 논리 법칙은 개별적인 인식 내용들에 의해 그 진리성이 결정되지 않는다. 논리적 필연성은 귀납적 비약을 내포하는 인과적 필연성과 다른 것이며, **논리적 필연성이야말로 존재에 대한 참된(선험적) 인식의 근거다.** 심리학은 개연적 추론 이상의 것을 정당화할 수 없다. 따라서 엄밀한 학문의 기초를 확립하기 위해서는 심리학주의의 편견들에 대한 <판단 중지와 현상학적 환원>을 거쳐 선험적 주관성에 대한 현상학적 인식이 요구된다.

근대 철학의 심리학적 전통에 대한 후설의 비판은 정신분석학에도 여전히 유효한 것인가? 그리고 근대 심리학의 한계를 넘어서기 위해 후설이 채택한 현상학적 진리론의 방향은 과연 타당한 것인가? 만약 프로이트가 후설의 주장을 알았다면, 그는 후설의 심리학 비판과 현상학 관점에 대해 어떤 태도를 취할 것인가.

먼저, 일반 심리학과 정신분석학은 학문의 성격이 매우 다르다. 심리학은 심리학자의 의식에 의거해 인간 정신의 일반 법칙을 발견하기 위해 어떤 가설을 세우고서, 조건과 반응이라는 실험과 관찰을 시도한다. 심리학자는 자신이 구성한 심리 법칙이 인간의 외부적 반응을 통해 객관적으로 검증될 수 있는 것임을 자랑한다. 이에 비해, 정신분석학은 심리학이 주목하거나 인정하지 않는 <무의식>을 상정하고서 이것의 성질과 기능을 주요 탐구 대상으로 삼는다. 정신분석학은 타자의 무의식뿐만 아니라, 심리학자 자신의 무의식이 그의 과학적 관찰과 추론에 어떤 영향을 미치는가를 문제로서 제기하고, 이를 중심 주제로 삼는다. 이 점에서 프로이트는 정신분석학에 심리학적 활동의 전제(의식과 무의식)에 대한 탐구 활동이라는 의미의 <메타-심리학>이라는 명칭을 부여한다.

둘째로, 프로이트는 결코 심리학적 진리와 논리적 진리(사실의 진리와 이성의 진리)에 대한 구분에 무지하지 않다. 단지 그는 '논리적 진리'의 독립적 실재성과 사실적 진리성을 인정하지 않을 뿐이다. 그가 경계하는 것은, 정신 작용의 본성에 대해 무지한 상태에서, 그 정신 작용 중 일부인 <의식>을 통해 얻어진 논리적 사유 내용을, 감각을 통해 얻어지는 지각들보다 참된 실재성을 지녔다고 믿는 신경증자와 편집증자가 소유한 진리 관점이다. 프로이트는 논리적 진리와 사실적 진리, 사변과 경험 관찰 <사이의 관계에 대한 부단한 탐구>를 소홀히 한 채, 오직 의식과 사유 활동을 통해 인간과 존재 일반에 대한 참된 인식이 얻어질 수 있다고 주장하는 (관념)철학은, 어린이와 원시인과 신경증자들이 빠지는 <사유의 전능성>과 <자아에 대한 자기애적 고착> 징후라고 해석한다.[38]

---

38) 인간의 다양한 사유 양태들에 대한 정신분석학적 분석에 대해서는 다음

셋째, 학문은 반드시 절대 보편성과 논리적 필연성을 지녀야만 한다는 후설의 관점은 오늘날 하나의 선입견과 편견으로 해석된다. 이러한 관점은 서양 전통 형이상학 전통에 기인된 것인데, 이러한 학문 관점의 심리적 동기는 불안한 개인의 삶을 영원히 안정되게 책임져줄 '완전한 신적 진리'와의 의식적 합일에 있다. 그러나 현대 정신분석학의 관점에 의하면, 의식에 의거한 진리 그 자체와의 완전한 합일 관념은, 보호자에 절대적으로 의존해 살아가던 유아기로의 퇴행 욕구가 변형된 일종의 유아적 환상으로 해석된다. 절대 보편성과 필연성에 대한 유아적 환상의 문제점은 이 환상을 지닌 자가 불안전한 현실을 있는 그대로 직면하고 향유하는 능력이 부족하여, 병리적 방어 기제를 작동시켜 현실을 왜곡하거나, 신경증에 빠지게 된다는 데에 있다. 이에 비해 <과학>은 비록 보편성과 객관성을 중시하지만, 새로운 자료와 관점을 개방적으로 수용하는 과정에서 뜻밖의 부정과 수정 과정을 거듭함으로서 새로운 발전을 거듭해가는 장점을 지닌다고 본다.[39]

넷째, 후설과 프로이트는 각각 정신 작용들과 정신 내용의 근본 성질에 대한 시대적 상식을 넘어선 엄밀 인식을 시도하였다. 그런데 정신에 대한 양자의 전제와 결론과 방법은 서로 다르다. 후설은 시대적 편견들에 대한 판단 중지, 현상학적 환원이라는 방법을 통해, 프로이트는 자유 연상, 구성, 꿈 해석 등의 방법을 통해 정신의 이면 구조에 대한 접근을 시도한다. 그런데 선험적 순수 의식에 도달하기 위해 후설이 고안해낸 기존의 선입견과 환상들에 대한 에포케와 현상학적 환원은, 프로이트의 관점

논문에 자세히 소개되어 있다. 이창재, 「이분법적 사유와 탈이분법적 사유 — 정신분석학적 관점에서 본 고찰」, 『철학연구』 제46집, 1999 가을.

39) 프로이트, 『새로운 정신분석 강의』, 임홍빈 옮김, 열린책들, 1998, 247쪽.

에 의하면 <원리적으로> 불가능하다. 프로이트 관점에서 보면 후설은 비록 정신 활동의 심층적 본질(지향성)을 파악하기 위해 강한 자기 반성을 시도하긴 했지만, 인간의 반성 능력과 인식 능력에 대해 너무도 낙관적인 신념을 전제하고 있다. 그는 인간이 오랜 기간의 피보호와 평생에 걸친 타자 의존을 필요로 하는 불완전한 자연 생명체라는 사실과, 자아의 활동이 생물학적 본능에 의존하는 측면이 있다는 사실을 간과한다. 프로이트는 정상인과 신경증자 모두 탄생 직후부터 죽을 때까지 방어 활동을 멈출 수 없는 존재임을 주목한다. 방어 활동을 완화하면 꿈에서 보는 것과 같은 무의식적 욕구들이 의식을 뒤덮게 되며, 방어 활동이 전혀 없는 정신 상태란 상상하기조차 힘든 기괴한 외부 자극들과 내적 환상들이 의식을 함몰시키는 사태로 추정된다. 따라서 **최소한의 방어 활동은 <정상성의 조건> 인 동시에 '순수 의식'의 제약 조건이 된다.**

프로이트의 정신분석학은 후설이 비판하던 근대 실증주의와 심리학주의의 의미론적 무기력성에 대응하는 희소성을 지닌 학문이다. 정신분석학은 바로 생활 세계 속에 거주하는 정신이 사후 작용을 통해 행하는 의미의 긍정 / 부정(억압) 결과로 인해 발생하는 정신 기능의 장애를 다루는 학문이다. 정신분석학은 인식 활동과 치료 활동을 종합하는 과정에서, 항상 정상 / 비정상의 의미 문제에 직면하게 된다.[40] 따라서 정신분석학은 특

---

40) 바로 이 대목에서 정신분석학은 <철학>의 도움을 필요로 한다. 신경생리학적 지식에 의거하여 주로 약물 치료를 하는 <정신의학자>의 경우, 그들은 인간 정신의 의미론적, 가치론적 문제에 대해 충분한 지식을 지니지 못한다. 그런 정신의학자들에 의해 인간의 정상 / 비정상이 판별되는 것은 '인간'이 생물학적 존재로 취급되는 일종의 <폭력> 현상을 제도적으로 인정하는 모습이 된다. 반면에, <정신분석가>의 경우는 의학, 심리학, 기호학, 철학 분야에

정 관점에 의거해 정신의 특성을 일반화하고 객관화하여 기술하기만 하는 심리학과 성격이 다르다. 이런 점에서 정신분석학은 바로 현대 유럽 학문의 의미론적 위기를 극복하기 위해 후설이 접하고 싶어했던 학문의 특성을 지닌다.[41] 후설은 후기의 발생학적 현상학에서 역사성의 지평을 수용하고 생활 세계의 개념을 도입하여, 의미들도 얽어진 생활 세계와 보편성과 필연성을 지닌 학문적 이상을 결합하려는 노력을 시도한다. 그런데 이러한 계획은 과연 성취 가능한 계획인가? 보편성과 필연성을 확립하기 위한 토대를 의식의 선험성에 부과하고, 명증적이고 확실한 인식의 근거를 여전히 '순수 의식' 능력에 기대하는 그의 학문 계획을 프로이트는 어찌 해석할 것인가. 후설은 선험적 순수 자아론의 입장을 포기하지 않았기 때문에, 그의 이론에는 의식 외적 타자성의 가치를 진실로 수용하면서, 타자아 (alter ego)와 의미론적으로 동등하게 관계 맺을 수 있는 이론적 조건이 결핍된 것으로 해석된다. 이에 비해, 정신분석학은 의식의 불완전성과 타자 의존성을 겸허하게 인정하고, 의식의 정신 내적 타자성으로서의 무의식과, 정신 외적 타대상으로서

대한 보다 개방된 관점을 지니고 있다. 그러나 그들에게도 역시, 그들이 인간 정신의 정상 / 비정상에 대한 폭넓은 이해 관점을 위해 철학적 지식과 관점들과의 접촉은 매우 소중한 가치를 지닌다.

41) 정신분석학은 인간의 일상적 정신 세계를 다루는 데, 과학자의 비가치적인 언어와 철학자의 의식 중심적이고 관념적인 언어를 중재할 중간 영역에 위치하는 독특한 학문이다. 정신분석학은 인간의 생물학적 본능성과 심리적 환상성 모두를 인정함으로써, 과학도 문학도 아닌 그 중간 영역에서, 양쪽 언어를 모두 사용하여 인간 정신의 실상을 적나라하게 드러낸다. 오늘날의 정신분석학은 <이론>과 <임상> 그리고 정신의 본성에 대한 끊임없는 <비판적 탐구>라는 세 가지 측면을 동시에 지니는 종합 학문이다. 정신분석학은 실증적인 임상 관찰과 정상 / 비정상에 대한 의미론적 연구를 통해, 과학과 인문학 사이를 연결하므로 현대 학문의 의미 위기에 활용될 수 있는 희소한 학문이다.

의 외부 세계의 존재 가치와 힘을 겸허하게 인정한다. 프로이트는 의식의 자기 중심적 이론화 경향을 늘 경계하고, 논리주의에 내포된 비현실적인 사변성을 경계한다. 그는 의식의 자기 애성과 논리주의의 관념성을 자각시키면서 인간의 **의식을 현실 세계에 뿌리내리게 하는 것이 바로 타자성 경험임**을 강조한다. 즉, 정신분석학은 의식이 정신의 대변 기능이 아니라 일부분일 뿐이며, 정신 내부-외부적인 타자성에 영향받는 활동임을 여러 유형의 신경증 증상들과 실수, 꿈을 통해 자각한다. 그리고 **타자성에 대한 이러한 자각에 의해 인간의 자아가 비로소 성숙해갈 수 있는 것임**을 드러낸다.

라캉의 성적 주체 개념
—『세미나 제20권 : 앙코르』의 성 구분 공식을 중심으로

홍 준 기 (서울대 철학과 강사)

> "무의식, 그것은 존재는 사유하지 않는다는
> 것이다. …… 무의식, 그것은 존재는 말하면서
> 향유한다는 것, 그리고 …… 더 이상 알려고
> 하지 않는다는 것, 덧붙이자면 전혀 알려고 하
> 지 않는다는 것이다"(라캉).
> "사회 비판은 지식에 대한 비판이며 지식에
> 대한 비판은 사회 비판이다"(아도르노).

1. 문제의 제기

오늘날 우리는 성과 육체로 가득 채워져 있는 현란한 세계 속에 살고 있다. 서양에서와는 달리 '단정함'을 큰 미덕으로 여겼던 우리에게 이는 비교적 최근의 현상이라고 하겠다. 푸코의 성-권력 분석으로부터 '구성애의 아우성'에 이르기까지, 그리고 오시마 나기사 감독의 「감각의 제국」으로부터 포르노에 이르기까지 다양한 수준(?)의 성에 관한 이야깃거리가 한꺼번에 밀려나왔다. 또 이에 따라 성과 육체의 해방을 건조한 이성의 전횡으로부터의 해방으로 보는 관대한 견해로부터 미풍양속을 해친다는 이유로 걱정하는 목소리에 이르기까지 다양한 평가가 등장했다.

여기에서 우리는, 우리의 가장 가까운 곳에 있는 너무나도 친숙한 성과 육체에 대한 관심이 왜 겨우 이제서야 본격적으로 등장하기 시작했을까 하는 의문을 갖게 된다. 플라톤 당시 인간은 예컨대 컴퓨터를 갖고 있지 않았으므로 사이버 공간에 대해 논할 수 없었다는 것은 너무도 당연한 이야기일 것이다. 하지만 그때나 지금이나 모든 사람은 육체를 가지고 태어난다는 사실에는 의심의 여지가 없다. 그런데 왜 그렇게 오랫동안 성(에 관한 담론)은 억압되어 왔는가? 이 하나의 사실만으로도 우리는 성과 육체 속에는 다른 무엇에서 찾아볼 수 없는 엄청난 비밀이 숨어 있다고 생각해볼 수 있지 않을까?

그렇다면 그 비밀은 무엇인가? 하지만 우리가 이 질문에 답하려고 굳이 애쓰기보다는 차라리 성과 육체 그 자체에는 아무런 비밀이 없다고 말하는 편이 옳을지도 모르겠다. 성과 육체의 비밀은 고대 이집트의 상형 문자처럼 너무 어려운 문자로 씌어 있기 때문에 해독하기 힘든 것이 아니라, 사실 아무런 비밀이 아니라는 것을 **알려고 하지 않은 것**에 진정한 비밀이 있다고 할 수 있겠다.

성을 둘러싼 비밀 아닌 비밀의 정체는 우선 쾌락이라고 할 수 있을 것이다. 모든 인간은 예외 없이 육체를 가지고 있으므로, 아무도 "쾌락과 고통(불쾌)의 경제학"으로부터 자유로울 수 없다. 육체를 가진 존재라면 누구나 쾌락을 추구한다. 하지만 권력은 도덕을 구실 삼아 타자의 쾌락을 감시하고 처벌한다. 성의 비밀 아닌 비밀은 바로 **타자**의 쾌락을 질시하고, **자신**만의 쾌락을 최대화하려는 **권력의 위선**이다. 성과 쾌락 둘러싼 온갖 소동, 질책, 감시와 처벌은 권력의 '은밀한' **병적 쾌락**을 유지하기 위한 '공적' 수단이다. 도덕과 미풍양속의 이름으로 타자에게 고통을 가하고, 타자의 고통을 은밀히 즐기는 사디즘적 쾌락 추구인 것이다.[1] 쾌락의 문제는 타자의 쾌락을 박탈하고자 하는 권력의 문제. 프로이트가 『토템과 터부』에서 신화적 방식으로 서술한 바 있듯이, "원초적 아버지"는 아들에게 여자에의 접근을 금지하고 자기 혼자만 쾌락을 즐기는 독재자였다.

하지만 푸코 그리고 그 이전에 아도르노와 마르쿠제가 정확히 지적한 바 있듯이, 성에 관한 온갖 잡담이 난무하는 현상만을 보고, 바라던 성 해방 그리고 인간 해방이 도래했다고 쉽사리 단정지을 수는 없을 것이다. 이 점에 대해 푸코는 이렇게 묻는다.

"성은 감추어져 있는가? 오히려 그 반대다. 백열하고 있다. …… 그러므로 먼저 이렇게 물어야 한다. 성의 진실, 성에 들어 있는 진실에 대한 이 대대적인 추구는 무엇인가?

디드로의 소설에서, 착한 정령 꿰꿰파는 호주머니 속의 하찮은 물건들 …… 사이에서 조그마한 은반지를 찾아내는데, 그 반지에 붙어 있는 보석을 뒤집으면 마주치는 여자의 성기가 말을 하게 된다.

…… 우리는 성에 대해 있음직한 쾌락 이외에 무엇을 더 요구하고 있으며, 무엇을 더 얻으려고 그토록 집착하고 있는가? 성을 비밀, 만능의 원인, 숨겨진 의미, 끊임없는 공포로 성립시

---

1) 이에 대해서는 홍준기 2000 참조.

키는 이 인내력 또는 이 탐욕은 무엇인가? 이 난해한 진실을 찾아내려는 노력이 마침내 금기를 해제하고 질곡을 풀도록 부추기는 권유로 뒤바뀌게 된 것은 무엇 때문인가?"[2]

　아도르노와 마르쿠제라면 이를 "억압적 탈승화(repressive Entsublimierung)"로 설명할 것이다. 성 해방이 인간 해방을 가져온 것이 아니라, 권력은 성 해방을 도구로 삼아 자신의 지배체제를 더욱 공고히 한다는 것이다. 아도르노가 어떤 측면에서 프로이트를 비판하는지가 여기에서 분명해진다. 대부분의 비판이론가들처럼 아도르노 역시 정신분석학을 수용하여 자신의 이론의 초석으로 삼았지만, 프로이트가 "억압적 탈승화" 개념을 알지 못했다는 점에서는 그와 거리를 두고 있는 것이다.[3]
　푸코는 아도르노보다 한 걸음 더 나아가 정신분석학 이론 그 **자체를 권력 기제**로 본다. 푸코(그리고 들뢰즈)는 그 누구보다도 강하게 정신분석학을 비판한다. 왜 그는 정신분석학 그 자체를 권력 기제로 보는가? 이 점은 이 논문의 취지와 관련해 중요하므로 여기에서 푸코의 입장을 간략히 정리해두기로 하자.
　푸코에 따르면, 권력은 "인력의 축적을 **자본의 축적**에 맞추어

---

2) 미셀 푸코 1997, pp.92-95.
3) "이드와 초자아는 결합한다 ……. 그리고 대중들이 본능적으로 행동하는 바로 그곳에서 그들은 검열에 의해 사전 형성되었고(präformiert) 권력의 축복을 받고 있다"(T. Adorno 1955, p.59). 하지만 아도르노의 주장과는 달리 프로이트는 이드와 초자아의 결합을 알고 있었으므로(S. Freud, p.303 참조) 아도르노의 이러한 프로이트 비판은 정당하다고 볼 수 없다. 원래 초자아가 이드의 일부였다는 사실로써 프로이트는 이미 이드의 쾌락 추구가 초자아의 검열(권력)의 비호 아래 일어날 수 있다는 것을 충분히 암시하고 있기 때문이다. 라캉은 프로이트의 이러한 생각을 더욱 철저히 발전시켜, 초자아를 "향유에의 의지"로 해석한다. 이에 대한 보다 상세한 설명으로는 S. Zizek 1995, pp.36ff 참조.

조절하고, 인간 집단들의 증가를 **생산력의 확대**와 **이윤의 차별적 배분**에 결부"[4]시키기 위해 "생체 통제 권력(bio-pouvoir)"을 행사한다. 권력은 담론 속에서 앎과 결합하고,[5] "주민들을 보다 폭넓게 통제하기 위해" "점점 더 세밀하게 육체를 쇄신하고 병합하고 꾸며대고 통찰한다."[6] 성과 육체를 통제하는 이 권력의 원형적 형태는 "라테라노 종교 회의에 의해 신도들에게 강요된" 기독교의 **고해성사**다. "고해, 양심의 검증, 영적 지도의 관행이 성적 욕망의 장치",[7] 즉 육체와 성을 통제하는 미소 권력(micro-pouvoir)의 핵심적 수단이었는데, 역사적으로 이 성적 욕망의 장치는 "가족이란 세포를 힘입어 두 가지 축(남편-아내의 축과 부모-자식의 축) 위에서 전개될 수 있었다."[8] 요컨대 푸코는 고해성사 관행의 세속화로서의 정신분석 치료를 미소 권력 장치의 작동 방식의 **전형적 형태**로 본다는 것이다. 보다 구체적으로 그는 정신분석학 권력의 전략을 다음과 같이 요약한다. ① 여성 육체의 히스테리화 ② 어린이의 성에 대한 교육화 ③ 생식 행동의 사회관리화 ④ 도착적 쾌락의 정신의학으로의 편입.[9] 방금 언급했듯이 푸코는 성적 욕망의 장치는 **가족**을 중심으로 전개되었다고 본다. 따라서 여기에서 프로이트가 신경증의 핵이라고 보았던 오이디푸스 콤플렉스 개념에 대한 푸코의 비판을 간단히 살펴볼 필요가 있다. **통속적** 페미니스트와 달리 푸코의 분석은 매우 섬세하다. 푸코는 프로이트의 오이디푸스 콤플렉스 발견은 바로 "부권 박탈의 법률적 체계

---

4) 미셸 푸코 1997, p.152(강조는 필자). 그리고 p.156 ; 미셸 푸코 1998, pp. 321-322 참조.
5) 미셸 푸코 1997, p.114.
6) Ibid., p.120.
7) Ibid., p.121.
8) Ibid.
9) Ibid., p.118 참조.

화"와 같은 시기에 이루어졌다고 본다. 즉, 오이디푸스 콤플렉스는 사라져가는 부권을 되찾으려는 '굴욕당한 아버지들'의 '교묘한 역쿠데타의 산물'이라고 암시하고 있는 것이다. 푸코에 따르면 정신분석학은 한편으로는 딸의 애인으로서의 아버지의 권리를 박탈했지만, 다른 한편으로는 이 권리를 상실한 사람들이 딸에 대한 사랑을 **억압함과 동시에** 이 억압을 **제거**할 수 있는 좋은 수단을 제공한다. 여기에서 권력, 법 또는 담론은 억압적인 역할이 아니라 "생산적인 역할을 수행"[10]한다는 푸코의 주장의 의미가 잘 드러난다. 그에 따르면 근친상간 욕망은 근친상간금지**법**에 의해 억압되는 것이 아니라 오히려 **부추겨진다**.[11] 딸을 차지할 수 있는 특권을 상실하게 만든 바로 그 근친상간금지법 덕택에 아버지는 이 상실을 제거할 수 있게 해주는 '또 다른' 특권을 소유하게 되기 때문이다. 오이디푸스 콤플렉스 개념에 의해 아버지는 딸의 **"의무적"**[12] 사랑의 대상으로 다시 승격된다는 것이다.[13]

이 모든 논의가 의미하는 것은 무엇인가? 충동의 억압, 금지법이 문명의 기초를 이룬다는 프로이트·마르쿠제류의 사유 — 억압 가설 — 를 암암리에 뒤집음으로써 푸코가 우리에게 말하고자 했던 것은 무엇일까? 왜 그는 정신분석학을 **생산하는 권력**으로서의 **앎(지식)**에 지나지 않은 것으로 보았던 것일까?

정신분석학은 "본래적 성이라는 상상적 요소를 만들어내기"[14] 때문이다. 정신분석학은 "해부학적 요소, 생물학적 기능,

---

10) Ibid., p.108.
11) Ibid., p.122.
12) Ibid., p.143(번역은 필자에 의해 수정).
13) Ibid., p.142-143.
14) Ibid., p.166.

행동, 감각, 쾌락을 **인위적인 통일** 원리에 따라 재편성하게 해주었으며, 그 허구의 통일 원리를 인과 관계의 원칙, **보편적으로 존재하는 의미**, 도처에서 발견되는" **원리**로서 "기능하게 하는 것을 가능하게 했다"[15]는 것이다. 또 푸코는 "라이히의 성적 억압에 대한 역사적·정치적 비판"은 "성적 욕망의 장치 밖에서나 그것에 대항해서가 아니라 언제나 성적 욕망의 장치 안에서 전개"[16]되었다고 지적하면서 비판 이론과도 거리를 둔다. 푸코가 보기에 비판 이론은 정신분석학의 핵심적 전제를 이어받고 있는 것이다. 그렇다면 푸코의 목표는 무엇인가? 이미 암시했듯이 그는 성적 욕망 장치에 대항하는, 그것의 **바깥**에 있는 철저한 저항을 원한다. "성적 욕망 장치에 대한 반격의 거점은 성-욕망이 아니라 육체-쾌락이어야 한다."[17] ("본래적 성"을 암암리에 전제하는) 성이라는 개념을 만든 것이 바로 성적 **욕망**이다.[18] 이러한 이유에서 푸코는 **성을 긍정하는 것이 권력을 부정하는 것이라고 믿어서는 안 된다**고 경고했던 것이다. 그것은 권력을 부정하는 것이 아니라, 반대로 성적 욕망의 장치가 진전되어온 맥락을 따르는 것에 불과하다.[19] 여기에서 우리는 푸코의 '성의 역사 연구'의 목표, 방법론적 대전제가 무엇인지 파악할 수 있다. 한마디로 푸코는 **상징적** 차원에서 발생하는 **욕망**이 아니라 상징적 질서에 의해 **오염되지 않은 순수한 육체, 쾌락**을 원하고 있다. 진정한 해방은 순수한 육체의

---

15) Ibid., p.164(강조는 필자).
16) Ibid., p.144.
17) Ibid., p.167.
18) 이러한 관점에서 우리는 푸코가 『성의 역사 : 제1권, 앎의 의지』에서 라캉이라는 이름을 직접 언급하고 있지는 않으나 이 책을 (정신분석학 일반에 대한 비판서로는 물론) 특히 라캉 비판서로도 읽을 수 있다. 잘 알려져 있듯이 "욕망", 상징계는 라캉 이론의 핵심 개념 중의 하나이기 때문이다.
19) Ibid., 167 참조.

차원에서만 주어질 수 있다. 라캉의 용어로 다시 말하면 푸코는 "상징계의 너머", 즉 "실재"를 추구한다는 것이다.

푸코의 정신분석학 비판에는 경청할 만한 내용들이 많이 있다. 하지만 이론적 측면에서 볼 때 지지하기 힘든 부분이 있다. 가장 중요한 것으로 푸코는 상징계 자체를 '악'으로 본다는 점을 지적할 수 있다. 그는 상징계를 경유하지 않고 직접적으로 실재 — 순수한 쾌락, 육체 — 에 도달하고자 한다. 이에 반해 라캉은 세 범주 — 실재, 상징계, 상상계 — 모두를 필수불가결한 최소한의 조건으로 본다. 상징계와 상상계가 없다면 우리는 실재에 대해 생각할 수도 말할 수도 없기 때문이다. 푸코(그리고 들뢰즈)와 라캉은 양자 모두 '상징계의 너머', 즉 실재라는 개념을 가지고 있다. 하지만 라캉은 **순수한** 실재, **순수한** 육체적 쾌락은 도달될 수 없는 것으로 본다는 점에서 푸코와 차이가 있다. 라캉에게 실재란 "불가능한 것", **도달할 수 없는 것**, 존재하며 동시에 존재하지 않는 것, "탈존(Ex-sistenz)"이다. 그것은 하나의 '사건'으로서 순간적으로 다가오지만 우리는 이를 통제하고 지속적으로 붙잡을 수 없다.

지금까지 필자는 푸코의 입장을 간략히 정리하고 그의 문제점을 지적했다. 하지만 이는 **정신분석학에 대한 푸코의 오해를 해명**하기 위한 것이지 푸코의 '저항의 성 윤리학' 그 자체를 비판하고자 한 것은 결코 아니었다는 것을 먼저 분명히 밝혀두고 싶다. 방법론적 관점은 다르지만 적어도 푸코가 추구했던 목표만큼은 정신분석학의 목표와 **궁극적으로** 다르지 않기 때문이다. **인간 해방**을 위한 **필요 조건**으로서의 육체의 해방, 타자의 쾌락에 대한 승인, (자신의 쾌락을 극대화하기 위해) 타자의 쾌락을 제한하려는 권력의 위선의 폭로, 이것이야말로 푸코와 정신분석학(그리고 비판 이론)이 추구했던 공동의 과제였던 것이다.

2. 성의 존재론 : 존재-논리학(Onto-logik)

1) 성적 주체의 발견 : 인간의 욕망은 타자의 욕망이다

『정신현상학』에서 헤겔이 말하는 **인간적** 욕망의 특징을 코제브는 "욕망의 욕망"으로 정리한 바 있다. 동물과 구분되는 인간은 궁극적으로 구체적인 사물이 아니라 **타자의 승인, 타자의 욕망**을 욕망한다는 것이다. 잘 알려져 있듯이 라캉은 코제브의 이러한 『정신현상학』 해석을 받아들여 "인간의 욕망은 (**구체적인 사물**에 대한 **욕구**(besoin)가 아니라) **타자의 욕망** (désir)이다"라고 말한다. 이것이 의미하는 바는 무엇인가? 간략히 말하면, 각 주체는 자신의 욕망, 자기정체성에 관한 물음의 답을 찾는 과정에서 반드시 타자의 욕망에 직면하게 된다는 것이다. "나는 무엇을 원하는가?"라는 질문에 답하기 위해서 주체는 "그(녀)가 나에게 원하는 것은 무엇인가?"라는 질문, 즉 궁극적으로 **파악 불가능한** 수수께끼와도 같은 타자의 욕망의 기표를 함께 고려해야 한다는 것이다.

주체가 일생을 살면서 부딪히는 타자의 욕망의 기표 중에서 아마도 성(性) 혹은 사랑의 기표만큼 주체의 욕망을 자극하는 것도 없을 것이다. 인간은 육체와 성을 가지고 있는 존재다. 따라서 인간은 자기가 성적으로 욕망하는 대상에 대한 질문을 던지지 않고 살아갈 수 없다. 그(녀)의 자기정체성, 삶의 풍요로움은 그(녀)가 성적으로 갈구하는 타자의 욕망에 대한 물음에 어떤 답이 주어지는가에 달려 있다.

이러한 점을 들어 정신분석학은 판섹슈얼리즘에 불과하다고 비난할 사람도 있겠지만 우리는 오히려 여기에서 정신분석학의 사상사적 공헌을 본다. 중성적 혹은 남성적 주체만을 알았던 전통 철학과 달리 정신분석학은 **성적(혹은 성 구분을 가지고 있는) 주체**를 논의의 중심에 놓았을 뿐만 아니라, 더 나아가 **'주체와 타자와의 성적 욕망의 변증법'**을 체계적으로 정리했다. 물론 철학사에서 이러한 논의가 전혀 없었던 것은 아니다. 하지만 성적 주체에 관한 전통적 논의는 '이성'을 위해 '동물적 욕망을 제한'할 것을 역설하거나 혹은 '여성에 대한 남성의 우위'를 확립하는 것으로 끝나는 경우가 많았다. 예컨대 아리스토텔레스의 경우를 보자.

"운동의 원리, 즉 남자는 태어나는 존재들에 대해 더 좋은 것, 더 신성한 것이다. 반면 여자는 질료다."[20]
"씨앗은 영혼을 가지고 있다. …… 그것은 출산의 원동자며 장인이다."[21]
"여자는 절단된 남자로서 있다. 생리는 씨앗이지만 순결하지 못하다. 여자에게 결핍되어 있는 유일한 것, 그것은 영혼의 원리다."[22]

여기에서 알 수 있듯이 아리스토텔레스는 남·녀를 **형상-결여**(Form-Mangel) 또는 '형상-질료'의 대립 항으로 설명한다. 여자에 대한 남자의 우위를 형이상학적 원리로써 근거지으려고 하는 것이다. 페니스를 **결여**하고 있는 여자는 그것을 가지

---

20) Aristote 1961, II, 1(M. Grangeon 1992, p.119에서 재인용).
21) Ibid(M Grangeon 1992, p.119에서 재인용).
22) Ibid., II, 3(M Grangeon 1992, p.119에서 재인용).

고 있는 남자에 비해 존재론적으로 열등하다. 여자는 형상에 의해 지도되어야 할 질료다. 또 위 인용문에서 잘 드러나 있듯이 여자를 씨앗, 즉 형상으로 볼 수 있다고 하더라도 그것은 순수하지 못한 형상에 지나지 않는다. 여기에서 라캉은 **사유와 존재(당위와 존재)**의 일치라는 전통적 진리관의 문제점을 지적한다.[23] "아리스토텔레스의 사유로부터 우리에게 왔으므로 내가 전통적이라고 부르는 과학의 오류 …… 는 사유는 사유의 상(像)에 따른다는 것, 즉 존재가 사유한다는 것을 암시한다." 라캉에 따르면 '사유와 존재의 일치'라는 전통적, **형식 논리적** 진리관은 현실을 절대화하는 오류를 범하고 있다. 이의 극복을 위해 라캉은 상징계, 상상계, 실재라는 자신의 고유한 삼위체 (세 범주)를 도입해, **"사유와 존재의 빗나간 만남"**[24]을 추구하는 존재-논리학(Onto-logik)을 발전시킨다.

이것이 의미하는 것은 무엇인가? 우리의 문맥에서 이는 우선 페니스의 유무를 형이상학적 원리인 형상-결여와 동일시하고, 이를 근거로 여자를 남자보다 열등한 존재로 간주해서는 안 된다는 것을 의미할 것이다. 앞에서 우리는 주체는 성적 주체며, 인간의 욕망은 타자의(에 대한) 욕망이라는 것을 발견한 것에 정신분석학의 공헌이 있다고 말한 바 있다. 하지만 이것이 정신분석학이 우리에게 말하고자 하는 전부는 아니다. 정신분석학이 우리에게 남겨놓은 진정한 스캔들은 성 구분조차 생물학적 질서와 일치하지 않는다는 것, 즉 "성 구분은 페니스의 유무와 일치하지 않는다"는 것이다. 존재와 사유는 결코 일치하지 않기 때문이다. **성적 주체**는 타자의 성, 즉 성적 타자를 욕망한다. *성적 주체*는 *성적 타자*를 욕망한다는 점에서 *성적 구분*을

---

23) Sém. XX, p.96.
24) J. Lacan 1968, p.58, 그리고 Anonym 1970, p.224 참조.

*가진 **주체**인 것이다.* 그렇다면 성적 타자란 무엇인가? 성적 타자는 반드시 "생물학적 이성(異性)"일 필요는 없다. <크라잉 게임>에서 딜이 말했듯이, "몸과 마음은 꼭 같지 않"기 때문이다."

성차(性差)의 의미, 성적 정체성에 대한 지금까지의 논의는 크게 보아 ① 생물학적(해부학적, 과학주의적) 유형 ② 문화주의적 유형 ③ 정신분석학적 유형으로 구분할 수 있다. 아리스토텔레스에게서 보았듯이 생물학적 접근 방식은 남·녀의 차이를 능동성-수동성, 형상-결핍, 사회성-나르시즘적 폐쇄성 등의 대립 항으로 설명한다. 문화주의적 접근 방식은 이러한 생물학적 이데올로기에 대항해, 열등한 존재로서의 여자라는 관념은 해부학적으로 결정된 불변의 진리가 아니라 사회적·문화적 산물에 지나지 않는다고 본다. 그리하여 "전(前)오이디푸스 단계"(멜라니 클라인), "여성적 성적 쾌락 혹은 말하기"(뤼스 이리가라이), "여성적 글쓰기"(엘렌 식수) 등과 같은 능동적인 **여성 주체**를 찾는 시도가 등장했다. 하지만 특히 이리가라이와 식수는 남성 중심적 문화를 비판하는 과정에서 독자적인 아니 '더 우월한 여성적 리비도'를 가정하며 이를 '생물학적 여자'에게 귀속시킨다. 공교롭게도 그들은 다시 생물학적 접근 방식으로 되돌아가는 것이다.[25] 정신분석학을 원용하지 않으면서 문화주의적 접근 방식을 취하는 이론가로는 주디스 버틀러가 있다. 버틀러는 푸코의 담론 이론을 받아들여 '젠더' 정체성을 문화적·사회적 구성물로 본다. 버틀러는 라캉이 "처음

---

25) 페미니즘 이론에 대한 개괄로는 크리스 위튼 1996, C. Weedon 1999, L. Lindhoff 1995를 참조. 페미니즘 이론에 대한 프로이트-라캉적 평가 및 논의로는 J. Mitchell 1982, L. Schaffner & G. Zimmermann 1994, R. Schindler 1994, Anonym 1968, M. Safouan 1974, M. Safouan 1976, S. André 1995를 볼 것.

부터 미리 구분지어진 성에 대한 유토피아적 가정"[26]을 근간으로 삼고 있다는 이유로 라캉을 비판하며, 더 나아가 몇몇 유보적 태도를 취하기는 하지만[27] 결국은 정신분석학을 남성 중심적 문화의 산물로 간주한다.

하지만 버틀러는 정신분석학 혹은 라캉 이론의 핵심을 놓치고 있다. 이미 보았듯이 라캉은 **"처음부터 미리 구분된 성"**을 가정하고 있지 않기 때문이다. 또 라캉은 현재 '일반적으로' 통용되는 여성 개념이 가부장적 문화의 산물이라는 점을 부정하지 않으며, 이 점에서 버틀러 또는 푸코와 의견을 같이 한다. 그렇다면 라캉과 버틀러의 진정한 차이는 무엇인가? 한마디로 말한다면 푸코나 버틀러에는 **성 구분에 대한 합리적 이론이 없다**는 것이다. 극단적으로 말하면 "성 구분은 있을 수 없다"는 것이다(이 점에서 푸코와 버틀러는 '생물학주의'와 완전히 결별하고 있다). 따라서 푸코가 "성-욕망"이 아니라 "육체와 쾌락"을 저항의 거점으로 삼았던 것은 결코 우연이 아니었다. 현재 통용되는 여성 개념을 가부장적 권력의 산물로 간주하며, 더 나아가 상징계 자체를 거부하는 푸코주의적 극단적 권력 비판 이론에 합리적인 성 구분 기준이 없다는 것은 놀랄 만한 일이기보다는 오히려 자연스러운 귀결이다. 푸코나 버틀러가 지향하는 목표 중의 하나는 동성애의 옹호다. 바로 여기에서 그들이 정신분석학을 거부하는 이유가 보다 잘 드러난다.

"그러나 육체의 정치학이 명백히 드러난 텍스트와 표면에 드러나지 않은 텍스트를 결정하는 것은 무엇인가? 젠더의 육체적 양식, 젠더화된 육체가 상상 속에 드러나는 모습과 상상된 모

---

26) 주디스 버틀러 1998, p.65.
27) Ibid., p.74 참조.

습을 생성하는 금지법은 무엇인가? 의심할 여지없이 프로이트는 그것을 젠더의 정체성이 생성되는 순간, 즉 젠더가 고정되는 …… 순간으로서 동성애를 반대하는 …… 근친상간 금기라고 지적한다. …… 이와 같이 규율적인 젠더의 산출은 이성애적 구조와 섹슈얼리티의 규제를 위하여 젠더가 허위로 고정되는 결과를 가져온다."[28]

하지만 버틀러의 비판과 달리 정신분석학은 "양성성(Bisexualität)"을 인간의 '본래적' 속성으로 간주하며, 동성애에 원칙적으로 반대하지 않는다. 이러한 의미에서 라캉도 성이 아니라 육체[29]를 말한다고 할 수 있다. 프로이트가『성에 관한 세 논문』에서 밝혔듯이 '본래적 성'은 "다형 변태적(polymorph)"이다. 하지만 이미 언급했듯이 라캉은 **여전히** 남·녀의 차이, 즉 성(구분)을 논한다는 점에서 푸코와 차이가 있다. 그렇다면 남·녀 구분의 기준은 무엇인가? 앞으로 상세히 논의하겠지만 라캉은 이 구분을, 가부장적 질서, 보다 일반적으로 **상징적 질서에 대한 주체의 입장 혹은 위치**의 문제로 파악하며, 이 차이를 합리적으로 해명하기 위해 **논리적 접근 방식**을 취한다. 요컨대 라캉은 생물학적 관점이 아니라 논리적 관점에서 남·녀를 구분한다는 것이다. 논리적 접근 방식을 취한다는 것은 (내용적인 것이 아니라) **형식주의적** 접근 방식을 취한다는 것을 의미하는데, 이것이 "형식논리학"을 의미하는 것은 아니다. 라캉은 형식논리학이 아니라 **변증법적 논리학**의 지지자였다. 이제 라캉 존재론(존재-논리학)의 기본 범주인 상징계, 상상계, 실재에 대해 살펴보자.

---

28) Ibid., p.72.
29) 라캉에 따르면 육체는 "실재"에 속한다.

2) 주체와 존재의 구조 : 실재 · 상징계 · 상상계

현실과 실재는 어떻게 다른가? 유물론자에게 현실은 있는 그 대로의 현실을 의미할 것이고 관념론자에게는 구성된 현실을 뜻할 것이다. 관념론은 현실을 구성된 현실로서 파악한다는 점에서 유물론과 차이가 있지만, 그럼에도 불구하고 구성된 것으로서의 현실을 완전히 파악할 수 있다고 보는 점에서는 유물론과 크게 다르지 않다. 유물론의 입장을 취하든 관념론의 입장을 취하든 간에 현실을 있는 그대로 파악할 수 있다는 주장에는 '사유와 존재의 일치'라는 전통적인 진리관이 (암묵적이든 명시적이든) 전제되어 있기 때문이다. 전자의 경우에는 존재를, 후자의 경우에는 사유를 상대적으로 더 중시한다는 차이가 있을 뿐이다. '사유와 존재'가 일치한다고 믿었기 때문에 둘 중의 어느 하나가 조금 더 우세할 수는 있지만 궁극적으로 인간의 사유는 현실을 있는 그대로 파악할 수 있다고 유물론자들과 관념론자들은 똑같이 주장할 수 있었다.

여기에서, 칸트에게는 '구성된 것으로서의 현실'은 물 자체가 아니라 현상이므로, 칸트의 관념론은 '사유와 존재의 일치'라는 전통적 진리관을 따르지 않는다고 반론을 제기할 수 있을 것이다. 그리고 칸트는 사유의 그물에 잡히지 않는 존재의 세계 — 물 자체의 세계 — 를 설정했음을 우리에게 상기시키면서, 칸트 철학은 '존재와 사유'의 일치라는 전통적 진리관과 아무 상관이 없다고 덧붙일 것이다. 하지만 인간의 사유가 결코 통제할 수 없는 물 자체를 설정하는 칸트의 입장을 과연 관념론으로 볼 수 있겠는가? 아니면 물 자체의 세계 — 존재의 세계 — 를 인정한다는 점에서 그를 유물론자 내지는 실재론자라고 해야 할 것인가? 칸트는 물 자체의 문제를 해결할 수 없었으므로 그는 유물론자도 관념론자도 아니었다고 함이 차라리 옳을 것이다. 그는 현상으로서의 현실과 사유의 일치를 주장했지만 물 자체라는 여분을 설정함으로써 자신을 관념론자로 보는 일반적인 견해가 항상 옳은 것은 아니라는 여지를 남겨놓았다. 그러나 다른 한편으로, 칸트는 인식을 현상으로서의 현실에 제한시켰지만 이러한 제한된 인식을 '완벽한 인식'으로 승격시켰다는 점에서 사유와 존재의 일치라는 전통적 견해를 따르고 있다고 할 수 있다. 달리 말하면 그는 인식을 현상으로서의 현실에 제한시킴으로써 물 자체에 대한 인식을 부정했지만, 적어도 현상에 대한 완벽한 인식 — "선천적 종합 판단" — 이 가능하다고 가정했다. 그는 비록 물 자체를 형식적으로는 인정했지만, 현상에 대한 인식을 위태로운 것으로 만드는 물 자체를 **사실상** 부정함으로써 '완벽한 인식'으로 승격된 '현상으로서의 현실에 대한 인식'의 지위를 보존하려 했다. 이러한 의미에서 칸트는 사유의 우위에 입각하여 존재를 남김없이 파악할 수 있다고 생각한 관념론자라고 할 수 있다.

라캉에게 '실재(le réel)'는 사유의 그물에 잡히지는 않지만 의식 외부에 실재적으로(réellement) 존재하는, 결코 부정될 수 없는 존재의 질서다. '실재(le réel)'는 칸트의 물 자체와 통하는 개념이다. 이 사실만으로도 라캉은 사유 또는 상징적 질서와 구분되는 존재의 세계를 부정하지 않았다는 것을 알 수 있다. 하지만 라캉은 물 자체를 인정했다가 그것을 암묵적으로 부정함으로써 주체의 인식 능력을 구출하려고 애쓰지 않는다. 라캉에게 '실재'는 존재하지만 파악될 수 없는 것, "아래에 놓여 있는 것",[30] "다른 현실", "빗나간(놓쳐버린) 현실", "낯선 현실",[31] "같은 장

---

30) Sém. XI, p.58.
31) Ibid., p.57.

소로 — 생각하는(cogito) 주체, 즉 사유하는 실체(res cogitans)가 결코 그것(실재 — 필자)을 만나지 못하는 그곳으로 — 항상 돌아오는 것"[32]을 의미한다.[33] 이러한 의미의 실재를 **존재론적** 의미의 실재라고 부를 수 있을 것이다. 라캉은 실재를 또한 **논리학적** 관점에서 정의한다 :

"우리는 실재를 불가능한 것(l'impossible)이라고 정의할 것이다."[34]

여기서 불가능성이란 논리적 불가능성($P \land -P$)을 의미한다.[35] 이것이 뜻하는 바를 보다 명확히 하기 위해 다시 칸트로 돌아가자. 그는 현상으로서의 현실은 사유에 의하여 구성되므로 구성하는 능력을 가진 인간의 사유는 현실 — 현상으로서의 현실 — 을 완벽히 파악할 수 있다고 생각했다. 그러나 사유에 의하여 구성된 현실과 '현실 자체'가 반드시 같지 않다는 것을 부정할 수 없었으므로 칸트는 물 자체 — 현실 자체 — 라는, 인간의 인식 능력이 통제할 수 없는 여분을 남겨두었다. 그리고 그는 현상과 물 자체의 관계에 대해 불가지론적 입장을 취했다. 물 자체라는 것이 있기는 하지만 그것이 무엇인지는 결코 알 수 없다. 현상과 물 자체 사이에는 아무런 논리적인 연관성이 없다. 그들은 그저 나란히 존재한다. 잘 알려져 있듯이 칸트철학의 강점이라 할 수 있는 바로 이 점에서 칸트철학의 패러독스한 성격이 드러난다. 칸트는 독단적 인식을 경계하기 위해

---

32) Ibid., p.49.
33) 반면 '현실'은 파악되고, 만나질 수 있는 익숙한 존재의 세계로서 상상계에 속한다.
34) Ibid., p.152.
35) Sém. XXI(미출간), 1974년 2월 19일 세미나.

인식을 현상계에 제한했다. 하지만 현상과 물 자체를 서로 아무런 논리적 연관성을 가짐이 없이 그저 병존하는 두 개의 독립된 세계로 간주하면 어떻게 우리는 현상 배후에 물 자체가 있다는 사실을 알 수 있는가? 헤겔에 따르면 현상 배후에 현상이 **아닌** 물 자체가 있다고 말함으로써36) 칸트는 이미 양자간에 **어떤 논리적인 연관성**이 있음을 **사실상** 말한 것과 다름이 없다.37)

칸트와 달리 라캉은 — 헤겔처럼 — 현상과 물 자체의 논리적 관계를 '모순'으로 본다. 사유가 현상으로서의 현실을 모순 없이, 완벽히 파악할 수 있다고 칸트가 말할 수 있었던 것은 결코 배제되어서는 안 될 물 자체 — 실재 — 를 사실상 배제했기 때문이다. 하지만 "낯선 현실" — 실재 — 을 같이 고려한다면, 현실에 대한 인식은 낯선 현실의 낯설음으로 인해 대단히 위태로운 것이 될 것이다. 그렇다면 현실에 대한 인식은 실재를 같이 고려할 경우 모순적이다.38) 이러한 의미에서 '불가능성으로서의 실재'라는 라캉의 정의를 실재에 대한 **논리(학)적 정의**로

---

36) "현상 개념으로부터 당연히 다음과 같은 사실이 도출된다. 현상에는 그 자체로 현상이 **아닌** 어떤 것이 상응해야 한다"(I. Kant, *KrV*, A 252, 강조는 필자).

37) 이에 대한 상세한 논의로는 M. Wolff 1981, pp.116ff 참조.

38) 필자는 라캉의 논리적 의미의 실재 개념을 소쉬르, 프레게, 헤겔, 괴델, 크립키와 관련해 "모순의 비대칭성" 개념으로 정리한 바 있다. 이에 대한 상세한 논의로는 필자의 학위 논문(Joon-kee Hong 2000) 제3장을 참조하기 바란다. 헤겔의 경우 "모순의 비대칭성"은 다음과 같은 말에 잘 나타나 있다고 본다. "A가 언표된다. 그리고 非A, 즉 A의 순수 타자(도 언표된다 : 필자). 그러나 그것(非A : 필자)은 **사라지기 위해서** 자신을 보일 뿐이다. 따라서 이 문장에는 부정의 부정으로서의 동일성이 표현되어 있다. A와 非A는 구분된다. 이 구분되는 것들은 같은 A에 연관된다. 따라서 여기에서 동일성은 *하나의 관계에 있는 이 구분으로서 혹은 그것들 자체의 단순한 구분으로서* 제시된다"(G. W. F. Hegel 1986 p.45. 진한 강조는 필자).

부를 수 있다.

칸트에 따르면 모순의 가상은 '현상들의 총괄로서의 세계'를 물 자체로 간주하기 때문에 생겨난다. 그리하여 그는 물 자체로 간주되었던 세계를 현상, 즉 '현상들의 총괄로서의 세계'로 해석하고 모순적(kontradiktorisch) 명제를 반대적(konträr) 명제로 전환시킴으로써 이성의 우주론적 이율배반을 해결하고자 했다. "우리가 이 전제를 …… 제거하고 그것(세계 ─ 필자)이 물 자체라는 것을 부정하면 양 주장의 모순 대당(der kontradiktorische Widerstreit)은 단순한 변증적 대당으로 변화된다. 그리고 세계는 결코 그 자체로 ─ 나의 표상들의 회귀적인 계열(regressive Reihe meiner Vorstellungen)과 독립하여 ─ 존재하지 않으므로, 세계는 그 자체로 무한한 전체로도, 그 자체로 유한한 전체로도 존재하지 않는다."[39]

세계는 물 자체로서가 아니라 현상 ─ 즉 "현상의 전 계열" ─ 으로서 무한하지도 유한하지도 않다는 것이다. 하지만 이러한 설명이 형식논리학 틀 안에서 과연 가능한가? 왜 현상으로서의 세계는 무한하지도 유한하지도 않은가? 칸트에 따르면 현상으로서의 **세계**에는 "크기(Größe)"를 귀속시킬 수 없기 때문이다. 하지만 크기를 귀속시킬 수 없는 현상은 결국 물 자체에 지나지 않는다. 요컨대 (칸트의 암묵적 결론에 의하면) 크기를 잴 수 없는 현상의 총괄로서의 세계는 현상이며 동시에 물 자체라는 것인데, 이는 논리적 모순이다. 여기에서 흥미로운 것은 칸트는 세계를 "무제약적 전체(unbedingtes Ganze)"[40] 혹은 "그 자체로 존재하는 전체"[41]로 보아서는 안 된다고 말하고 있

---

39) I. Kant, *KrV*, B 532-534.
40) Ibid., B 532, 533.
41) Ibid., B 534.

다는 사실이다. 이를 라캉적으로 표현하면 세계 — 상징계 —
는 "비전체(pas-toute)"라는 것이다. 라캉에게 상징계가 비전체
인 것은 상징계는 모순 없이 파악될 수 없는 체계, 즉 실재를
내포하고 있는 전체이기 때문이다.

　이제 실재, 상징계, 상상계의 관계에 대해 살펴보자. 상징계
란 무엇인가? 어떤 체계 또는 질서를 구성하는 각 항목들이 서
로간의 차이에 근거해 성립될 때 이를 상징계라고 부른다. 소
쉬르 이래 언어학자나 철학자들은, 의미는 단어나 상징 그 자
체에 주어지는 것이 아니라 단어와 단어 또는 상징과 상징의
사이에 존재한다는 사실을 중시해왔다.[42] 상징계를 구성하는
각 항목들의 의미 내지는 동일성은 다른 항목들과의 차이, 이
들의 부재를 통해 주어진다. 두 개의 항목으로 구성된 상징계,
예를 들면 '은행나무'와 그 밖의 '다른 나무들'로 구성된 상징
계[43]가 있다고 상정해보자. 이때 '은행나무'는 다른 나무들과의
차이, 즉 그들의 부재를 전제하고 있다. 달리 말하면 은행나무
가 무엇이냐고 묻는다면 우리는 궁극적으로, <은행나무는 '은
행나무 이외의 다른 나무들이 아닌 것'이다>라는 대답보다 더
정확한 대답을 할 수 없다는 것이다. 은행나무가 무엇이냐고
물으면 우리는 <그것은 '은행나무 이외의 나무들이 아닌 것'>
이라고 대답함으로써 다른 나무들을 지시하고, '다른 나무들'이
무엇이냐고 물으면 <그것들은 '은행나무가 아닌 것'>이라고
끊임없이 순환적으로 답할 수밖에 없도록 만드는 것이 상징계
의 특징이다. 은행나무는 타자 — 다른 나무들 — 를 경유함으

---

42) S. Weber 1990, 3장, 4장을 참조할 것.
43) '다른 나무들'이란 말은 복수이므로 사실상 이 예는 두 개의 대립 항으로
이루어진 쌍이 아니라 무수히 많은 항목을 가진 체계를 전제하고 있다. 그러
나 여기에서는 설명의 편의상 '다른 나무들'을 묶어 하나의 항목으로 간주하
기로 한다.

로써만 자기 자신에게 도달할 수 있으며, 다른 나무들 역시 은행나무를 통하여서만 자신의 동일성에 도달할 수 있다. 그러나 이때의 동일성이란 사실상 동일성의 부재에 불과하다. '은행나무' 그리고 '다른 나무들'이라는 말의 의미가 고정적으로 주어지지 않기 때문이다. <'은행나무'란 '은행나무가 아닌 나무들이 아닌 것'이다>라는, **내용이 없는** 대답만이 주어질 수 있을 뿐이다. '은행나무'와 '다른 나무들'이란 두 개의 항목들이 서로를 지시하지만 이 둘이 이루는 전체는 조화로운 전체가 아니라, 끊임없이 순환적으로 서로에 의존하는, 요동하는 전체, 즉 비전체(pas-tout)다. 상징계를 구성하는 각 항목들은 타자를 통해 (타자를 지시함으로써) 자신의 존재 결핍을 채우려고(또는 의미를 고정하려고) 하지만, 자신의 존재 결핍을 채워줄 상대방 역시 존재 결핍에 시달리고 있다. 이러한 의미에서 상징계에서 각 항목은 상대방이 겪고 있는 존재 결핍(manque-à-être)을 체현하고 있을 뿐이며 따라서 그것은 상대방으로부터 자기 자신의 결핍을 돌려받는다고 말할 수 있겠다.[44] 이를 달리 표현하면 단어나 상징의 의미는 그것들의 차이를 통하여 주어진다는 것이다. 기호들 간의 차이가 개별적 기호 내지는 완결된 의미보다 **논리적으로 선행**한다. 그러므로 '차이(자체)'를 표현하는 상징(기호)은 존재하지 않는다. '차이' — 차이 1 — 를 표현하는 기호가 있다 하더라도 그것은 다시 다른 차이 — 차이 2 — 에 의존해서만 차이 — 차이 1 — 를 표현할 수 있다. 틈은 끊임없이 틈을 만들 뿐 자신을 채울 수 없다.

상징계란 끊임없이 움직이는 불완전한 체계인데, 왜 사람들은 그것이 어떤 고정된 준거점을 가지고 있는 조화로운 체계라고 생각하는가? 언어가 확고부동한 고정점을 갖고 있지 않다는

---

44) S. Zizek 1992, p.82 참조.

것을 이론적으로는 알고 있음에도 불구하고 왜 우리는 그것이 고정된 의미를 제공한다고 사실상 생각하는가? 상징적 질서는 불완전한 체계임에도 불구하고 왜 훌륭하게(?) 작동하는가? 요 컨대 비전체로서의 상징계가 조화롭고 모순 없는, 정합적인 (consistent) 전체 — 상상계 — 로서 인식되는 이유는 무엇인 가?

언어가 도달할 수 없는, 언어로 하여금 완전한 전체가 되는 것을 방해하는 '순수 차이'를 체현(가시화)함과 동시에 은폐하 는 실재가 있기 때문이다. '기의를 가지고 있지 않은 기표'에 의 하여 구조지어져 있기 때문에 끊임없이 요동할 수밖에 없는 상 징계가 고정점을 찾고자 한다면 이 '순수 차이' — 내부적 결 핍[45] — 을 배제하는 수밖에 없다. 어떻게? 상징계가 겪고 있는 끝없는 순환을 강제적으로 고정시키는 방법으로. S1 → S2 → S3 → S4 …… 라는 식으로 상징계에서 각 기표들의 지시 관계 는 원칙적으로 끝이 없다. 이제, 어떤 기표 예를 들면 Sn을 Sm 에 고정시킴(Sn = Sm)으로써 끝없는 지시 관계를 종결할 수 있 다. 서로 다른 기표들인 Sn과 Sm을 같은 것(Sn = Sm = a)으로 봄으로써, 즉 '순수 차이'를 a라는 대상 속에 체현함으로써 상징 계에 내재하는 '순수 차이'를 사라지게(은폐) 할 수 있다. 여기 에서 대상 a는 서로 다른 기표들이 직접적으로 일치됨으로써 생긴 기표이므로, 논리적으로 도저히 납득될 수 없는[46] '무의미

---

45) '순수 차이'는 언어가 성립하고 작동하기 위한 전제 조건이지만 이 전제 조건인 순수 차이를 표현하는 기표는 존재하지 않는다. 언어의 성립 및 작용 을 가능케 하는 전제 조건이 동시에 언어로 하여금 완전한 전체가 되는 것을 방해한다는 의미에서 순수 차이는 언어의 외부에서 그것의 작동을 방해하는 한계가 아니라 언어의 내부에 존재하는 한계, 내부적 결핍이라고 할 수 있다 (Ibid., p.75 참조).

46) '같으며 동시에 다른 두 기표들'이라는 표현이 '모순율'에 위배되기 때문 이다. '어떤 두 기표들은 같다'는 명제를 P, '그 두 기표들은 다르다(같지 않

한(non-sens)' 대상이다. 그런데 이러한 비의미, 넌센스로 인하여 불완전한 상징계가 완전한 전체로 탈바꿈한다.

상징계, 상상계 그리고 실재의 관계에 대한 지금까지의 논의를 이렇게 정리할 수 있다. 불완전한 전체인 상징계는 자신의 내부적 결핍— 순수 차이 —을 체현하며 동시에 은폐하는 실재 때문에 조화로운 전체(상상계)로 구성된다.

하지만 라캉에게 실재는 순수 차이를 은폐함으로써 상징계로 하여금 조화로운 전체가 되도록 하는 역할만을 하는 것은 아니다. 그것은 동시에 상징계를 파괴하는 역할을 한다. "실재는 …… 상징화되기(symbolisation)를 절대적으로 거부하는 것이다."47) 얼핏 생각하면, 실재의 이러한 속성과 위의 설명— 실재는 순수 차이를 체현, 은폐함으로써 상징계를 조화로운 전체로 구성한다— 이 서로 상충되는 것처럼 보일 수 있다. 하지만 현상으로서의 현실을 위태롭게 만드는 낯선 현실로서의 실재, 즉 현실로 구성될 수 없는 여분으로서의 실재 개념을 염두에 둔다면 실재는 상징화되기를 거부한다는 라캉의 표현을 잘 이해할 수 있을 것이다. 두 개의 서로 다른 기표가 직접적으로(unmittelbar) 일치됨으로써 생긴 모순적 기표인 대상 a는 실재적 대상(objet réel)이다. 실재란 인간의 사유가 상징계를 매개

다)'는 명제를 Q라고 한다면, P가 참일 때 Q는 거짓이고 P가 거짓일 때 Q는 참이므로 이 두 명제는 동시에 참일 수 없다(즉, P∩Q는 항상 거짓이다). 그런데 상징적 질서가 어떤 준거점을 찾고자 한다면 어떤 두 개의 서로 다른 기표를 일치시켜야 한다. 이는 기표들의 망의 어느 지점에서 P∩Q가 참이 되어야 한다는 것인데, 전통 논리학에 의하면 그것은 불가능하다. 하지만 상징계가 상상계로 고정되기 위해서는 불가능한 것이 **사실상** '가능'해야 한다.
47) Sém. I, p.80. "실재는 동화될 수 없는 것(d'inassimilable)의 형태로 — 즉, 외상(trauma)의 형태로 (외상은 자신이 발생시키는 제 결과를 규정하며 그것에 우연적인 외양을 가진 근원을 부과한다) — 자신을 드러낸다는 사실은 주목할 만하지 않은가?"(Sém. XI, p.55).

로 현실을 구성한 후에도 항상 자투리로 남아, 구성된 그 현실을 위태롭게 만드는 낯선 현실이고, 대상 a는 이 실재를 직접적으로 체현하는(incarner) 요소다. 대상 a — 실재적 대상 — 는 그러므로 은폐되어야 할 상징계의 전제 조건이다. 그것이 은폐되어 있는 동안만큼은 상징적 질서는 훌륭히 작동한다. 그러나 대상 a가 실재를 체현하고 있는 모순적 대상임이 드러나면 지금까지 완전한 것으로 믿어왔던 그 상징적 질서는 와해되고 만다. 요컨대 실재가 상징화되기를 절대적으로 거부하며 상징계에 동화될 수 없다는 것은 그것이 상징계의 은폐되어야 할 전제 조건이라는 것을 뜻한다. 그러므로 실재 "앞에서는 모든 언어들이 정지하며 모든 범주들이 의미를 상실"[48]한다. 왜? 실재란 조화로운 상징적 질서 속에 존재하는 '정상적인' 범주들을 비웃는 논리적 불가능성이기 때문이다. 실재는 순수 차이의 체현에 불과하므로 "더 이상 대상이 아니며" (이와 동시에) "본질적인 대상"[49] — 물 자체 — 이다.

3. 성 구분 공식과 주체의 분열

자크-알랭 밀레는 실재를 두 가지 의미로 해석한다. 한편으로 실재는 상징계의 침입 이전에 이미 선재하고 있다고 가정되는 어떤 "신비적 실체"이고, 다른 한편으로는 상징계의 작용으로 생겨난 "결과"(효과)다. 후자의 의미의 실재는 상징계(담론)의 그물망에 포착될 수 없는 "나머지"를 뜻한다. 그것은 상징계에 의해 **만들어진 후 버려지는** "쓰레기"[50]다. 존재하는 것, 즉

---

48) Sém. II, p.196.
49) Ibid.

실재는 상징계를 통해서만 접근 가능하지만 상징계는 자신의 그물망에 잡히지 않는 나머지를 산출한다. 따라서 실재를 총체적으로 파악하려고 하는 순간 반드시 우리는 모순에 빠질 수밖에 없다. '구성된 현실로서의 실재(즉 현실)와 나머지로서의 실재' 또는 '도달할 수 없는 신비적 실체로서의 실재와 쓰레기로서의 실재'는 서로 조화될 수 없기 때문이다. 형식논리학으로는 (논리적으로 정합적인 담론으로는) 존재를 — 내용적으로 — 전체적으로 파악할 수 없다는 의미에서 라캉은 존재론을 존재-논리학, 즉 "존재와 사유의 빗나간 만남"으로 재해석할 것을 요구하는 것이다.[51]

『세미나 제20권 : 앙코르』에서 라캉은 '유명한' 성 구분 공식 (formules de sexuation)을 제시한다.[52]

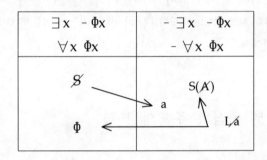

이 도식을 설명하면서 라캉은 "남성 리비도만이 존재한다"는 프로이트의 말을 인용하며,[53] "여자는 존재하지 않는다"는 '악

---

50) Sem. XVII, p.37.
51) 라캉은 자신의 존재론을 철학자들의 "일반 존재론"에 포함시켜서는 안 된다고 말하며, "존재의 철학"에서 "존재의 향유"을 읽어낼 것을 요구한다. 라캉에 의하면 "존재의 근거"는 "육체의 향유", 즉 "차이"를 내포한 쾌락 — 완전한 충족에 도달할 수 없는 쾌락 — 인 것이다(Sem. XX, p.66 참조).
52) Sém. XX, p.73.

명 높은' 주장을 제시했다. 앞에서 언급한 바 있는 이리가라이는 바로 라캉의 이러한 주장을 비판하면서 "여자는 존재한다"고 말했던 것이다.

라캉의 성 구분 공식을 이해하기 위해서 반드시 짚고 넘어가야 할 것이 있다. 우선, 라캉에게 남자·여자는 일차적으로 생물학적 개념이 아니라 **논리적** 개념이다. 남자는 완벽한 향유가 가능하다는 착각(환상)을 가지고 있는 사람이다. 달리 말하면 프로이트가『토템과 터부』에서 언급한 바 있듯이, 모든 쾌락을 독점하는 원초적 아버지와 같은 예외적 존재[54]가 되려고 하는 사람, 즉 상징적 거세를 받아들이려 하지 않는 사람, (상징계의 법칙에 지배되지 않는) 상징계의 창시자라고 믿는 사람이 라캉적 의미의 남자다. 여자는 완벽한 향유가 가능하다는 착각을 갖고 있지 않는 사람, 즉 "다른 향유"를 즐기는 사람이다. 그렇다면 생물학적 의미의 여자도 라캉적 의미에서는 남자가 될 수 있고 이와 반대로 생물학적 남자도 여자가 될 수 있다. 하지만 모든 사람이 완벽한 향유가 가능하다는 환상을 갖고 있다는 점에서 모든 사람은 남자다. '완전한' 여자는 존재하지 않는다.

라캉은 형식논리학의 네 가지 기본 명제 형식부터 성 구분 공식을 유도했다. 아리스토텔레스의 형식논리학의 네 가지 기본 명제는 아래와 같다.

A : 보편 긍정 명제($\forall x \ Fx$)   E : 보편 부정 명제($\forall x \ -Fx$)
　　(필연)   (불가능)

I : 특수 긍정 명제($\exists x \ Fx$)   O : 특수 부정 명제($\exists x \ -Fx$)
　　(가능)   (우연)

---

53) Sém. XX, p.75 참조.
54) Sém. XX, p.74, 그리고 "L'Etourdit"(Lacan 1973), p.15 참조.

그리고 라캉은『정신분석가의 지식』에서 괴델의 정리를 참조해 이 네 가지 기본 명제를 다음과 같이 변형시킨다.[55]

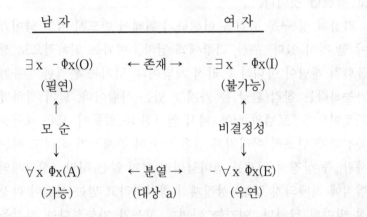

남 자		여 자
$\exists x \ - \Phi x(O)$	← 존재 →	$- \exists x \ - \Phi x(I)$
(필연)		(불가능)
↑		↑
모 순		비결정성
↓		↓
$\forall x \ \Phi x(A)$	← 분열 →	$- \forall x \ \Phi x(E)$
(가능)	(대상 a)	(우연)

여기에서 볼 수 있듯이 보편 긍정 명제(A)와 특수 부정 명제(O)는 변형되지 않은 반면 보편 부정 명제(E : $\forall x \ - Fx$)는 "$- \forall x \ Fx$"로, 특수 긍정 명제(I : $\exists x \ Fx$)는 "$- \exists x \ - \Phi x$"로 변형되었다. 라캉은 전통 논리학이 허용하지 않는 "$- \forall x \ Fx$"라는 공식을 사용하고 있는데, 이로써 라캉은 형식논리학의 근간인 일자(동일성) 또는 총체성(집합적 일자)으로부터 출발하지 않는다는 것을 명확히 하고 있다. 헤겔의 용어로 표현하면 '$- \forall$'는 "구분(차이) 자체(Unterschied überhaupt)"다. "구분 자체가 이미 **즉자적** 모순(Widerspruch an sich)이다. 왜냐 하면 그것은 **일자가 아닌** 한에서만 존재하는 것들의 **통일성**(Einheit) ― **자기 자신과의 관계에서** 분열된 것으로서만 존재하는 것들의 분열(Trennung) ― 이기 때문이다. 긍정적인 것과 부정적인 것은 정립된 모순이다."[56]

55) J. Lacan 1971/72, 1972년 1월 6일 세미나.
56) Hegel 1986, p.65(강조는 원문).

라캉에 따르면 "단 하나의 수학화(mathématisation)만이 실재에 도달할 수 있다."[57] "실재는 형식화의 협로(애로, 어려움 : impasse)을 통해서만 자신을 등록할 수 있다(Le réel ne saurait s'inscrire que d'une impasse de la formalisation)."[58] 실재는 논리적 모순을 뜻하므로 **직접적으로는** 언표되어서는 안 되지만,[59] 괴델의 두 번째 정리[60]는 이에 대해 (간접적으로) 말할 수 있게 해준다. 라캉에 따르면 상징계 전체의 근거를 무화시키는 이러한 역설은 적어도 어떤 하나의 실재적 대상 속에 체현되어 나타난다. 괴델의 정리의 경우 그것은 '자기 자신의 증명 불가능성을 주장하는 명제'("P = P는 증명될 수 없다") 또는

---

57) Sém. XX, p.118.

58) Sém. XX, p.85.

59) "불가능성은 …… 자신을 쓰지 않기를 그치지 않는다"(Sém. XX, p.55, 132).

60) 괴델의 정리를 요약하면 다음과 같다. 첫 번째 정리 : (러셀의 『수학의 원리』에서 기술된 것과 같은) 어떤 형식적 체계 Φ가 형식적으로(논리적으로) 모순 없이 구성되었다면, Φ 안에서는 증명될 수 없는 참인 어떤 명제 P가 반드시 체계 Φ 안에 존재한다. 여기에서 'Φ 안에서 증명 불가능한 참인 명제'는 '자기 자신의 증명 불가능성을 주장하는 명제'다('P = P는 증명 불가능하다'). 두 번째 정리 : 어떤 형식적 체계 Φ가 모순 없는 체계라면, Φ의 무모순성은 Φ 안에서는 증명될 수 없다.

괴델의 첫 번째 정리는 "Φ가 형식적으로 무모순적이라면, P는 Φ 내부에서 증명 불가능하다"이므로, 이를 달리 표현하면 다음과 같이 될 것이다. "⇒ Wid ⊃ P"(여기에서 '⇒'은 '증명 가능하다' ; 'Wid'는 '체계 Φ의 무모순성' ; '⊃'는 '라면 …… 이다'를 의미한다. 그리고 P의 내용은 'P는 증명 불가능하다'임을 염두에 두자). 이제, 체계 Φ 안에서 획득 가능한 방법을 통해 '체계 Φ의 형식적 무모순성'을 입증하는 데에 성공했다고 가정하자. 그렇다면 이는 '⇒ Wid', 즉 '공식 Wid'가 증명되었다는 것을 의미하는데, 여기에서 모두스-포넨스 규칙을 적용하면 우리는 '⇒ P'를 얻게 된다. 하지만 이 결과는 괴델의 첫 번째 정리와 모순된다. 따라서 체계 Φ가 무모순적이라는 전제 하에서는 'Φ의 무모순성(Wid)'을 Φ 내부에서는 증명할 수 없다(W. Stegmüller 1970, p.26 참조. 그리고 괴델 정리에 대한 비교적 평이한 설명으로는 E. Nagel / J. R. Newman 1964를 참조).

'(공리) 체계의 무모순성은 입증될 수 없다는 명제' 속에 체현되어 있으며, 바로 이 명제들을 제외하면 그 밖의 다른 명제는 자신을 진리라고 증명할 수 있다.

앞에서 언급했듯이 라캉은 전통 논리학과는 달리 전칭 양화 기호의 부정($-\forall$)을 사용했으며 이를 "비전체"라고 불렀다. 이로써 라캉은 능동적인 것 / 수동적인 것, 형상 / 질료, 영혼 / 육체라는 두 원리로 존재자의 질서를 위계화했던, 즉 '존재와 논리의 일치'를 추구했던 아리스토텔레스의 형이상학을 비판하고 있다. 아리스토텔레스는 부동자, 항성, 천상의 세계에 존재하는 실체를 **필연적인** 영원한 실체로, 결코 현실태를 가질 수 없는 순수한 가능태, 무정형의 질료를 **불가능한** 실체로 보았다. 그리고 그는 지구상에 거주하는, 부분적으로는 필연적이고 부분적으로는 필연적이지 않은, 즉 불완전하며 사멸과 출생에 종속되는 존재자를 **가능한** 또는 **우연한** 실체로 간주했다.[61]

반면 라캉은 필연성과 결부되었던 보편 긍정 명제에 **가능성**을, 특수 부정 명제에 **필연성**을 귀속시킨다. 이로써 라캉이 말하고자 하는 것은 보편 긍정 명제, 즉 **절대지**는 **가능**하지만, 이를 위해서는 이 보편 긍정 명제를 가능케 하는 초월자가 반드시(**필연**적으로) 존재해야 한다는 것이다. 하지만 이러한 초월자는 존재하지 않는다(**불가능**하다: $-\exists x \ -\Phi x$). 형식논리학적으로 본다면 "$-\exists x \ -\Phi x$"과 "$\forall x \ \Phi x$"는 같은 것이지만, 라캉의 이론 안에서 "$\forall x \ \Phi x$"은 절대적 지식을, "$-\exists x \ -\Phi x$"는 이러한 지식의 증명은 불가능하다는 사실을 가리킨다. 또 형식논리학적으로 보면 '$-\exists x \ -\Phi x$'과 '$-\forall x \ \Phi x$'는 서로 모순 관계에 있다. 하지만 이는 형식논리학의 체계를 따라 체계의 폐쇄성(일자)을 가정할 경우에만 모순이다. 괴델의 정리에 따라

---

61) Sem. XX, p.76 참조.

우리가 체계의 폐쇄성(즉, 내부와 외부의 철저한 분리)을 거부한다면 그것은 다음과 같은 사실을 의미할 것이다. "한 체계 안의 모든 것이 옳은 것으로 입증될 수 없다($-\forall x\ \Phi x$). 왜냐 하면 이것을 보증하는 초월자는 존재하지 않기($-\exists x\ -\Phi x$) 때문이다." 요컨대 함수 Φ는 자신 속에 모든 것을 포함함($-\exists x\ -\Phi x$)과 **동시에** 모든 것을 다 포함하지는 않는($-\forall x\ \Phi x$) 이율배반적인 함수다. 이 두 공식은 팔루스적 질서는 열린 질서, 즉 자신의 확고한 근거를 자신 속에 갖고 있지 못한 결핍된 질서라는 사실을 말하고 있다. 남자($\mathcal{S}$)를 "지탱해주는" 기표인 팔루스(ϕ)는 "기의를 갖지 않는 기표"며, "의미에 관해서는 그 의미의 실패를 상징"[62]하는 기표다.

라캉은 비전체(pas-toute : $-\forall x\ \Phi x$)와 비일자(pas-une : $-\exists x\ -\Phi x$)를 여자의 속성으로 파악한다. 남자와 달리 여자는 법을 초월하는 절대적 권력자가 되고자 하는 환상을 가지고 있지 않다. 반면 남자는 전지전능자가 되고자 하는 환상을 가진, 즉 예외적 인물이 되고자 하는 환상을 갖고 있다. 라캉은 남자의 이러한 향유를 "팔루스적 향유", 여자의 향유를 "다른 향유(jouissance Autre)"라고 부른다. 여자는 "다른 향유"를 갖고 있으므로 팔루스적 질서를 넘어설 수 있다.

> "여자는 이 타자의 기표와 관계를 맺고 있습니다. 타자로서 그것이 항상 타자로 머물러 있는 한에서 말입니다. 나는 여러분들이 여기에서 타자의 타자는 존재하지 않는다는 나의 명제를 상기하면 될 것이라고 생각합니다. 타자, 즉 기표로부터 말해질 수 있는 모든 것이 기록되는 장소인 타자는 그 근거에서 철저히 타자입니다. 이 기표가 열린 괄호로써 (횡선이 그어져) 삭제된 타자 ─ S($\cancel{A}$) ─ 를 가

---

62) Sém. XX, p.74.

리키는 것은 바로 그 때문입니다."63)

팔루스적 질서(Φ)를 초월할 수 없으므로 **여자도 팔루스적 향유에 참여한다**. 하지만 남자와 달리 여자는 팔루스적 질서를 초월하는 예외적 존재, 독재자인 원초적 아버지가 되고자 하는 환상을 가지고 있지 않으므로, 비록 **팔루스적 질서에 종속되어 있지만 / 종속되어 있기 때문에, 이 팔루스적 질서를 넘어설 수 있다**. 타자, 즉 타자의 결핍의 기표와 관계를 맺을 수 있다.

"여자는 S(Ⱥ)과 관계를 가질 수 있습니다. 여자가 둘로 분열하며, 전체가 아닌 것(pas toute)은 바로 그 점에서입니다. 왜냐 하면 다른 한편으로 여자는 Φ와 관계를 가질 수 있기 때문입니다."64)

4. 맺음말

라캉의 남·녀 구분은 생물학적 구분이 아니라 논리적 구분, 즉 팔루스적 함수(Φ)에 대한 각 주체의 입장과 위치에 따른 구분이다. 남·녀 구분은 논리적 구분이므로 우리는 라캉의 성 구분 공식을 이성(異性) 주체들의 관계 — 상호 주관적 관계65) — 로서 뿐만 아니라, 이와 동시에 **주체의 자신과의 관계**로 해석할 수 있다. 그렇다면 이 공식에서 남자는 '세계와 자신을 남

---

63) Sém. XX, p.75.
64) Ibid.
65) 하지만 라캉에 따르면 성 관계는 존재하지 않으며(Sém. XX, p.67 참조), 따라서 상호 주관성도 존재하지 않는다. 관계가 존재하려면 두 개의 관계 항이 있어야 하는데, 여자는 존재하지 않으므로 남녀의 성 관계도 없다.

김 없이 파악한다고 가정되는 근대 철학의 자기 의식', 상상적 주체(자아)를 가리킨다고 할 수 있다. 그리고 성적 주체들의 '성 관계의 불가능성'은 '자기 의식의 분열의 치유 불가능성'에 상응한다.66)

인간의 욕망은 타자의 욕망이다. 성적 주체는 "타자의 향유 (jouissance de l'Autre)", 즉 타자의 육체의 향유를 추구한다. 하지만 "말하는 존재(parlêtre)"인 인간은 상징계에 의해 "거세"를 당했으므로, 결핍 없는 실재 — 순수한 육체, 쾌락 — 의 낙원으로 되돌아갈 수 없다. 여자의 "다른 향유"란 바로 이러한 상징적 거세가 낳은 결핍을 받아들이는 승화된 향유로서 타자 에게서 병리적 향유를 구하거나, 타자를 억압함으로써 쾌락을 얻으려고 하지 않는다.

라캉에 따르면 성적 타자, 타자의 육체를 논하는 데에 생물학적 "성 구분은 중요하지 않다." 보다 중요한 것은 "인간 사랑 (hommosexuel)", "필리아($\Phi\iota\lambda\iota\alpha$)", 즉 사람들간의 "사랑의 유대"이기 때문이다. "…… 윤리학의 탈성(脫性. horsexe)"이야 말로 "영혼이 사색했던 인간이다."67) 지고의 선에 관한 윤리적 성찰은 타자의 쾌락의 존중으로부터 출발해야 한다는 것이다.

"말하는 존재"인 인간은 완벽한 쾌락에 도달할 수 없지만, 그럼에도 불구하고 남자는 여자(대상 a로서의 여자)를 지배함으로써 상징적 거세가 가져온 결핍, 분열68)을 꿰맬 수 있다고 믿

---

66) 필자는 주체의 분열의 문제를 후설의 현상학과 관련해 상세히 다룬 바 있다. 이에 대해서는 홍준기, 1999a, 3장, 「라캉과 후설 : 무의식의 현상학, 현상학의 무의식」을 참조하기 바란다.

67) Sém. XX, p.78.

68) 이 분열은 다음의 네 가지 형태로 나타난다. ① '남자'와 '여자'의 분리 ② '욕망의 대상(대상 a)'과 '요구(demande)'의 분리 ③ '육체'와 '향유(jouissance)'의 분리 ④ '지식'과 '진리'의 분리(Anonym 1970, p.224 참조).

는다.[69] 하지만 브뉘엘의 영화 「욕망의 모호한 대상」에서 잘 볼 수 있듯이, 여자(대상 a)는 남자의 이러한 '요구'를 충족시켜 줄 수 없다. 이 영화에서 두 명의 배우가 동일한 여주인공의 역을 하고 있다는 점은 중요하다. 게다가 각 여주인공은 시시각각으로 '천사' 혹은 '악녀'로 탈바꿈한다. 브뉘엘이 여자를 폄하하려는 것일까? 그렇지 않다. 대상 a로서의 여자는 **남자의 시각**에서 본 여자이기 때문이다.

정신분석학의 창시자도 여자의 욕망의 의미를 파악할 수 없었다. 그리하여 그는 "여자는 무엇을 원하는가?(Was will das Weib?)"라는 '유명한' 질문을 남겼다. 이에 대해 라캉은 이렇게 답한다. 여자의 향유는 남자의 향유와 다르다. 왜냐 하면 여자는 존재하지 않기 때문이다.

□ 참고 문헌

버틀러, 주디스 1998, 「성차의 문제점과 페미니스트 이론, 그리고 정신분석적 담론」, 『세계 사상 제4호 : 차이의 정치학 : 페미니즘의 다양한 목소리』, 동문선, 1998, pp.58-77("Gender Trouble, Feminist Theory and psychoanalytic Discourse" in *Feminism / Postmodernism*, Linda J. Nicholson ed., pp.324-340).
위든, 크리스 1996, 『포스트구조주의와 페미니즘 비평』(이화영

---

69) 달리 표현하면 남자는 대상 a를 통해서 타자에 도달하려 한다는 것이다 (Sém. XX, p.75 참조). 따라서 남자는 "진리가 더듬거리며 말을 하는 장소인 타자"에 도달할 수 없다. 라캉은 (남성) 주체의 이러한 속성을 "$\mathcal{S} <> a$"로 정리하고 이를 "환상의 공식"이라고 부른다. 이에 대한 논의로는 홍준기 1999a, 3장 6절을 참조.

미문학회 역), 한신문화사.

푸코, 미셸 1997, 『성의 역사 : 제1권, 앎의 의지』(이규현 역), 나
남출판.

푸코, 미셸 1998, 『감시와 처벌 : 감옥의 역사』(오생근 역), 나남
출판.

홍준기 1999, 『라캉과 현대 철학』, 문학과 지성사.

홍준기 2000, 「역자 해제 : "가족 소설"로서의 정신분석학」, 필
립 줄리앙, 『노아의 외투 : 아버지에 관한 라캉의 세 견해』
(홍준기 역), 한길사.

Adorno, Theodor W. 1955, "Zum Verhältnis von Soziologie
und Psychologie", in *Soziologische Schriften I, Gesammelte
Schriften Bd. 8*, Frankfurt am Main : Suhrkamp, pp.42-85.

André, Serge 1995, *Que veut une femme?*, Paris : Seuil.

Anonym 1968, "La phase phallique et la portée subjective du
complexe de castration", in *Scilicet 1*, Paris : Seuil, pp.61-
84.

Anonym 1970, "Pour une logique du fantasme", in *Scilicet
2/3*, Paris : Seuil, pp.223-273.

Aristote 1961, *De la génération des animaux*, Les belles
lettres.

Freud, Sigmund 1923, "Das Ich und das Es", in *Psychologie
des Unbewußten, Studienausgabe, Bd. III*, Frankfurt am
Main : Fischer, pp.273-330.

Grangeon, Michel 1992, "Ecriture logique : des fondements
Aristotéliciens des quanteurs de la sexuation", in *Revue
de Littoral : Ecritures lacaniennes, no. 36*, Paris : E.P.E.L.

Hegel, G. W. F. 1986, *Wissenschaft der Logik II. Werk 6*, Frankfurt am Main : Suhrkamp.

Hong, Joon-kee 2000, *Der Subjektbegriff bei Lacan und Althusser : Ein philosophischer-systematischer Versuch zur Rekonstruktion ihrer Theorien*, Frankfurt am Main, New York, Paris, Wien : Peter Lang.

Kant, Immuel 1968, *Kritik der reinen Vernunft, Bd. 2*, Frankfurt am Main : Suhrkamp.

Lacan, Jacques 1975, *Le Séminaire I : Les écrits techniques de Freud*, Paris : Seuil.

_____ 1978, *Le Séminaire II : Le moi dans la théorie de Freud et dans la technique da la psychanalyse*, Paris : Seuil.

_____ 1973, *Le Séminaire XI : Les quatre concepts fondamentaux de la psychanalyse*, Paris : Seuil.

_____ 1991, *Le Séminaire XVII L'envers de la psychanalyse*, Paris : Seuil.

_____ 1975, *Le Séminaire XX: Encore*, Paris : Seuil.

_____ 1973 / 74, *Le Séminaire XXI : Les non-dupes-errent*(미출간).

_____ 1968, "De la psychanalyse dans ses rapports avec la réalité", in *Scilicet 1*, Paris : Seuil, pp.51-59.

_____ 1973, "L'Etourdit", in *Scilicet 4*, Paris : Seuil, pp.5-52.

Mitchell, Juliet 1982, "Introduction - I", in J. Lacan, Jacques *Lacan and the école freudiene* (ed. by J. Mitchell and J. Rose), London, Basingstoke : Macmillan Press. pp.1-26.

Nagel, Ernest / James R. Newman 1964, *Der Gödelsche Beweis*, Wien / München : R. Oldenbourg.

Safouan, Moustapha 1974, *Études sur l'Œdipe*, Paris : Seuil.

_____ 1976, *La sexualité féminine dans la doctrine freudienne*, Paris : Seuil.

Schaffner, Lillian & Zimmermann, Geneviève 1994, "Anatomie als Schicksal?", in *RISS. Zeitschrift für die Psychoanalyse : Phallus*, 9. Jahrgang Nr. 28, November, pp.11-21.

Schindler, Regula 1994, "Jenseits des Phallus?", in *RISS. Zeitschrift für die Psychoanalyse : Phallus*, 9. Jahrgang Nr. 28 November, pp.55-74.

Stegmüller, Wolfgang 1970, *Unvollständigkeit und Unentscheidbarkeit : Die metamathematischen Resultate von Gödel, Church, Kleene, Rosser und ihre erkenntnistheoretische Bedeutung*, Wien / New York : Springer-Verlag.

Weber, Samuel 1990, *Rückkehr zu Freud : Jacques Lacans Ent-stellung der Psychoanalyse*, Wien : Passagen-Verlag.

Weedon, Chris 1999, *Feminism, Theory and the Politics of Difference*, Oxford / Massachusettes : Blackwell.

Wolff, Michael 1981, *Der Begriff des Widerspruchs : Eine Studie zur Dialektik Kants und Hegels*, Königstein / Ts. : Hain.

Zizek, Slavoy 1992, *Der erhabenste aller Hysteriker : Psychoanalyse und die Philosophie des deutschen Idealismus*, Wien / Berlin : Kant & Turina.

_____ 1995, *Hegel mit Lacan*, Zürich : RISS-Verlag.

제 2 부
현상학과 철학의 문제

진리를 둘러싼 논쟁 — 현상학의 전사(前史)

클라우스 헬트 교수(Wuppertal대학교)

[번역 : 반성택 교수(서경대 철학과 교수)]

우리가 사고와 행위에서 관계하는 모든 것은, 여기에 대한 의견들간의 싸움이 일어날 정도로 분기하는 방식으로 우리에게 현상할 수 있다. 싸움은 각각의 관련된 사람이 자기에게 사태가 현상한 방식만이 사태 자체가 무엇이고 어떻게 존재하는가에 상응한다고 주장하는 경우에 촉발된다. 이것이 나의 강연 제목으로 언급된 "진리를 위한 싸움"이다. 철학이 최초로 자기 고유의 작업에 대하여 성찰한 이래로, 즉 기원전 5세기 말경의 헤라클레이토스와 파르메니데스 이래로 철학은 하나의 사태의 존재가 다양한 현상 방식으로 주어짐에 의하여 나타나는 의견 싸움을 극복함을 자신의 과제로 간주하여 왔다. 이러한 의미로 철학은 그 시작 이래로 진리 추구였다.

우리 시대의 현상학은 이 이름이 말해주듯이 현상, 즉 그리스로 표현하면 *phainesthai*이거나 *phainómenon* 연구를 위한 철학적 방법이다. 후설에 의해 정초되었던 현상학의 출발점을 현상의 상대성이 이룬다. 그러므로 현상학은 의견 싸움을 극복하려는 새로운 종류의 재시도다. 현상학이 이때 어떠한 길을 밟을지를 나는 나의 숙고에서 고대 철학의 초창기에서 시작하면서 분명히 하고자 한다. 어떠한 길로 그리스인들은 철학을 통해서 철학 이전의 의견 싸움에서 벗어나고자 하였는가?

의견 싸움을 궁극적으로 극복하려는 노력으로 철학은 철학 이전 그리고 철학 이외의 인간들의 사고 방식과 구별된다. 후설은 이러한 사고 방식을 인간에게 전적으로 자명한 근본 태도로 소급시켰으며, 이 근본 태도를 그는 "자연적 태도"라고 부른다. 헤라클레이토스는 철학적 사고의 태도가 무엇 때문에 자연적 태도와 구별되는가라는 질문을 제기했던 최초의 인물이었던 것으로 보인다. 그는 "다수", 즉 삶을 자연적 태도에서 영위하고 있는 인간 대중을 논박하고 이들을 이들의 태도란 꿈꾸는 사람들의 태도와 유사하다고 비난하기 때문이다. 꿈꾸는 자는 이 상태에서는 자기 꿈의 사적 세계만을 알고 있어서 다른 인간들 및 이들의 세계와 연결되어 있지 못하다; 그는 모든 사적인 세계들이 공속하는 모든 인간들의 그 하나의 공유하는 세계에서 분리되어 있다.

다수에 대한 헤라클레이토스의 이러한 논박은 왜 도처에서 그리고 항상 또다시 인간 사이에 의견 싸움이 일어나는지에 대한 설명을 함축적으로 포함하고 있다. 사태의 존재에 대한 우리 판단들의 분기는 상이한 현상 방식들에서 나오며, 이 현상 방식들은 이들대로 특정한 세계들에 묶여 있다. 이러한 세계들에 대해서는 그러나 헤라클레이토스만이 말한 것이 아니라 우리가 "회사원의 세계", "운동가의 세계", "컴퓨터 전문가의 세계” 그리고 다른 많은 그러한 세계들에 대하여 말할 때 우리도 여전히 그렇게 하고 있는 것이다. 우리는 이로써 우리 사고와 행위의 제한된 시야 범위들, 즉 우리가 습관적으로 우리의 태도에서 방향지어져 있는 지평들을 뜻한다.

철학은 헤라클레이토스에 따르면 우리의 제한된 지평이라는 사적인 꿈의 세계에 갇히는 것에서 깨어남이다. 개별적 지평들 중 어느 것도 전적으로 닫혀 있지는 않기 때문에 이 하나의, 모든 인간에게 공유된 세계를 위한 열려 있음으로의 깨어남은 가능하다. 저 지평들 모두는 각각 자신을 넘어서 다른 지평들을 지시하며, 그래서 그들 모두는 하나의 전포괄적인 지시 연관, 즉 이 하나의 세계에 함께 속한다. 철학은 그렇게 이해된 이 하나의 세계를 위한 인간의 열림이며 이것이 헤라클레이토스가 길을 제시하는 인식이었다.

헤라클레이토스에서 정식화된 철학에 대한 본래적 자기 이해에 대하여, 창시된 이래로 철학의 영원한 반대자인 소피스트주의를 정초한 프로타고라스의 반대가 대략 반 세기 뒤에 제기되었다. 프로타고라스는 이 하나의 세계에 대하여 말하고자 하며 말할 수 있다는 철학의 요구를 과도한 것이라고 여긴다. 그는 인간들에게는 그들의 많은 사적 세계들만이 있을 뿐이지 이를 넘어서 공유되는 *하나의* 세계는 없다고 주장한다. 이러한 파악에 대한 중요한 표현은 그의 유명하고도 악명이 높은 인간 척도론이다 : “인간은 만물의 척도, 즉 존재하는 존재자와 존재하지 않는 비존재자의 척도다.”

이 문장이 말하는 “인간”이란 추상적인 “인간 일반”이 아니라 자신 나름의 개별적 세계를 지닌 많은 인간들과 인간 집단들, 즉 헤라클레이토스가 말한 "다수"다. 사물들이 있다는 것과 어떻게 있음은 전적으로 그것들이 사적 세계에 있는 인간들에게 현상하는 방식에 달려 있다. 프로타고라스가 뜻한 것에 대한 설명으로는 이미 플라톤이 인간척도론의 의미를 설명할 때 이용한 한 예가 도움이 될 것이다 : 두 사람이 같은 바람을 맞으면서도 이들이 상이한 사적 세계에 살고 있기 때문에 상반된 감각을 가질 수 있다. 한 사람에게는 차가워서 바람은 그에게 차갑게 현상하며, 다른 사람에게는 따뜻하여 그에게는 이에 따라서 바람이 현상한다. 바람이 무엇인가 하는 것은 약한 사람과 강한 사람의 감각에 상대적이다. 그래서 한 사람은 바람이 차다는 것을 참이라 여기며, 다른 사람은 반면에 바람이 따뜻하다는 것을 참이라 여긴다.

우리가 의견 싸움에서 진리가 문제라고 말할 때, 우리는 "진리"란 개념을 하나의 사태가 그것이 *존재*하는 현상 방식으로 주어진다는 의미로 이해한다. 우리가 의견 싸움에서 반대자들에게 비난을 가하는 진리의 반대는 사태가 존재하는 것과는 다르게 그들에게 주어진다는 것, 즉 사태의 존재가 그들에게 다소간 은폐되어 있다는 것에 놓여 있다. 따라서 이러한 연관에서의 "진리"는 사태 존재의 은폐되어 있지 않음, 즉 사태 자체가 상응하는 현상 방식에서 나타남을 뜻한다. 이러한 의미로 고대 철학은 진리를 "비은폐성" — *aletheia*로 이해하였다 ; 이것이 우리가 진리로 번역하는 그리스어 단어다. *"Aletheia"*라는 제목을 달고 있는 책의 서두에 아주 확실하게 인간척도론이 놓였다는 것은 우연이 아니다. 프로타고라스는 진리를 사물의 지평에 묶인 현상 방식들과 동일시하고 있다 ; 이 현상 방식들은 사적 세계 저편에 존재를 갖지 않는다. 이것이 소피스트주의의 상대주의로의 길이다.

aletheia 개념은 이미 헤라클레이토스의 위대한 동시대인인 파르메니데스에게서 나타난다. 그는 자신의 교훈시에서 철학으로의 입문을 진리의 길로의 결단이라고 기술하고 있다. 이 길은 프로타고라스가 뒤에 복권시키고자 하였던 다수의 길과는 다르다. 인간을 철학의 길로 갈 수 있게끔 하는 것은 그 하나의 공유된 세계로 자신을 개방하는 그 자신의 능력, 즉 "정신", 그리스어로 표현하면 *nous*이다. 이 명사형은 대부분 "사유하다(denken)"로 번역되기는 하지만 본래는 "무엇을 봐서 알아차리다(etwas bemerken und vernehmen)"를 뜻하는 동사 *noein*과 함께 속한다. 우리의 *nous*는 우리 각자의 사적 세계라는 제한된 지평에서 우리에게 현전적이지 않아서 개시적이지 않는 것을 보고 알아낼 수 있다. 이러한 의미로 비현전적이며 은폐되어 있는 것도 우리의 정신에게는 역시 현재적인 것, 명시적인 것으로서, 그리스어로 표현하면 *delon*으로서 주어질 수 있으며, 즉 정신에 현상할 수 있다. 그래서 사유하는 인간은 교훈시에서 각각 비현전적인 것도 자신의 정신으로 현전적인 것으로 볼 것을 요구받고 있다.

이후의 모든 철학과 학문은 이러한 요구를 실현하려는 시도다. 여기에 대하여도 이미 언급된 차가움은 예로서 쓰일 수 있다. 철학 이전과 이외의 삶에서는 차가움 같은 현상 방식으로 하나의 "사태", 예를 들어 바람이 우리에게 현상한다고 믿는 것은 우리에게 자명하다. 현상은 자연적 태도에서 어떤 것의 현출, 사태의 드러남을 뜻한다 ; 각 현출은 사태의 존재와의 연관,

즉 현상 방식들을 담지하는 하나의 존재와의 연관을 포함한다. 담지자는 토대에 놓여 있는 것, 즉 그리스어로 *hypokeimenon*, 라틴어로 *subjectum*이다. 학문 이전의 방식으로 살고 있는 인간에게는 바람이란 이 존재가 차가움이라는 현상 방식으로 개시되는 '토대로 놓여 있는 것'이다. 철학자들과 학자들은 참된 존재는 이러한 현상 방식 뒤에 다수에게 은폐되어 있다고 믿어서, 그러한 현상 방식에서 부분적이거나 왜곡된 채로만 나타나는 참된 존재를 인식함을 책무로 한다.

플라톤은 예를 들어 감각 세계에 있는 우리 인간에게 개별적으로 차다고 현상하는 것은 차가움이라는 이념에 참여하고 있으며, 이 이념은 참되게 존재를 소지하고 있는 차가움이라고 말할 것이다. 근대의 인식 이론은 데카르트 이래로 차가움 같은 감각들은 단지 이차적이며 파생된 성질이라고 주장한다 ; "차가운"이라는 감각 성질 뒤에는 "일차적 성질"로서 수학적으로 측량 가능한 정도의 분자 운동이 숨어 있어서, 차가움의 본래적 존재는 이렇게 이해된 낮은 "온도"다.

현상하는 것에 대한 그러한 식의 모든 학문적 설명의 길을 준비한 사람은 다음의 명제를 제시한 파르메니데스였다 : 현상이 자연적 태도에서는 우리의 그때마다 척도를 부과하는 고유 지평에 제한되어 있기에 자연적 태도의 우리에게 은폐되어 있는 존재는, 하지만 우리의 정신, *nous*에는 열려 있다. 저러한 존재, 그리스어로 *einai*에 *noein*, 즉 "사유함"을 위한 드러남으로서 현상은 속한다. 사유와 존재에 대한 이러한 모두를 포괄하는 공속성을 파르메니데스도 명백히 표현하였으며, 더욱이 유명한 시구인 *to gar auto noein estin te kai einai*, 즉 "깨닫는 인식과 존재는 동일하다"에서 그렇다. 프로타고라스는 뒤에 자신의 상대주의로 인간 정신의 보편적 개방에 이론을 제기한다. 하지만 주목할 만한 가치가 있는 것은 그는 철학으로부터의 이러한 일탈에도 불구하고 존재와 깨닫는 인식에 대한 파르메니데스적인 동일성을 고수하고 있다는 점이다; 왜냐 하면 지평적으로 제약된 다양성에 놓여 있는 인간들이 사태의 존재에 대한 척도라면 이는 여전히 인간들에게 사태의 현상이란 그 존재와 동일하다는 것을 뜻할 뿐이기 때문이다.

플라톤과 그의 후계자 아리스토텔레스는 프로타고라스를 비판하여 사고의 본래적 개방인 하나의 공유된 세계라는 총체로의 개방으로 돌아간다. 그들도 역시 이때 사태 자체의 존재와 현상은 분리할 수 없이 함께 있다는 파르메니데스적인 근본적 확신을 고수한다; 만일 *aletheia* 단어의 의미로 참됨을 사태의 존재가 상응하는 현상 방식으로 은폐되어 있음에서 벗어남으로 이해한다면 존재는 그들에게 "참된 존재"를 뜻한다. 이렇게 우리들은 기원전 6세기 중반에서 4세기 중반까지 이어지며 모든 여타의 차이에도 불구하고 저러한 근본적 확신으로 이끌리는 철학의 최초 시대에 대하여 말할 수 있다.

기원전 4세기말 에피쿠로스주의와 스토아주의가 가장 큰 영향력을 행사하던 헬레니즘 시대의 철학 학파들이 등장했을 때 고대에 새로운 역사 시대가 시작되었다. 우리의 관계에서는 엘리스의 피론의 회의주의가 특별한 의미가 있다; 왜냐 하면 이회의주의는 의견 싸움을 철학적으로 극복하는 근원적으로 새로운 종류의 시도였기 때문이다. 헬레니즘 이전의 철학자들은 사적 세계들은 이 하나의 세계에 공속한다는 가정을 통하여 의견 싸움을 제거하였다; 우리는 우리가 이 하나의 공유된 세계에 열려 있음으로 하여 싸움을 끝낼 수 있다. 프로타고라스의 상대주의에서는 싸움은 대립적인 전제로 하여 제거된다. 공유되는 세계는 없고 단지 개별적인 지평들만이 존재하기에 우리들은 각각의 현상 방식을 참이라고 여겨야 한다.

피론의 회의주의는 이와 반면에 전적으로 새로운 길을 밟는다. 의견 싸움에서 모든 참여자는 자신들의 진술들에 대하여 이것들이 참이다라고 요구한다. 이러한 요구 때문에 우리는 진술들을 주장이라고 말한다. 의견 싸움에서 주장들은 한 사람이 긍정한 것이 그의 반대자에 의하여 이론이 제기되어 이에 따라 부정되기 때문에 잇달아 충돌한다. 싸움은 긍정과 부정 사이의 이러한 대립 때문에 생겨난다. 회의주의는 각각의 긍정하는 주장에는 하나의 상응하는 부정을 대립시킬 수 있다는 것과 그리고 이 역에 대한 충분한 근거가 있음을 체계적으로 제시하고자 시도한다. 그래서 모든 생각 가능한 긍정과 부정 사이에는 힘의 균형이 나타나서 이것이 하나의 주장이라도 세우는 것을 불가능하게 만든다. 회의주의자는 이러한 방식으로 모든 가능한 진술 일반의 내용에 대한 중립성이라는 태도에 도달한다.

중립성이라는 태도는 회의주의자에게 오늘날 우리에게 분석철학 때문에 일반화된 구별을 최초로 하는 것을 가능케 한다 : 진술로 제시된 각 주장은 분석철학자들이 말하듯이 의미적 내용의 변경 없이 명제적 요소와 진술이 주장의 성격을 갖는 근거라는 두 요소로 나뉠 수 있다. 한 번 더 플라톤의 예로 돌아가서 바람에 대하여 강한 사람과 약한 사람 사이에 있는 의견 싸움을 생각해보자. 강한 사람에게는 "바람"이라는 사태는 따뜻하게 현상하여, 그는 "바람은 따뜻하다"는 진술을 한다. 명제적 요소는 여기서 술어 "따뜻한"과 주어 "바람" 사이의 연결에 있다. 이 진술의 본래적인 주장 요소는 "그렇다, 따뜻함과 바람의 연결이 존재함은 참이다"라고 말하는 긍정이다. 바람이 차갑게 현상하는 약한 사람은 강한 사람에게 다음과 같은 부정으로 반대한다 : "바람은 따뜻하지 않다." 그의 주장은 "아니다, 이야기되는 연결이 존재한다는 것은 참이지 않다"는 내용이다.

의견 싸움에 대한 이러한 해석에 따르면 그렇다라고 말함과 아니다라고 말함, 즉 긍정과 부정은 각기 문제가 되는 진술의 명제적 내용에 대한 태도다. 회의주의자는 그러한 모든 태도들 사이에 하나의 힘의 균형을 끌어들이기에, 그에게는 모든 종류의 태도 취함을 중단하는 가능성만이 남아 있을 뿐이다. 회의주의자는 각각의 태도 취함을 억제하며, 그는 근원적으로 이를 중지한다. 중지나 억제에 해당하는 그리스어는 *epechein*이다. 피론의 회의주의는 따라서 모든 태도 취함의 근원적 단념을 이 단어에서 유래하는 명사형인 *epoche*라고 칭한다.

그러한 단념은 철학 이전 삶의 자연적 태도에서 익숙해진 정상적인 태도가 아니라 스스로 수행된 결단, 즉 하지만 우리 의지의 작용에 기인한다. 주장과 관련하여 의지를 그렇게 움직이는 것은 이제 하지만 주장 자체, 즉 다양한 형식의 긍정과 부정이 의지 수행이라는 성격을 앞서 갖고 있지 않다면 가능하지 않을지도 모른다. 진술을 의지적 태도를 갖는 주장으로 해석하는 것은 고대 회의주의에 의해서야 가능해졌다. 이 해석은 우리에게 오늘날 언어 분석의 영향 때문에 정말 자명하게 나타나지만 결코 그렇지는 않다.

이러한 점을 우리는 긍정과 부정 개념을 사고 작용에 도입한 아리스토텔레스가 주장의 이러한 두 형식을 하나의 의지적 태도의 방식들로 간주하지 않았음에서 쉽게 알아낼 수 있다. "긍정"과 "부정"은 아리스토텔레스에서 *kalaphasis*와 *apophasis*라는 두 개념에 대한 라틴어 번역이다. *kalaphasis*는 "Zusprechen"을 뜻한다. 즉, 우리는 하나의 사태에 하나의 특정한 술어가 속한다고 주장한다. 우리는 그 사태에서 하지만 그 술어를 "absprechen"할 수도 있다 ; 이것이 *apophasis*이다. 사태에 대한 긍정적 진술은 아리스토텔레스에 따르면 우리가 사태의 현상에서도 함께 놓여 있는 것으로 주어지는 것을 사태의 진술에서 함께 놓이도록 할 경우에 참이며, 참된 *apophasis*의 경우에는 그 반대다. 이는 다음을 뜻한다 : 아리스토텔레스는 진술의 참된 긍정과 부정으로 우리는 단지 드러나는 것만을, 즉 현상하는 사태에 놓여 있는 결합됨과 결합되어 있지 않음만을 따른다고 생각한다.

긍정과 부정에 대한 이러한 해석과 함께 아리스토텔레스는 존재와 현상에 대한 파르메니데스적인 공속성을 고수한다. 이로써 하지만 그에게는 *kalaphasis*와 *apophasis*가 태도, 즉 진술에 대한 동의와 거부라는 성격을 갖고 있음이 처음부터 불가능해진다. 그러한 태도에서는 우리의 의지가 문제가 된다. 사태 자체의 존재에 드러남이 속하는 한 그리고 거꾸로 현상이란 존재의 주어짐 이외의 아무것도 아닌 한, 판단 작용은 우리가 사태와 술어의 결합됨이나 결합되어 있지 않음을 의지적으로 승인하거나 거부할 수 있는 태도 취함을 위한 활동 공간을 제공하지 않는다.

사태 자체와 이것이 우리에게 현상하여 주장되는 방식 사이에 결합되어 있음과 결합되어 있지 않음은 우리에게 사태와 이것의 현상 방식 사이의 관계가 원리적으로 알려지지 않은 경우에만, 더 예리하게 표현하면 우리가 그러한 관계가 도대체 존재하는지를 한 번도 알지 못할 경우에만, 우리의 결단에 의존적일 수 있다. 그러한 알지 못한다는 전제 하에서만 그 관계를 스스로 만들어주는 의지가 필요하다. 이러한 모르고 있음이란 하지만 사태의 현상에서 사태의 존재가 우리에게 근원적인 방식으로 은폐되어 있음, 즉 존재와 드러남에 대한 파르메니데스적인 공속성이 더 이상 타당하지 않음을 뜻한다.

현상의 상대성으로 인한 의견의 분열은 논의 상대자가 서로에 대하여 거짓과 허위라고 비난하기 때문에 진리를 위한 싸움의 강도를 높여간다. 헬레니즘 이전의 사고는 어떠한 현상 방식도 절대적으로 참될 수는 없다는 가정으로 이러한 싸움에서 치열함을 제거한다 ; 왜냐 하면 각 현상 방식은 지평적 세계라는 맥락에서 주어지며, 이 모두는 이 하나의 세계에 함께 속하기 때문이다. 그러므로 각 현상 방식에서 이것이 각 반대자에 의해서 의견 싸움에서 왜곡된, 허위인, 일면적인, 기만하는 현상 방식이라고 이야기되더라도 여전히 현상은 수행된다. 의견 싸움에서 반대자의 오류는 그 반대자에게 각각의 사태가 완전하게 은폐될 정도로 이루어질 수는 없다 ; 왜냐 하면 이렇게 될 경우에는 반대자는 자신이 싸울 수 있는 사태를 도대체 공유하지 않게 될 것이기 때문이다. 반대자의 싸움은 그가 사태의 존재에 함께 관계하며, 또한 나타남이 불투명하거나 혼란되고 그리고 참여자를 기만할지라도 나타남이 이 존재에 속하기 때문에만 가능하다.

기만적인 현상 방식으로 주어지는 사태의 현상도 따라서 현상이다. 이는 하지만 어느 누구도 사태의 존재에서 완전히 단절되어 있지 않음을 뜻하며 또한 스스로 잘못 생각하는 사람도 그렇지 않음을 뜻한다; 전적으로 은폐되어 있을 수 있는 존재는 없다; 잘못된 진술도 여전히 명시화한 것이며, 그리스어로 표현하여 *deloun*이다. 바로 이것이 존재와 현상에 대한 파르메니데스적인 근본적 확신이다. 이러한 근본적 확신은 회의주의자의 에포헤에 의해서 사태의 존재가 전적으로 은폐되어 있다는, 즉 그리스어로 표현하여 *a-delon*, 명시적이지 않음의 성격이 있다는 생각이 확고해졌을 때야 비로소 포기되었다. 이 순간에 하나의 심연이 나타난다; 심연 저 편으로는 은폐된 존재가 놓여 있고, 심연 이 편으로는 *delon*, 즉 명시적인 것, 다시 말해서 구체적으로 현상 방식으로 수행되는 현상이 놓여 있다.

현상의 명시성, 개시성을 존재의 비은폐성과 구별함으로써 비진리에 대한 이해는 근본적으로 바뀐다: 존재와 현상 사이의 심연 때문에 하나의 사태에 대한 우리에게 명시적인 현상 방식으로 존재가 개시한다고 우리가 믿을 때마다 우리가 기만된다는 것이 이제 원칙적으로 가능하다. 프로타고라스에게서 의견 싸움에 대한 상대주의적 제거는 각 주장이 참이라고 선언됨에 있었다. 회의주의적인 제거는 거꾸로 어떠한 주장도 스스로 자신이 *aletheia* 의미로, 즉 사태 존재의 상응하는 현상 방식에서 주어짐이라는 의미로 참이라고 요구를 할 수 없다는 점에 있다. 의견 싸움은 처음부터 주장을 세우는 어느 누구도 *aletheia*라는 의미에서 옳을 수는 없기 때문에 말하자면 더 이상 의미가 없다.

언급한 대로, 철학 이전의 삶에는 각 현상은 무엇에 대한 현상이라는, 즉 우리 쪽에서 보면 현상 "뒤에" 놓인 *subjectum*인 토대가 되는 사태가 주어짐이라는 자명한 확신이 속한다. 회의주의는 자연적 태도에 반대하는 극단적인 철학이다 ; 왜냐 하면 회의주의는 우리의 정신이 기체(基體)로 접근함을 전적으로 거부하기 때문이다 ; 사태의 존재는 이러한 접근의 외부에서 이루어진다. 이 존재의 은폐성은 인간의 정신을 인간에게만 허용되는 것, 즉 명시성의 영역인 현상에로 돌리게 한다. 그래서 인간에게는 기체를 바깥에서, 즉 명시성 영역 저 편에서가 아니라 이 영역 이 편에서, 자신 안에서, 즉 현상 방식들이 드러나는 자신의 고유한 정신에서 구할 가능성만이 남아 있을 뿐이다.

이로써 개개의 인간의 정신 — 나의 정신 — 은 현상 방식의 기체가 되며, 근대적 의미로 "주체"다. 현상 방식들은 사태의 소여 방식으로 더 이상 머무는 것이 아니라, 나의 정신에 자신의 특징을 드러내주는 방식이 된다. 자연적 태도의 인간에게 "바람"이라는 기체의 속성으로 드러날 수 있는 차가움은 예를 들어 감각으로서 나의 정신의 내부로 자리를 옮긴다. "차가움"의 현상이 일어남은 "바람"이라는 사태와의 관계에서 더 이상 행해지지 않으며, 오히려 정신으로서의 나 자신과의 관계에서 행해진다. 이러한 나 자신과의 관계는 근대 철학에서 "표상"이라는 표현을 획득한다. 현상 방식들은 내가 주체로서 수행하는 표상들이다. 표상의 수행자로서 정신은 "의식"이라는 이름을 얻는다.

표상을 지닌 의식의 내재성과는 달리 사태의 존재는 외재성을 구성한다 ; 사태는 인간 주체에게 "바깥에서" 마주 서 있으며, 주관이 자신의 표상으로 관계하는 "대상"이 된다. 의식의 내재성과 "외부 세계"라는 이러한 이원론은 근대 철학 초기에 데카르트에게서야 충분히 논의되었으나, 하지만 이 방향으로의 결정적인 발걸음을 이미 회의주의가 에포헤 및 현상 방식의 명시성과 존재의 은폐성이라는 이원론을 가지고 옮겼던 것이다. 본래 철학의 근대는 데카르트에게서야 시작된 것이 아니라 이미 헬레니즘과 함께 시작되었던 것이다.

데카르트는 자신의 근본 작품인 "성찰"에서 오해할 여지없이 회의주의의 에포헤에 대하여 언급하였다. 그는 우선 회의주의에서 연유하는 논증으로 각각의 긍정적 태도, 각각의 "승인", *assensio*를 단념할 수 있는 충분히 많은 근거가 있음을 제시한다 : "*assensionem cohibere*"는 *epechein*의 라틴어 번역이다. 이어서 그는 자신의 논증을 다음과 같이 계속한다 : 우리 인간은 사태를 결코 확신할 수 없으면서도 사태의 존재를 긍정하는 확고한 습관을 자연적 태도에서부터 지니고 있기 때문에, 우리에게 각각의 긍정적 태도의 중지를 새로운 습관으로 삼도록 하는 길만이 있을 뿐이다 : 우리는 존재에 대한 각 긍정은 오류임을 생각해봐야 한다. 모든 존재에 대한 이러한 부정은 하지만 에포헤의 일관된 실행에 도움이 된다는 목적에만 기여할 뿐이다 ; 에포헤는 순전히 방법적 기능만을 갖는 회의에 불과하다.

후설은 자신의 현상학을 데카르트에 대한 비판으로 정초하였다 : 에포헤에서 모든 존재의 부정으로 향하는 데카르트적 길은 방법적 오류였다 ; 왜냐 하면 이러한 부정은 모든 태도의 단념을 뒷받침하는 과제를 가졌지만, 부정 자체가 하나의 주장이며 따라서 하나의 태도이었기 때문에 바로 이 점이 에포헤일 수는 없었다. 근원적으로 진리를 위하여 노력하는, 즉 의견 싸움의 극복을 위하여 노력하는 철학의 방법만이 오로지 에포헤일 수 있다. 그래서 현상학에서 에포헤는 피론의 회의주의에서 한때 그랬던 것처럼 전 철학의 토대로 새로이 자리잡는다.

후설이 회의주의에 대하여 너무도 적게 알고 있었기 때문에, 그는 자신의 데카르트에 대한 비판이 이미 피론의 회의주의와 관계되고 있음을 보지 못하였다. 이 회의주의는 각각의 태도 취함과 각각의 주장을 중단하려는 의도를 가졌으나, 회의주의는 은폐된 채로 여전히 하나의 주장을 지니고 있었는데 이는 다음과 같다 : 현상 방식과 사태의 존재 간에는 하나의 심연이 갈라져 있다. 회의주의는 이로써 에포헤가 모든 저러한 주장을 금하고 있음에도 불구하고 존재와 현상의 관계에 대한 주장을 세운 셈이다. 후설에 의하여 궤도에 올려진 현상학은 에포헤라는 무제약적인 중지 방법 이외의 아무것도 아니다. 그래서 현상학은 자신을 근원적으로 진지하게 생각하는 일종의 회의주의다. 후설의 주장은 회의주의가 바로 이럼으로써 스스로를 극복한다는 것이다. 그는 이로써 극단적으로 철저화한 회의주의는 스스로를 지양한다는 "정신현상학"에서의 헤겔의 주장을 그자신의 방식으로 해결한 것이다.

철학의 최초의 길은 존재와 진리에 대한 피르메니데스적인 공속성에 기초한 초창기의 고전적인 그리스 사상이었다. 두 번째 길은 데카르트에서 의식을 *subjectum*으로 높임과 함께 시작한 근대 주관주의의 길이었다. 20세기의 현상학은 세 번째 길을 구체화하려는 시도다. 이 길은 이미 헬레니즘 시대에 근대적 주관주의로의 발전을 가능케 하였던 피론의 회의주의에 대한 자기 극복과 함께 시작한다. 현상학은 현상과 존재의 관계에 대한 모든 태도 취함을 포기하면서 현상학은 회의주의에 대한 자기 극복을 수행한다 ; 왜냐 하면 이러한 포기는 현상학이 회의주의와는 달리 명시적인 것 — 현상 방식들 — 과 존재를 서로 떨어지게 하는 것을 포기함을 뜻하기 때문이다.

그러나 현상학은 이제 단지 헬레니즘 이전의 사고로 돌아간다고, 즉 존재와 파악하는 인식에 대한 파르메니데스적인 동일화로 돌아간다고 우리가 생각하면, 우리는 이를 오해하는 것일 것이다 ; 왜냐 하면 이러한 동일화도 존재와 현상의 관계에 대한 하나의 태도 취함이기 때문이다. 현상학은 철학사에서 자신의 위상을 확보하는데, 그 근거는 현상학이 헬레니즘 이전의 사고와 헬레니즘적인 사고 사이의 경계선으로 다시 들어서서 이 두 길이 갈라지게 되는 사고 결단에 대하여 판단 중지를 수행한다는 점이다 ; 현상학은 존재와 현상의 관계에서 파르메니데스적인 공속성이 문제되는가 아니면 회의주의적인 심연이 문제되는가에 대한 태도를 취하지 않는다.

전적으로 근원적으로 이루어진 에포헤로부터 현상학적 토대 위에서 철학을 지속하는 과제가 나타난다. 철학은 헤라클레이토스 이래로 자연적 태도의 극복에 기초해 있다. 이 태도에는 모든 현상 방식들이 무엇에 대한 현상, 즉 하나의 사태에 대한 존재의 현상이라는 의미를 갖는다는 확신이 속한다. 그래서 이러한 확신은 우리가 "현상 방식에서 사태의 현상"이라는 공식어로 표현할 수 있는 현상의 구조를 전제한다. 이 구조는 철학에서 의견 싸움의 극복이 문제가 된다면 철학적 연구가 관계하여야 할 사태 연관이다. 그러나 현상학자는 현상 방식들이 사태와 어떤 관계에 있는지에 대하여 선결정을 내리지 않고 이러한 연구에 들어간다 ; 왜냐 하면 그러한 식의 선결정과 함께 그는 자연적 태도가 갖는 확신에 대하여 태도를 취하는 것이 될 것이기 때문이다. 이를 현상학자에게서 에포헤라는 일관된 중지가 금지한다. 그러나 에포헤는 그에게 그의 분석과 숙고에서 현상의 그 언급된 구조에서 출발할 가능성을 부여한다.

현상학자는 현상 방식에서 사태의 현상과 다르게 중립적 관찰자의 입장을 지키며 질문한다 : 자연적 태도의 인간들이 어떻게 이들이 특정 사태들이 이러한 현상 방식에서 주어진다고 자명하게 생각하는 그 특정 사태로 특정 현상 방식을 소급 연관시키게 되는가? 이 문제는 어떻게 인간 주관인 의식이 자신의 표상의 내재성에서 "외부 세계"에 있는 "초월적" 대상들로 향하게 되는가라는 고전적인 근대 인식론의 질문과 쉽게 혼동될 수 있다. 그러나 이 질문은 일관되게 중지되는 에포헤로 하여 이미 극복된 주관-객관-이원론을 여전히 전제하고 있다.

현상학자는 인간이 자신에게 드러나는 현상 방식을 사태에 *대한* 현상으로 파악한다면 이는 어째서 일어나는지를 묻는다. 현상학은 이러한 "대한(von)"의 구체적 분석이다. 현상은 구체적으로 보면 특정 사태가 여기에 상응하는 현상 방식으로 주어짐이다. 현상 방식들이 교체될 수 있을 일반적 현상은 없으며, 오히려 각각의 사태는 특정한, 즉 자신에 특징적인 현상 방식으로만 드러날 수 있다. 현상학의 연구 작업은 자연적 태도가 현상하는 사태에다가 부과하는 존재에 대한 태도 취함을 근원적으로 거부하는 기술, 즉 사태와 이 현상 방식의 상관 관계의 기술에 놓여 있다.

하나의 사태의 현상 방식들이 어떠한 종류인가는 인간의 많은 세계들, 즉 지평들에서 결정된다. 이들은 각각 특정한 현상 방식들과 이 안에서 주어지는 사태의 존재에 대한 여지를 형성하고 있다. 따라서 현상학적 탐구는 무엇보다도 지평들의 분석에 집중되어야만 하며, 구체적으로는 어떠한 현상 방식들이 어떠한 지평들을 통하여 열려지는가 하는 질문에 답변하여야 한다.

우리는 의견 싸움에 놓여 있는 분열되는 의견들이란 상이한 현상 방식과 또한 지평들에 의하여 제약되어 있음을 보았다. 하나의 철학적 방법으로서의 현상학에도 의견 싸움의 극복, 즉 진리를 위한 싸움의 극복이 문제된다면, 현상학의 본래적 문제는 많은 세계들의 이 하나의 세계와의 관계에 놓여 있다. 이 하나의 세계는 모든 지시 연관들, 즉 모든 지평들이 자신을 넘어서 지시함에서 나타나는 지시 연관이다. 모든 지평들에 대한 이 하나의 지시 연관으로서 이 세계는 이 하나의 전포괄적인 지평이다. 이러한 의미로 후설은 이 하나의 지평을 보편 지평이라고 규정하였다.

이는 틀린 것은 아니지만 일면적이었다 ; 왜냐 하면 보편 지평으로서의 세계는 자신이 모든 것을 포괄하고 있기 때문에 더 이상 자신을 넘어서 지시하지는 않는다 ; 하나의 지평에는 하지만 지평은 자신을 넘어서 지시한다는 점이 본질적으로 속한다. 이는 이 하나의 세계는 어떤 의미로는 지평이 아닐 수 있음을 뜻한다. 지평들은 현상 방식들의 활동 영역들로서 우리에게 명시적인 것, *delon*의 영역들이다. 이 하나의 세계가 지평이 아닌 한, 이는 명시성의 영역이 아니다. 이러한 관점에서 보면 이 하나의 세계는 하나의 *adelon*, 은폐성의 영역이다. 이 세계는 말하자면 우리 인간쪽으로 향하고는 있으나 우리쪽에서는 등돌려져 있는 측면이다 : 우리에게로 세계는 모든 지평들의 보편 지평으로서, 현상의 차원으로서 향해져 있다 ; 세계는 이것이 은폐성의 성격을 갖는 한 우리로부터 등돌린 채로다.

세계가 보편 지평인 한, 현상학에서는 현상과 존재에 대한 파르메니데스적인 공속성이 놓여 있다 ; 왜냐 하면 사태의 존재에 특정한 지평 제약적인 현상 방식들이 관계하며, 모든 지평들은 "세계"라는 보편 지평에 함께 속하기 때문이다. 그러나 존재와 현상의 관계에 대한 근원적 판단 중지 때문에 현상학은 파르메니데스에 대하여 중립적으로 마주서 있다. 그에게서 존재는 *noein*에서 개시된다. 이와 반면에 현상학은 회의주의가 주장했던 것과 같은 존재의 은폐성이 있다는 가능성을 열어두고 있어야 한다. 이러한 은폐성이 물론 현상학에서는 더 이상 데카르트적인 의식 초월적 "외부 세계"의 하나일 수는 없다. 보편 지평의 이면으로서의 세계의 은폐성이 문제되어야 한다.

그러나 세계가 은폐성의 성격을 지닌다면 이러한 이면에 대하여 언급하는 것이 도대체 가능한 일인가? 이 질문에 대한 답변으로 가는 길은 판단 중지라는 근원적인 중지에서 주어진다. 판단 중지는 우리가 존재와 현상의 관계에 대한 모든 태도 취함을 중지하는 의지적 결단이다. 그러나 이러한 관계는 피론적인 회의주의에서의 에포헤가 긍정과 부정에 대한 아리스토텔레스적인 해석을 넘어서서 의지에다가 주장에서의 본질적인 역할을 승인함을 통해서만 하나의 태도의 대상으로 될 수 있었다. 이 회의주의의 에포헤는 그러나 우리가 본 대로 현상학의 눈에는 충분히 근원적이지 못한 것으로 드러난다. 이는 전적으로 일관되게 중지된 판단 중지는 의지의 의미를 다시 제한하는 곳으로 도달하여야 한다는 추론을 하게 한다. 의지의 주관주의적 힘에 대하여 하나의 한계가 있어야만 한다. 이 한계는 세계의 이면의 은폐성일 수가 있다. 마르틴 하이데거는 그와 함께 현상학이 여기에 대하여 숙고하기 시작했던 사상가다. 그러나 이는 다른 강연의 주제일 것이다.

후설의 베르나우 원고에서의
시간 의식에 대한 새로운 현상학

루돌프 베르넷 교수(Leuven대학교)

[번역 : 하병학(중앙대 철학과 강사)]

I

후설의 이른바 "베르나우 원고"는[1] 그 적지 않은 양에도 불구하고 상대적으로 짧은 기간 안에 작성되었다. 후설은 1917년 8월과 9월에 그리고 1918년 2월부터 3월까지 베르나우에 머물렀다. 합쳐서 5개월이라는 기간 동안 뢰슬에 있는 여관에서 작성된 이 저술의 일반적인 주제는 후설에 의해 일반적으로 "시간과 개체화(Individuation)"라는 제목이 붙여진다. 후설이 프라이부르흐로 이사를 하고난 뒤 얼마 되지 않아 시간 문제를 이와 같이 새로이 다루게 된 데에는 에디트 슈타인이 1917년 6월에 착수했던 이전의 시간 분석에 대한 작업이 분명히 자극제

---

[1] Edmund Husserl, *Die Bernauer Manuskripte über das Zeitbewusstsein (1917-1918)* (*Husserliana*, Band XXXII), herausgegeben von R. Bernet und D. Lohmar, Dordrecht / Boston / London, Kluwer Academic Publishers, 2001.

가 되었다. 무엇보다도 1904/05년 강의록에서나 그후부터 1911년까지의 강의록에 뿌리를 두고 있는 이 원고의 첫 작업은 슈타인이 1917년 여름 베르나우에 있는 동안 일부 공동 작업으로 수정되었다. 하지만 이 수정 작업은, 후설에게서 흔히 볼 수 있듯 곧 바로 새로운 연구를 착수하게 하였는데, 이 새로운 연구를 위해 후설은 혼신의 노력을 기울여야 하였다. 종전의 시간 원고(시간 문제에 대한 원고)에 대한 작업에 대해서 후설은 이제 더 이상 시간도 관심도 없었다 — 이와 유사한 경험을 많이 한 뒤 몇 달이 되지 않아 후설의 조교 자리를 사직한 슈타인으로서는 매우 유감스러웠을 것이다.

후설이 그의 베르나우에서 쓴 원고를 내적인 시간 의식에 대한 종전의 글의 한갓 보충과 연장이라고 얼마나 오랫동안 간주했는지는 확실히 알 수 없다.

하지만 분명한 것은 후설이 베르나우에서 시간 문제와 씨름하면서 잡아나간 새로운 방향에 대해 명백하게 자각하였다는 점이다. 후설은 늦어도 1918년초 베르나우에 두 번째로 머물면서 새로운 "위대한 저작"에 대해서 종종 언급하였는데, 이 저작의 내용을 그는 1918년 3월 28일자 마르틴 하이데거에게 보내는 편지에서 다음과 같이 특징짓는다 : "시간과 개체화, 원칙들에 의한 합리적 형이상학의 부흥."[2] 며칠 후 후설은 4월 5일자로만 잉가르덴에게 보내는 편지에서는 더욱 명확히 나타낸다 : "왜냐 하면 나의 작업은 한갓 시간의 현상학에 대한 것이 아니라 — 이것이 완전히 배제될 수는 없겠지만 — 개체화, 개체적 (즉 '사실적') 존재 일반의 구성, 개체적 존재의 본질적인 근본

---

2) Edmund Husserl, *Briefwechsel*, Band IV, hrsg. von K. Schuhmann, Dordrecht/Boston/London, Kluwer, 1994, S.130.

형상들에 따른 개체적 존재의 구성이라는 아주 엄청난 문제에 대한 작업입니다."3)

베르나우의 원고를 출간하는 일에 하이데거와 잉가르덴이 참여하기를 기대하였지만 뜻대로 되지 않자, 후설은 이 원고를 대략 1928년말 마침내 그의 조교인 오이겐 핑크에게 넘겨주었다. 그 사이에 하이데거는 같은 해 4월 종전 원고에 대한 슈타인의 작업을 몇몇 가벼운 수정과 하나의 "서문"과 함께 출간하였는데, 여기에서 그는 "계속적으로, 특히 1917년 이후부터 다시 착수한, 개체화 문제와 연관된 시간 의식에 대한 연구"의 "뒤늦은 출간"임을 지적하였다.4)

핑크는 1927년부터 1937년까지 계속해서 베르나우 시간 원고에 몰두하였다. 후설은 이 작업에 대한 지지부진한 진행을 돕기 위해 그의 원고를 수정하는 데에 그의 조교에게 더욱더 많은 자유를 허가하였다. 후설과 핑크는 둘 다 1930년대초, 그 둘의 대화에서나 그들 각각의 새로운 저술에서나, 실제로 시간 문제의 연구에 열심히 매진하였다. 그러면서 베르나우의 원고를 출간하기 위한 노력은 비록 한 번도 포기되지는 않았지만 뒷전으로 밀려나게 된다. 후설은 질료적 선소여성(hyletische Vorgegebenheit), 자아적 수행에 대한 시간 의식의 관계, 잠, 죽음, 깨어 있음에 대한 시간 의식의 관계, 상호주관성, 초세대적인 역사성 등에 대한 시간 의식의 관계에 대해 많은 글들을 썼다. 후설 문서보관소(Husserl-Archiv)에 "C-원고"라는 이름으로 알려진 이 글들과 함께 시간에 대한 후설의 작업은 또다시

---

3) Edmund Husserl, *Briefwechsel*, Band III, hrsg. von K. Schuhmann, Dordrecht / Boston / London, Kluwer, 1994, S.182.
4) Edmund Husserl, *Zur Phänomenologie des inneren Zeitbewusstseins (1893-1917)* (*Husserliana* Band X), hrsg. von R. Boehm, Den Haag, Martinus Nijhoff, 1966, S.XXV.

결정적인 전회를 맡는다. 후설 자신은 이 마지막 시간 원고를 베르나우에서의 연구에 대한 계승이라고 보았지만, 두 개의 원고 뭉치를 하나의 책으로 혼합하려는 생각을 갖지는 않았다.

II

베르나우의 시간 원고의 생성사에 대한 이러한 짧은 소개를 마치고 이제 우리가 그 내용으로 눈을 돌리면, 루돌프 뵈엠에 의해 『후설 전집』 10권에 편집된 이전의 원고와 그 후의 무엇보다도 클라우스 헬트의 저서에서5) 체계적으로 다루어진 C-원고의 시간 분석에 대한 베르나우의 원고의 내용적인 연관에 대해 알아보는 것이 적절하다.

시간 의식의 현상학에 대한 후설의 초기 저작들은 시간적인 대상(지속적인 음향) 혹은 시간 대상(음향의 지속성)에 대한 지각을 기술하는 점에서 출발한다. 브렌타노와 마이농, 그 외에도 제임스, 슈툼프, 슈테른 등의 저술에 대해 검토하면서 (베르나우의 원고는 이 점에 대해 전혀 언급이 없다!) 후설이 점점 더 확신하게 된 것은, 지속적 대상의 지각은 일반적으로 지속적인 지각 작용에서 생겨나는 것은 사실이지만, 대상적 지속성의 지각이 어떻게 가능한가에 대해서 지각의 이러한 지속성이 아직 설명하지 않고 있다는 점이다. 앞선 철학자들과 마찬가지로 후설에게도 역시 시간적 지속성의 지각에 대한 분석과 관련지어 가장 첨예한 문제는 현재의 활동이 목하 현재를 넘어 진행하는

---

5) K. Held, *Lebendige Gegenwart. Die Frage nach der Seinsweise des transzendentalen Ich bei Edmund Husserl, entwickelt am Leitfaden der Zeitproblematik*, Den Haag, Martinus Nijhoff, 1966.

시간적 연장을 지각할 수 있는지, 그리고 이것이 어떻게 가능한지 하는 점이다. 현재의 시간 대상과 함께 시간 대상을 선행하다가 또한 지나가버리는 소여성을 동시에 함께 파악될 때만 지속성은 현재적으로 파악될 수 있다는 후설의 통찰도 아직은 동시대의 서적들의 궤적 위에서 동요하였다.

후설은 대상적 현재의 현재적 파악과 연관된 대상적 과거의 이러한 현재적 파악을 위해 먼저 "원초적 기억(primäre Erinnerung)"이라는 표현을 사용하였고 조금 지나 그에 의해 새로이 각인된 "파지(Retention)"라는 용어를 사용하였다. 그러나 그는 이러한 파지를 [환상적인(phantasiemäßig)] 현전화(Vergegenwärtigung)의 활동이나 추가적인 종합의 범주적 활동으로 이해한 것이 아니라, 지각함 자체의 양태(Modalität)의 하나로 이해함으로써 내용적으로 브렌타노나 마이농으로부터 근본적으로 이별을 고하였다. 즉, 후설은 한편으로는 현재의 음향에 대한 현재적 ["원인상적(urimpressional)]" 파악과 과거의 음향에 대한 현재적 ("파지적") 파악 사이의 차이를 확립하고자 하였지만, 다른 한편으로는 이 두 가지 파악이 현재의 지각함이라는 유일한 활동의 비독립적인 계기들이라고 이해하고자 하였던 것이다. 이것이 바로 후설의 계속된 근본적 직관이었는데, 이 직관을 분석적으로 완전히 규정하기 위한 1904 / 05의 시간에 대한 강의에서 시도하였지만 실패한 후, 후설은 이 문제에 대해 몇 년간을 계속 몰두해야 했다. 여기에서는 미래적 음향에 대한 "예지(Protention)"라고 불리는 현재적 파악의 본질이 무엇인가 하는 연구는 부차적인 문제였다. 예지 그리고 특히 예지와 파지 사이의 얽힌 연관은 베르나우의 원고에서 비로소 정당하게 주목받기 시작했다.

파지의 본성을 후설이 규정하는 데에 그 발전에 근본적인 역할을 한 것은 그의 몇 년 동안이나 계속적인, 그리고 베르나우 시절까지도 계속된 연구였는데, 그 연구는 바로 직관적인 환상의 본성에 대한 것이며 회상(Wiedererinnerung)의 활동으로부터 환상의 구별에 대한 것이다. 이로부터 파지적 의식은 ─ 환상이나 회상과는 반대로 ─ 현전화의 활동은 아니지만, 그럼에도 불구하고 원본적(ursprünglich) 현재의 변양된(modifiziert) 의식이라는 것을 통찰하게 되었다. 즉, 과거에 대한 파지적 의식은 회상처럼 과거에 대한 재생적 현전화도 아니고 원본적 지각처럼 현재의 단순한 현재화(Gegenwärtigung)도 아니라 과거의 변양된 지각이다. 하지만 지향적 의식에 대한 후설의 이론 테두리 안에서 과거에 대한 이러한 지각의 본성을 세밀하게 규정하는 것은 후설에게 쉬운 일이 아니었으며, 이와 연관된 어려움들 때문에 베르나우 원고에서도 그는 계속적으로 고뇌하였다. 공간적 대상에 대한 외적 지각을 현상학적으로 규정하는 데서 감각 내용(Empfindungsinhalt)에 대한 지향적 파악의 도식을 빌려쓰는데, 이 도식을 시간 의식에 그리고 위에서 언급한 파지적 지각 의식에 활용하는 데서 특히 문제들이 발생한다. 후자와 관련지어 과거의 현재를 파지적으로 지각하는 것을 현재적 감각에 대한 현재적 파악이 어떻게 성취해야 하나 하는 물음이 다른 물음들과 함께 제기된다.

이러한 수수께끼를 풀기 위한 후설의 여러 방면의 노력들은 결국 동일한 종착점, 즉 파지적 의식에 함축된 감각 내용의 소여성에 도달하였다. 왜냐 하면 지나간 현재에 대한 현재의 파지적 의식을 특징짓는 변양은 파악과 관련될 뿐만 아니라 이러한 파악에 근본적으로 깔려 있는 감각 내용과도 필연적으로 이미 관계해야 한다는 점이 곧 바로 명백해졌기 때문이다. 하지만 왜 감각이 어떤 경우에는 현재적인 것에 대한 지각적인 파악의 동기일 수 있고, 다른 경우에는 과거적인 것에 대한 파지적 파악의 동기일 수 있는가가 사실 이해되지 않는다. 파지적 파악의 기저에 있는 변양된 내용에 대한 범례는 "환타스마 (Phantasma)", 다시 말해 환상적인 파악의 변양된 지각 내용이다. 그러나 환상 의식에 대한 상세한 연구에서 이러한 범례는 그 고유한 수수께끼를 내포하고 있다는 것이 드러나는데, 그 수수께끼란 바로 환타스마의 본성 내지는 소여성과 연관된다.

베르나우의 원고까지 계속된 파지와 환상에 대한 평행적 탐구를 통해 일찍이 다음과 같은 통찰에 도달하게 되었다. 그것은 바로 환타스마에 대한 현상학적 규정과 관련된 어려움은 파지적 의식에 함축된 변양된 지각 내용에 대한 규정 역시 해결해야 하는 어려움과 근본적으로 동일한 것이라는 통찰이다. 그래서 파지적 파악의 동기가 되는 감각 내용을 환타스마라고 표현한 것이 전혀 도움이 되지 않고, 이 표현은 동시에 현재화하는 파지와 현전화하는 환상 사이의 차이를 다시 혼란에 빠지게 한다. 파지와 환상에 대한 현상학적 분석이 각각 생산적인 결과를 갖게 될 수 있는 경우는 오직 다음과 같은 경우다. 그것은 바로, 한편으로는 파악 내용에 대한 환상적 변양과 파지적 변양의 구별을 확립하고, 다른 한편으로는 이 두 개의 파악 내용에서는 변양된 지각적 의식이 ─ 이러한 의식의 보편적인 본성은 다시 해명되어야 하지만 ─ 문제라는 사정에 대처하는 경우다. 좀더 정확히 검토해보면, 두 번째 과제는 더욱이 파지와 환상과 연관될 뿐만 아니라, 지각 파악의 기저에 있으면서 변양되지 않는 지각 내용에 대한 의식과도 이미 연관된다. 이러한 변양되지 않은, 즉 원본적으로 현재적인 지각의 소여성을 후설은 초기 저작에서는 "원인상(Urimpression)"이라 하고, 뒤에 베르나우 원고에서는 "원현시(Urpräsentation)"라고 부른다.

지향적 파악의 기저에 있는 감각적 내용의 변양된 소여성이든 변양되지 않은 소여성이든 이러한 소여성의 본질을 해명하기 위한 첫 번째 중요한 발걸음은 시간 의식에 대한 후설의 초기 저서에서도 이미 발견되는데, 여기에서 얻은 통찰에 대해서는 베르나우의 원고에서도 의문을 삼지 않는다. 파지와 환상에 그리고 원본적인 지각에도 포함된 감각 내용에 대한 지향적 파악이 좀더 가까이에서 어떻게 보이든, 다시 말해 여기에서 지각적인 파지적 파악이 문제가 되든 환상적 파악이 문제가 되든, 이러한 감각 내용 자체가 소여되어 있다는 것, 그리고 따라서 이에 대한 변양되거나 변양되지 않은 의식이 있어야 한다는 것만은 분명하다. 그래서 현재의 감각과 파지적으로 주어진 감각의 차이는 결국 이러한 감각에 대한 상이한 의식에서 파생한다.

후설은 감각의 내적 의식을 초기 저작에서는 "절대 의식(absolutes Bewusstsein)"이라 하고, 그후 베르나우의 원고에서는 "원과정(Urprozess)" 또는 "원흐름(Urstrom)"이라고 부른다. 감각은 초기 저작에서는 "내재적 시간 대상(immanente Zeitgegenstände)"이라 불리고, 그 자체로 초월적인 대상과, 즉 객관적 시간에 속한 대상과, 예를 들면 "바이올린의 음향"과 구별된다. 베르나우의 원고에서는 이러한 내재적 시간 대상을 대개 시간적 "사건(Ereignis)"이라고 부르고, 내재적 시간 대상에 대한 내적 의식을 "체험(Erlebnis)"이라고 부른다. (변양된 그리고 변양되지 않은) 감각은 원과정에 대상으로 주어져 있다는 것과 원과정 자체가 객관화하는 지향적 의식의 형식을 갖는다는 것은 그 전에는 후설에게 당연한 것이었는데, 용어상의 이러한 변화는 베르나우에서 후설이 이와 같은 것을 더 이상 당연한 것으로 보지 않았다는 것을 처음으로 암시한다.

하지만 초기 저작에서도 "절대" 의식의 도입은 베르나우에서 후설을 계속 괴롭히던 중요한 문제들과 얽혀 있다. 첫 번째 문제는 이러한 "절대" 의식 내지는 "원과정"에 대한 정확한 본질 규정과 거기에 의식된 "내재적 시간 대상" 내지는 "사건"에 대한 관계다.『후설 전집』10권에 편집된 유고를 보면, 어떻게 후설이 초기 저작에서 이 문제와 관련지어 결국 다음과 같은 두 가지 통찰에 도달하게 되었는가를 감지할 수 있다. 즉, 감각 자료에 대한 "절대"라고 불리는 의식에서는 지향적 의식의 (변)종이 문제라는 점을, 다시 말해 감각 자료는 "절대" 의식에 "실재적(reell)" 구성 요소로 속하지 않을 수 있다는 점을 분명하게 인식하게 되었다는 것이 그 첫 번째 통찰이다. 그렇지 않으면 감각 자료에 대한 변양된 의식과 변양되지 않은 의식에 대한 차이, 다시 말해 감각 자료에 대한 파지적 의식과 원인상적 의식에 대한 차이가 이해될 수 없기 때문이다. 후설의 두 번째 새로운 통찰은 선험적-현상학적 환원을 도입하는 데서 얻게 되는데, 이러한 통찰은 구성 연관으로서 "절대" 의식과 감각 자료의 관계를 새로이 규정하는 데 있다. 감각 자료를 파악하는 데에서 초월적 대상이 구성되는 것과 마찬가지로, "절대" 의식에서도 지각 자체가 하나의 (현재의, 과거의 또는 미래의) 내재적 시간 대상으로서 구성된다.

이러한 두 가지 통찰은 베르나우 원고에서 다시 한 번 세밀히 검토되지만 궁극적인 결과를 얻지는 못하는 것 같다. 베르나우 원고의 일부에서 후설은 다시 다음과 같은 의구심을 떨칠 수 없었다. 그것은 바로 "원과정"과 시간적인 "사건"의 관계에서 정말 구성 연관이 문제인지, 그리고 이러한 "원과정"과 "사건"이 정말 의식의 상이한 단계에 속하는지 하는 의구심이었다. 이와 같은 의구심은 무엇보다도 혹시 "원과정"에서의 "사건"이 실제로 (내재적) 대상으로서 드러나고 파악되는가 하는 물음에서 연유하였다. 이러한 숙고와 함께 새로운 것에 대한 첫 번째 통찰도, 즉 원과정을 지향적 의식의 한 종(Art)이라고 부른 점도 의혹의 대상이 되었다. 이러한 의심과 물음은 더구나 C-원고들에 포함된 후기 시간 원고들에서도 후설을 계속 괴롭혔다. 한편으로는 베르나우의 원고에서 "원과정"과 시간적 "사건"의 연관이 궁극적으로 규정되지 못하고 있다는 인상이 이를 뒷받침한다. 하지만 다른 한편, C-원고 속에 포함되어 있는 이 문제와 연관된 후기 원고가 — 다른 이해들과 함께 — 베르나우 원고 속에서도 이미 발견되는 이론 하나를 발전시킨다는 점을 결코 간과할 수 없다.

간략히 말하면, 여기에서는 자아적인 시간 과정과 선-자아적인(vor-ichlich), 즉 질료적인 시간 과정의 근본적인 분리를 시도한다는 것이다. 자아적이며 능동적으로 완성되는 시간화(Zeitigung)와 익명적이고 수동적으로 생성되며 물적이거나 질료적인 시간화의 구별에 대한 상세한 연구로부터 후설이 C-원고에서 결론 지은 것은 결국 각각의 자아 참여 없이 출발하는 원흐름으로부터는 그 어떤 원본적인 구성적 수행도 박탈해야 한다는 것이다. 시간적 대상의 구성에 대해서는 자아의 수행이 앞에 있을 때만 논의될 수 있다는 것이다. 선-지향적인 원과정에 대한, 즉 원과정의 본질의 확고한 변양의 근거에 대한 한, 반성이라는 자아적 활동의 추가적인 수행을 통해서야 비로소 질료적 원흐름으로부터 구성적 의미가 생겨난다는 것이다. 물론 원과정에 대한 이와 같은 새로운 이론은 후설에게서 능동적인 의식 형식과 수동적인 의식 형식 사이에 더욱 강화되는 분리에서 뿐만 아니라, *무한 퇴행*이라는 문제점에서도 그 근거를 갖는다. 무한 퇴행이라는 문제점은 시간 의식에 대한 후설의 현상학을 전기 저작에서나 베르나우 원고에서나 그리고 C-원고에서의 후기 시간 원고에서도 마치 섬뜩한 그림자처럼 따라다녔던 것이다.

『후설 전집』10권에 출간된 초기의 글에서 이미 무한 퇴행의 상이한 형식들이 실제로 문제라는 것을 감지할 수 있다. 첫 번째 형식은 모든 새로이 등장하는 "원인상" 혹은 "원현시"가 선행하는 원인상을 다음과 같은 방법으로 변양시킴으로써 발생하는데, 그 방법이란 새로이 등장하는 원인상이 선행하는 원인상을 과거의 원인상에 대한 파지로 변화시키는 것이다. 그러면 그 다음의 새로운 원인상은 선행하는 원인상을 변양시키는 것뿐만 아니라, 선행하는 원인상과 결합된, 첫 번째 원인상에 대한 파지를 마찬가지로 변양시킨다. 즉, 첫 번째 원인상은 변양의 변양이라는 형식 아래 의식된다. 네 번째 새로운 원인상과 함께 모든 과거의 원인상의 소여성은 각각 다시 변양되고, 첫 번째 원인상에 대한 의식은 이제 변양의 변양의 변양이라는 양상(Modus)을 갖는다. 원과정이 생생하게 있는 한, 다시 말해 새로운 원인상이 의식에 등장하는 한, 변양의 연속적이고도 다차원적인 변양이라는 복잡한 진행이 연속되는데, 여기에서 변양은 모든 과거의 원인상의 소여성의 변양의 변양이다. 이러한 연속은 무한까지 계속될 잠재성을 갖고 있다. 무한까지 진행한다면 처음의 원인상의 파지적 파악은 서로 중첩된(verschachtelt) 변양 단계의 끝없는 연속의 과정과 결합되어 있을 것이다.6)

하지만 이러한 첫번째의 *무한 퇴행*은 이와 관련된 까다로운 문제점에도 불구하고 첫 번째 원인상의 파악 가능성을 문제 삼

---

6) 더욱이 이와 동일한 무한은 예지에도 적용된다. 왜냐 하면 현재의 소여성에서 충족되는 모든 예지는 이미 그 이전의 예지에서 의식되어 있고, 그리고 이러한 그 이전의 예지는 마찬가지로 그보다 더 이전의 예지에 예료되어 있고, 이러한 과정이 계속되는 한, 현재적 현재의 되어감의 과정(Werdensprozess)을 파악하는 것도 서로 축적된 예지들의 잠재적으로 끝없는 연속의 과정을 함축한다.

지 않기 때문에 상대적으로 걱정스럽지는 않다. 베르나우의 원고에서 눈에 띌 정도로 문제가 되는 것은, 파지적 과거의 끊임없는 변양의 이러한 과정이 현상학적으로 증명된 한 실상을 실제로 나타내는가 하는 것이다. 후설이 발생적 현상학(genetische Phänomenologie)의 테두리에서 시간 의식을 새로이 기술하면서 점차 더 많이 다루는 것은, 파지적 변양의 반복과 함께 계속적으로 커져 가는 현재로부터의 거리가 과거의 파지적 소여성에 대해 갖는 결과들이다. 그는 현재로부터 멀리 떨어진 과거의 원현시들이 어떻게 서로 접근하는가를 기술하고, 거기에서 이러한 원현시들이 서로간의 명료한 분리뿐만 아니라 현재적 자아에 대한 그것들의 자극적인 충동을 어떻게 상실하는가를 기술한다. 1918년의 베르나우 원고는 "불협화음(Abklang)"이라 불리면서 파지로부터 분리된 현상을 세밀히 연구하는 데 주력한다. 자아의 측면에서 능동적인 주목과 파악 없이는 멀리 떨어진 과거를 지향하는 파지는 곧 사멸해버리고, 이로써 파지의 부단한 변양의 과정도 사멸해버릴지 모른다. 죽은 파지는 새로이 일깨워질 수도 소생될 수도 있지만, 그러면서도 불명료성이라는 그 특성을 최소한 유지한다.

무한 퇴행의 두 *번째* 형식은 "절대" 의식에 대한 의식 내지는 "원과정"에 대한 의식과 연관된다. 우리는 후설이 초험적 시간 대상에 대한 지향적 의식을 선-지향적 감각 자료에 대한 지향적 파악이라고 규정하고 있음을 보았다. 그러면 이러한 감각 자료는 여전히 깊이 깔려 있는 의식에서, 이른바 "절대" 의식 또는 "원과정"에서 의식된다. 이러한 원과정에 대한 정확한 규정을 위해 후설은 베르나우 원고에서도 씨름한다. 계속적으로 등장하는 물음은 "절대"라고 불리는 의식이 의식의 독립적 단계를 실제로 형성하는지, 그때 지향적이며 초험적으로 구성하는 의식이 문제인지, 그리고 이러한 의식의 지향성이 선지향적 파악 내용의 지향적 파악이라는 형식을 여전히 갖고 있는지 하는 것들이다. 이러한 물음들과는 초기 저작과 베르나우 저작에서 제기된 또 다른 물음이 연관되는데, 그것은 이러한 "절대" 의식에 대한 의식 또는 "원과정"에 대한 의식이 어떠한 상태인지라는 물음이다. 왜냐 하면 절대 의식에 대한 의식이 그것이 주어지는 또 다른 의식을 요구한다면, 그것은 "원-과정"으로서의 "절대"라는 성격을 잃어버릴 뿐만 아니라, 차곡차곡 근거가 되는 의식 단계의 전체 건축물을 토대가 없게 만들었던 무한 퇴행이라는 형식마저 위협하게 된다.

"절대" 의식에 대한 의식과 연관된 무한 퇴행이라는 위험은 이미 후설의 초기 저작에서도 충분히 명료할 정도로 기술되었고, 문제에 대한 적당한 해결책도 제시되었다. 이 해결책의 핵심은 절대 의식이 필연적으로 동시에 내재적 시간 대상과 그 자신에 대한 의식이어야 한다는 가정이다. 하지만 이것을 가설로 남겨둔 것이 아니라, 후설은 오히려 파지적 의식의 상세한 분석에서 다음의 두 가지를 제시하고자 시도하였다. 그것은 첫째, 파지적 변양의 연속체에서 시간 조망(Zeitperspektive)의 연속적인 변화를 통해 계속적으로 하나의 통일된 내재적 시간 대상이 이러한 대상에 속하는 시간 위치와 분리된다는 것이다. 둘째, 각각의 파지를 모든 다른 파지와 함께 축적함(Verschachtelung)을 통해 부단히 변양되는 파지적 의식 자체의 흐름에 대한 의식도 생성된다는 것이다. 이로써 "절대" 파지적 의식의 흐름은 이중적 지향성을 포함하는데, 그 하나는 내재적 시간 대상과 관계하고, 다른 하나는 자기 연관의 형식 또는 흐름의 자기 의식의 형식을 갖는다. 후설은 파지적 지향성의 첫 번째 방향을 "가로지향성(Querintentionalität)", 두 번째 방향을 "세로지향성(Längsintentionalität)"이라고 불렀다. 끝으로 후설이 또 하나 강조한 것은 이 두 가지 지향적 방향이 연속적인 파지적 변양의 흐름의 진행 속에서 하나의 동일한 과정에 속하며 따라서 서로 분리될 수 없을 정도로 결합되어 있다는 점이다.[7]

원과정의 의식과 연관된 무한 퇴행이라는 위험을 극복하기 위한 이러한 시도는 베르나우 원고에서 새롭게 착수되고 발전되었다. 초기 저작과 마찬가지로 베르나우에서도 내재적 대상에 대한 파지와 원과정에 대한 파지를 분명히 구별한다. 후설은 예지의 본성에 대한 연구에 보다 더 주목함으로써 아주 중요한 발전을 이룩한다. 원과정의 의식에 대해서만 아니라 후설이 계속해서 열심히 매진했던 새것에 대한 의식의 문제에 대해서도 예지는 기여하는데, 이러한 기여에 대해서는 새로이 관심을, 사실은 오래 전부터의 관심을 갖고 있었다. 이러한 예지의 기여는 베르나우 원고의 새로운 시간 도표에서도 반영된다. 여기에서 의미심장한 새로운 통찰를 후설은 얻게 되는데, 그것은 무엇보다도 파지적 변양연속체(Modifikationskontinuen)와 예지적 변양연속체의 얽히고설킨 관계에 대한 정확한 연구를 통해서다. 후설은 모든 원현시가 파지적 소여성과 예지적 소여성이라는 하나의 양면을 가진 지평에 파묻혀 있다는 점을 지적하는 것에 더 이상 만족하지 않고, 종종 미시적으로 기술하면서 파지적 변양의 연속체 안에서 예지적 역할 그리고 예지의 내용적 규정에 대한 파지의 영향을 분석하였다.

파지 안에서 예지의 기능이나 예지 안에서 파지의 기능에 대한 이러한 새로운 발견은 무엇보다도 발생적 현상학의 새로운 단초와 연관된 시간 의식에 대한 더 역동적인 규정의 결과다. 이 새로운 관점은 예를 들면, 원현시는 이제 더 이상 시간 의식의 원본

---

7) Vgl. *Husserliana*, Band X, Text Nr. 54.

적 핵이 아니라 파지적 변양과 예지적 변양의 연속체들이 분리되는 경계점이라는 데서도 표현되고 있다. 이러한 발생적 분석을 통해 도달하는 원과정에 대한 결과는, 여기에서 현재를 과거로 밀침으로써 제한된 연속적 변양의 한갓 기계적 진행이 문제의 본질이 아니라는 점이다. 의식의 삶과정(Lebensprozess)으로서 이 원과정은 오히려 수동적 경향과 예료를 통해, 소여성의 직관적 충만의 상승과 약화의 형식을 통해, 충족(Erfüllung)과 비움(Entfüllung)의 체험을 통해 통제된다.

이 새로운 탐구를 원과정에 대한 의식의 현상에 적용하면서 후설은 원과정의 자기 의식의 생성을 파지의 업적, 즉 파지적 "세로지향성"의 업적일 뿐이라고 더 이상 간주하지 않는 결과에 도달하였다. 베르나우의 원고의 새로운 이론에 따르면 원과정의 이러한 자기 의식은 오히려 *현재의* 직관적 충족에 대한 체험, 다시 말해 파지적 예지에서 그 직관적 실재화로의 연속적 과정에 대한 의식의 체험의 결과다. 흐름(Fluss)이라고 역동적으로 이해되는 충족 과정에서 의식 자체의 흐름이 현재에 현상되는 것은, 현재에 소여된 것이 과거에 이미 미래적으로 예료되어 있는 것으로 동시에 의식됨을 통해서다. 그래서 충족의 현재적 체험은 사실은 과거의 것의 현재화됨(Gegenwärtig-Werden)에 대한 의식이다. 여기에서 핵심은 초기 저작과는 달리 더 이상 한갓 추가적(후차적 : nachträglich), 다시 말해 파지적 자기 의식이 아니라 본질적으로 흐르는 현재에 근거하고 있는 원흐름의 자기 의식이다.

III

시간 의식에 대한 초기의 저작의 문제 영역과 해결되지 않은 문제점들에 대해 베르나우의 원고를 체계적으로 연관지어본 이제까지의 서술이 마치 베르나우의 원고가 『후설 전집』 10권에 대한 한갓 보충에 불과한 것 같은 인상을 주어서는 안 된다. 시간 의식에 대한 마지막 초기 저서에서 첫 번째 베르나우의 원고까지의 기간 동안, 즉 1911년에서 1917년 사이, 무엇보다도 『이념들』의 1권이[8] 출간되었다. 알려진 대로 이 저작에서는 현상학적 환원의 방법과 이와 관련된 선험적 관념론에 대한 체계적인 서술뿐만 아니라, 노에시스-노에마의 상호 관계라는 관점에서 지향적 의식에 대한 상세한 연구, 그리고 『논리 연구』에서 아직까지는 현상학적으로 발견될 수 없는 것이라고 말한 순수 자아에 대한 소개도 발견된다. 이러한 새로운 인식들의 시작은 베르나우의 시간 원고에서도 발견된다.

특히 시간 의식의 구성적 기능을 다루면서, 객관적인 시간의 구성에 대한 논의가 내재적 시간 대상의 구성에 대한 원과정을 통한 분석 뒤에 두드러지게 물러나 있는 것은 사실이지만, 후설은 현상학적 환원의 본질과 선험적 관념론의 본성에 대해 자주 숙고한다. 베르나우의 원고가 처음으로 발전시킨 또 하나는 시간 의식에 대한 특유하게 노에마적인 방향에서의 설명이다. 여기에서 후설은 시간 대상에 대한 노에시스적인 사념(Vermeinen)의 형식과 이에 상응하는 노에마적인 의미의 시간 양태들의 상호 관계를 일반적인 의미에서 지적하는 것에 결코 만족하지 않고, 노에마적인 시간 양태들의 규정과 노에마적인 시간 양태들의 변양에 대한 상세하고도 독자적인 연구에 매진한다. 이러한 연구로부터, 상이한 종류의 지향적 대상의 시간적 개체화라는 문

---

8) Edmund Husserl, *Ideen zu einer reinen Phänomenologie und phäno-menologischen Philosophie. Erstes Buch : Allgemeine Einführung in die reine Phänomenologie* (*Husserliana*, Band III,1), hrsg. von K. Schuhmann, Den Haag, Martinus Nijhoff, 1976.

제를 논의하는 맥락에서 위에서 언급한 후설의 시간의 현상학의 존재론적 전회가 생겨난다. 후설은 이러한 맥락에서 지향적 대상의 시간적 소여성의 양상들이 그것의 노에마적인 의미에 속하는지 또는 아닌지 하는 문제와 이와 관련지어 경험 대상, 환상 대상, 이념적 대상에서 동일한 상태인지 하는 문제를 다룬다. 후설은 마침내 베르나우의 원고에서 순수 자아에 대한 시간 의식의 관계라는 문제도 논하는데, 이 문제는『이념들』이 출간되고나서 새로이 제기된 것이다. 이와 관련된 연구는 특히 사건의 자아적 시간화(Zeitigung)에 대한 문제, 순수 자아 자체의 시간화(Verzeitigung)의 문제, 원흐름의 질료적 시간성과 능동적이거나 수동적인 자아에 의해 완성된 시간적 체험의 연관에 대한 규정에 대한 것이다.

　베르나우의 원고가 시간에 대한 초기 저작을 넘어서는 가장 중요적인 발전은 *이념들*에서의 [그 본질에 따라 언제나 "정적(statisch)"인] 선험적 현상학과 연관지음으로써 이루어진 것이 아니라, 오히려 "*발생적*" *현상학*(*genetische Phänomenologie*)으로 새로 발전되고 일관되게 시행된 이행을 통해서다. 즉, 발생적 현상학으로 출발한 것은 이제까지 대개 추정하였듯이 1920 / 21 겨울 "선험적 논리학"에 대한 강의록이9) 아니라 이보다 먼저 1917 / 18 베르나우 시간 원고에서다. 이 점은 베르나우 원고를 읽는 독자가 왜 종종 그리고 특히 회상에 대한 문제를 다루는 대목에서 이미 알려진 *분석으로부터 수동적 종합*으로의 이행이 기억되는 느낌을 받는가에 대해서도 설명해준다. 후설의 새로운 발생적 현상학이 시간 의식의 본질에 대한 숙고에 그 기원을 두고 있다는 것은 물론 한갓 우연이 아니다. 게다가

9) Edmund Husserl, *Analysen zur passiven Synthesis (1918-1926)* (*Husserliana*, Band XI), hrsg. von M. Fleischer, Den Haag, Martinus Nijhoff, 1966.

우리가 베르나우의 원고에서 다루어진 문제를 짤막하게 정리하고 초기 저작에서 이 문제를 취급했던 것과 그 차이를 밝혔을 때, 시간 의식에 대한 새로운 발생적 이해의 가장 중요한 요소들을 이미 보았다.

발생적 시간 분석으로의 이러한 전회에서 중요한 것은 무엇보다도 후설이 시간 의식에서 작용하는 지향성을 — 정적 상호관계에 대해 고찰할 때는 일반적이었듯 — 이제 더 이상 검토하지도 않은 채 대상적 상관자를 가진 하나의 자아적 활동 지향성으로 이해하지 않는다는 점이다. 이러한 지향성은 시간 의식과 시간 의식의 구성적 기능에서 계속적으로 중요한 역할을 하는 것은 사실이지만, 후설이 이제 관심을 가졌던 것은 이러한 지향성의 선-자아적인 경향, 추구(Strebung), 억제(Hemmung)로부터의 생성에 대한 것인데, 이와 같은 것들은 수동적으로 출발하는 원과정의 지향성을 특징짓는다. 삶과정으로서 이러한 원과정은 단순히 기계적 선행이 아니다 : 삶의 원과정이란 직관적인 소여성에 대한 추구라고 규정함으로써 후설은, 이미 언급하였듯이, 시간적인 충족 과정에 대해서도 새롭고도 역동적으로 기술해야 하였다.

그러므로, 자아적 주목(Zuwendung), 지각 그리고 파악이라는 활동은 수동적으로 경험된 질료적 원과정에 의해 일깨워지는데, 그래서 이러한 원과정은 자아적 활동의 원천에 놓여 있다. 그러나 자아적 실행의 주관만이 아니라 모든 현재적 소여성도 이미 이 원흐름으로부터 태어난다. 하나의 소여성의 현재성에 대한 의식은 사실, 위에서 간단히 지적한 바와 같이, 수동적으로 체험한 원흐름의 파지적 지향과 예지적 지향 사이의 상호 활동에서 성장한다. 이러한 새로운 통찰을 의해, 현재를 시간 의식의 가장 근원적인 차원이라고 발생적 현상학에 의해 특징짓는 것의 그 배경은 무엇인가 하는 물음을 다시 던지게 된다. 모든 현재가 그와 같이 생성사를 갖는다면, 다시 말해 하나의 되어진 현재(gewordene Gegenwart)라면, 첫 번째 원현시 일반과 같은 것이 있을 수 있는가 하는 문제를 왜 후설이 베르나우에서 그렇게 상세하게 다루었는가에 대해서도 좀더 잘 이해할 수 있게 된다.

수동적이고 능동적으로, 익명적이고 자아적으로 수행된 시간 의식의 지향성들 사이의 연관에 대한 주목할 만한 연구를 통해 후설은 마침내 습관(habituell)이 된 자아 행위에서 자라는 수동성의 제2의 형식을 발견하게 된다. 습관적으로 수행된 시간 의식의 이러한 활동은 베르나우 원고에서는, 기대했던 바와 같이 무엇보다도 회상에 대한 새로운 발생적 분석과 연관지어 논의되는데, 이것은 다음과 같은 두 가지를 구별하는 형식에서 이루어진다. 그 하나는 습관적으로 수행된, 실천적 목표 설정과 결합된 기억 활동(Erinnerungsakt)이고, 다른 하나는 이념적인 정확성에 대한 이론적 목표 설정을 가진 능동적 기억 수행이다.

그러나, 앞에서 인용한 인가르덴에게 보내는 편지에서 "시간의 현상학은 (……) 순수하게 자체적으로는 해결되지 않는다"는 것을 표명하는 것은 회상의 분석보다도 *개체화 문제(Individuationsproblematik)*에 대한 탐구다. 왜냐 하면 대상에 대한 시간적 규정을 선험적 의식에서 구성하는 것을 밝히는 것이 시간의 현상학의 숙제라면, 시간의 현상학은 이러한 대상적 시간 양태들의 존재론적 규정에도 주목하지 않을 수 없기 때문이다. 시간의 양상들은 후설 스스로 표현했듯이 존재(Sein)의 양상들이요 실존(Existenz)의 양상들이다. 그러나 현재의 존재, 과거의 존재, 미래의 존재만이 아니라 더 보편적으로 대상적 존재의 개체화도 시간 의식에서 구성된다. 하나의 경험 대상의 개체화는 결국 언제나 그 대상의 시간적 소여성으로부터, 특히 그 대상의 현재적 소여성으로부터 파생된다. 하지만 후설은 이와 관련된 연구에서 곧바로 이념적 대상의 개체화라는 훨씬 더 복잡한 문제를 만나게 되는데, 이러한 이념적 대상들에 대해서는 알려진 바와 같이 개체화하는 소여성에 대한 관계가 비본질적이다. 이것이 단지 경험적으로 실제적인 대상들만 시간에 대해 본질적 연관을 갖는다는 말인가? 그렇다면 환상 대상의 시간 연관에 대해서는 어떠한가? 환상의 대상이 그 존재 양상에 따라 경험적으로 개별적인 대상과 이념적인 대상 사이의 중간 위치에 놓여 있다면, 그 대상들의 시간성에 대한 연구로부터 경험적인 대상과 이념적 대상 내지는 "사실"과 "본질"에 대한 개체화의 상이한 양상에 대한 본질적인 것도 알 수 있다. 이로부터 후설이 왜 후기의 존재론적으로 정향된 베르나우의 원고에서 재차 환상 시간에 대한 현상학적 분석으로 언제나 되돌아오는가도 설명된다. 보편적 본질의 개체화는 경험적 견본에서의 그 개별화와 혼동되어서는 안 된다는 것은 쉽게 통찰되지만, 후설은 이러한 순수하게 부정적인 규정에 만족할 수 없었다. 그래서 그는 환상 대상의 개체화의 연구를 넘어 환상 활동에서의 환상 대상의 주관적 소여성을 통해, 그리고 환상 세계에 환상 대상을 접목시킴으로써 이념적 대상의 개체화에 대한 좀더 긍정적인 규정에 도달하고자 시도하였다. 그래서 이념적 대상의 주관적 소여성에 대한 연구와 이념적 대상의 가능한 논리적 "세계들"과의 접목에 대한 연구는 "합리적 형이상학"의 건설이라는 후설의 기획에서만 요청되는 것이 아니라 오늘날의 논리학자에게도 흥미를 끌 만한 결과에 도달한다.

현상학적 의미이론 대 자연주의적 의미이론

박 승 억 (Trier대 철학과 Post-doc.)

누군가가 '20세기의 철학은 논리학과 언어의 본성에 관한 진지한 물음으로부터 시작했다'고 말한다면, 우리 중 대다수는 그의 말이 잘못되었다고 논쟁을 벌이려 하지는 않을 것이다. 프레게나 후설이 심리학주의를 상대로 벌인 논쟁, 그리고 같은 시기에 일어난 논리학과 언어철학의 발전 등이 그러한 주장을 뒷받침하는 증거로 제시될 수도 있을 것이다.

앞으로 전개될 논의가 주장하고자 하는 것은 후설의 현상학적 의미이론(theory of meaning)이 다른 경쟁 이론들보다 선호할 만하다는 것이다. 이 '선호할 만하다'는 말의 의미는 인식론적 관점에서 더 그럴 듯하다는 것이다. 물론 철학적 의미이론은 그 탐구 주제가 말하고 있듯이 존재론에까지 관여**할 수** 있다. 따라서 인식론적 관점에서 선호할 만하다고 말할 수 있으려면, 적어도 존재론적인 논의에서도 다른 경쟁 이론에 비해 큰 단점을 가지지 않는다는 사실 또한 입증되어야 한다. 우선 나는 대립되는 경쟁 이론을 제한해야 할 것이다. 그 이유는 의미론의 역사가 바로 철학사 전체라고 말해도 큰 잘못이 아닐 것이기 때문이다. 즉, 그 전체를 조망한다는 것은 여기서 가능하지도 않을 뿐더러 이 글의 본래 의도와도 어긋난다. 이 글의 의도는 형이상학적 경향에서 서로 상반된 두 입장을 대결시켜 보자 하는 것이다. 따라서 여기서 문제시하고 있는 경쟁 이론은 인식론적 그리고 존재론적 경향이 자연주의적인 입장을 가진 이론들이다. 이는 그러한 이론들이 현상학적 의미이론과 근본적으로 양립하기 어려운 점을 가장 분명하게 보여주고 있기 때문이다. 즉, 그 이론들은 궁극적으로 의미의 영역을 사실의 영역으로 환원시키려는 입장이고[1] 이러한 입장들은 그 경향에서 보면 후설이 일생 동안 지속적으로 대결했던 심리학주의와 근본적으로 같은 노선에 서 있기 때문이다. 따라서 나는 단지 심리학주의만이 아니라 그와 유사한 형이상학적 경향을 가진 이론들을 '자연주의적 의미이론'이라는 이름 아래서 묶어 현상학적 의미이론과 함께 검토해볼 것이다.

I

만약 현대 영미철학이 자신들의 철학적 전통과 무관하지 않다면, 그들 역시 19세기와 20세기 초반을 휩쓸었던 심리학주의를 둘러싼 논쟁으로부터 자유롭지는 않을 것이다. 논리학의 기초가 심리학이라는 주장이 귀결시키는 가장 큰 난점은 상대주

---

1) 좀더 구체적으로 말하자면 심리학주의는 의미의 영역을 주관의 작용으로 해석함으로써 의미의 영역과 사실의 영역 사이의 구분을 제대로 하지 못한 반면, 소위 콰인(Quine)류의 자연주의적 의미이론은 의미의 영역과 사실의 영역 사이의 경계선을 통째로 제거시킨 것이다.

의를 초래한다는 점에 있다. 후설이 심리학주의를 비판한 가장 중요한 논거는 아프리오리한 학문인 논리학의 법칙과 경험과 학인 심리학의 법칙은 결코 혼동될 수 없다는 점이다. 좀더 구체적으로 말하자면, 한 판단의 의미를 그러한 판단을 구성하는 작용과 혼동했기 때문에 야기된 결과다. 우리의 현재 논의와 연관해서 후설의 입장을 요약하면 다음과 같을 것이다. 한 판단의 의미는 그것을 누가 인식하든지 상관없이 확정적이다. 즉, 후설이 파악하는 심리학주의의 잘못은 인식하는 주관의 심리적 작용으로 **모든** 의미 현상을 설명할 수 있다고 주장하는 것에 있다. 후설에 의하면 이러한 심리학주의의 인식론적 귀결은 그들 이론들이 본래 기대했던 것과는 정반대로 모든 학문의 가능성을 위협하는 상대주의다. 가령 심리학주의자의 주장처럼 논리학이 심리학의 한 분과이고 그 경우의 심리학이 다름아닌 '사고의 물리학'이라면 우리는 논리적 진리를 경험적 진리라고 말해야만 할 것이다. 그리고 경험적 진리가 그 본질적 성격상 어떤 필연적 타당성도 확보할 수 없다면, 결국 모든 학문의 방법론적 기초라고 여겨지는 논리학의 지반마저도 불안정한 것이 되고 만다. 후설의 다음 말은 이러한 사정을 단적으로 표현한다.

"우리가 여기서 의미(*Bedeutung*)의 엄격한 동일성(*Identität*)을 고집하고 그것을 저 의미 작용(*Bedeuten*)의 지속적인 심리적 성격과 구분하는 것은 미묘한 차이들에 대한 주관적인 편애에 기인하는 것이 아니라 다만 이러한 방식으로만 논리학을 이해하기 위한 근본적인 사정이 정당화될 수 있다는 이론적인 확신에 기인하는 것이다"(Hua ⅩⅨ/1, 105쪽).

논리학을 정당화하기 위한 필요 조건으로서 의미의 동일성

혹은 객관성에 대한 요구는 단순히 논리학에만 관련된 것이 아니라 학문 일반의 가능성에 대한 적극적인 논변으로 이해될 수 있다. 그러나 한편으로 그러한 요구는 신플라톤주의라는 다소 부담스러운 입장으로 이끌릴 수도 있다. 왜냐 하면 한 표현의 의미가 그 표현을 말하는 사람이나 혹은 그 표현을 이해하는 사람과 상관없이 동일하게 확정적이기 위해서는 그 표현의 의미가 인식하는 주관과 독립적일 것을 요구하는 것처럼 보이기 때문이다. 전통적인 지시적 의미론의 입장을 취하면서 의미의 철저한 객관성을 요구하는 한 이러한 귀결은 불가피해보인다. 분명 표현의 일차적인 기능은 자신을 매개로 하여 대상적인 것을 가리키는 것이다.2) 우리가 소위 플라톤주의라고 부르는 입장들은 이러한 사정에 근거해서 의미의 철저한 객관성을 주장하는 경우 한 표현의 대상이 인식하는 주관들의 차이에 의해 영향받지 않도록 완전히 독립해 있어야 한다고 요구하는 것이다. 그러나 이러한 견해는 '의미의 객관성'을 획득하는 대가로 우리가 어떻게 그러한 초월적인 의미를 획득하게 되는지(혹은 그러한 초월적인 대상을 인식하게 되는지)를 신비스러운 과정으로 만들기 쉽다. 즉, 의미의 엄격한 객관성을 주장하기 위해 의미의 영역을 인식 주관으로부터 떼어놓는다면, 그리고 그것이 감각적으로 지각 가능한 영역이 아닌 한, 어떻게 그것을 인식할 수 있는지를 설명하기 어렵다. 카츠(J. Katz)가 적절하게 표현하고 있는 것처럼 반실재론자들은 '어떻게 우리와 같은 시공적 피조물이 인과적으로 접근 불가능한 대상들에 대한 지식을 획득하는가'라는 물음을 통해 플라톤주의자들을 신비주의자라고 비난하는 것이다.3) 심리학주의는 그 의미의 영역을 인식

---

2) Husserl, Hua X IX / 1, I 연구 참조.
3) Jerold J. Katz, "What Mathmatical Knowledge Could Be", in : *Mind* Vol.

주관의 내재적 영역으로 끌어들임으로써 심리학적 설명을 시도한다. 이는 사실 심리학주의가 갖는 하나의 강점이라고 말하지 않을 수 없다. 그러한 설명 방식은 '지적 직관(intellectual insight)'이라는 애매한 개념을 들어 설명하는 것보다는 훨씬 설득력이 있어보이기 때문이다.

『논리 연구(*Logische Untersuchungen*)』는 이러한 문제 상황을 타개하기 위해 서술된 것이다. 실제로 후설이 단순한 반심리학주의자가 아니었던 것은 『프롤레고메나(논리 연구 I)』에서 그가 심리학주의의 진영과 당시의 반심리학주의 진영 모두를 비판했던 점을 통해서도 확인할 수 있다. 후설은 우선 『프롤레고메나』에서 의미의 객관성을 확보하고, 『논리 연구 II』에서 그것이 우리 주관에게서 어떻게 구성되는지를 기술 심리학적으로 해명하고자 했던 것이다. 이러한 이중적인 작업은 실제로는 만족스러운 의미이론의 두 가지 조건을 의미한다. 즉, 어떤 의미이론의 논리적 귀결이 상대주의를 허용할 가능성이 있다면, 그 이론은 받아들이기 어렵다. 그와 동시에 그 이론은 실제 의미 현상을 만족스럽게 해명할 수 있어야 한다.

이러한 두 조건은 한 표현이 일관되게 한 대상을 가리키는 논리적인 의미의 이상 언어와 그렇지 못한 자연어 사이의 대립에 유비될 수 있다. 가령 초기 논리적 원자론자(logical Atomist)들의 형이상학처럼 언어가 세계를 그려내는 것이라면, 언어의 구조와 세계의 구조는 평행한다. 따라서 언어의 구조에 대한 분석은 곧 세계의 구조에 대한 분석을 의미한다. 만약, 통상 알려져 있듯이 논리적 원자론자들의 형이상학적 프로그램이 좌절되었다면, 그 사실이 어떤 함축을 갖는지는 분명하다. 그러한 좌절이 단순히 방법론적인 결함 때문만은 아니다. 그들이 이상

104, 1995. 499쪽 참조.

언어로 생각했던 외연적 언어는 실제 우리의 언어 행태를 분석하고 따라서 우리가 자연스럽게 이해하고 있는 세계의 구조를 드러내는 데 실패했다는 것을 의미한다. 말하자면, 그들은 자신들의 방법이 세계를 그려내는 적절한 수단이라고 주장했지만, 실제로는 그들이 가지고 있는 그림을 세계에 덮어씌운 것이다. 만족스러운 의미이론이 견지해야 할 일차적인 조건은 실제 의미 현상을 얼마나 적절하게 드러내고 해명해주는가에 있다. 나는 우선 그것을 의미이론을 평가하는 일차적인 기준으로 삼을 것이다.

최근 한나(R. Hanna)는 후설이 약한 심리학주의자와 공통된 입장을 가지고 있다는 흥미로운 견해를 제기하였다.4) 이러한 그의 입론은 우리가 앞서 정식화한 문제 상황에 대한 가능한 하나의 답변일 수 있다. 스미스(B. Smith)가 옳게 표현하고 있는 것처럼 심리학주의가 갖는 강점은 "만약 사고나 명제들이 (……) 마음에 내재적이라면, 어떻게 그것들이 우리의 인지적 활동에서 작동하는지 그리고 어떻게 우리가 그것들을 파악하게 되는지를 쉽게 알 수 있다"는 점이다.5) 한나의 주장은 후설이 논리학이 심리학의 한 분과라고 주장하는 강한 심리학주의를 비판했음에도 그가 논리적 명제들의 참을 인식할 수 있는 이성적 존재자를 가정함으로써, 그러한 인식의 가능성을 허용하는 한, 약한 심리학주의자와 공통된 입장을 갖는다는 것이다. 이러한 한나의

---

4) R. Hanna, "Logical Cognition ; Husserl's Prolegomena and the Truth in Psychologism", in : *Philosophy and phenomenological Research*, vol. LIII, 1993.
5) B. Smith, "Husserl's theory of Meaning and Reference", in : *Mind, Meaning & Mathematics*, ed. L. Haaparanta , Kluwer Academic Publ. 1994. 163쪽.

주장은 비록 독립적인 논의에서 검토되어야 할 것이기는 하지만, 후설이 그의 말년까지 심리학적 논의를, 정확히는 선험적 심리학에 대한 관심을 포기하지 않았다는 점은 하나의 주장을 뒷받침하는 근거가 될 수 있다. 후설의 의식 지향성에 대한 분석은 사실상 (최소한 『논리 연구』시기만 하더라도) 기술심리학적 성격을 가지고 있다. 그에게서 기술(*Deskription, Beschreibung*)은 현상학적 방법의 핵심을 이루는 것이기도 하다. 문제는 소위 경험심리학 내지는 실험심리학적 입장과의 현격한 차이다. 경험심리학자들이 의미 현상을 의식 주관의 심리 현상으로 환원시킨 데 반해 후설은 의미의 영역이 단순히 경험적 주관의 심리 현상으로 환원되지는 않는다고 본 것이다. 만약 심리학주의자들의 주장이 옳다면, 즉 한 표현의 의미가 주관의 심리적 구성물이고 따라서 그것의 토대가 주관의 (본질적으로는 우연적인) 심리적 작용이라면, "π 는 초월수다"라는 문장의 의미는 원리적으로는 그것을 인식하는 사람이 누구인가에 따라 달리 결정될 것이다. 물론 이 문장의 의미는 수학자에게는 직접적으로 주어지는 데 반해 '초월수'라는 개념이 무엇인지 모르는 사람에게는 낯설게 들릴 것이다. 그러나 그것은 이해의 차이지 의미의 차이가 결코 아니다. 복잡한 수식을 간단하게 이해하는 것과 그것을 이해하지 못하는 것은 훈련의 차이일 뿐 그 수식의 의미가 사람들 각각에게 다르다고 추론해서는 안 된다. 사실상 이러한 문제는 감각적으로 경험할 수 있는 대상들을 직접 지칭하는 표현들에서는 큰 어려움을 야기시키지 않는 것처럼 보인다. 그러한 대상들에 대한 우리의 표상(그 대상의 의미와 연관하여)이 내재적이라 하더라도 그 표상의 지칭체가 의식 작용의 우연성에 저항하고 있고 궁극적으로 경험적 조사에 의해 확정될 수 있는 가능성이 열려 있기 때문이다.[6] 문제는 이러한 견해를 보다 높은 수준의 대상(가령, 수학적 대상들이나 논리적 명제들과 같은 소위 추상적 대상)을 인식하는 과정으로 확대시키는 경우다. 이러한 대상들의 의미를 심리적 작용으로 환원시키는 심리학주의는 초시간적인 추상적 대상들에 대한 우리의 인식 과정과 시간적인 지배 속에 있는 경험적 대상들에 대한 인식 과정을 혼동하고 있는 것이다. 즉, 추상적인 대상 혹은 후설의 표현에 따라 종으로서의 의미는 본질적으로 새로운 대상이며, 따라서 그것을 파악하는 작용의 층 역시 다르다. 심리학주의가 작용의 측면을 강조한 것은 옳지만 그러한 작용들의 층을 혼동함으로써 상대주의를 허용할 가능성이 열려 있다는 것은 치명적이다.[7]

의미를 감각적 증거로 환원시키거나 혹은 인식하는 주관의 작용으로 환원시키는 모든 시도의 궁극적인 도달점은 흄의 자기 파괴적 논변이다. 물론 후설처럼 추상적 대상들을 새로운 종류의 대상성으로 간주하는 것은 그것의 존재론적 지위를 어떻게 처리해야 하는지에 대해 명료한 해답을 제공하기는 쉽지 않다. 즉, 후설의 입장은 마이농(Meinong)과 함께 하나의 딜레마에 빠질 수 있다. 즉, 그러한 추상적 대상을 인식하는 주관과는 독립한 초월적인 대상으로 간주하든지 아니면, 인식 주관에 내재하지만 어떤 특별한 종류의 대상으로 간주하든지다. 후설은 이 모두를 거부한다.[8] 만약 그렇다면, 후설은 이러한 대상들

---

6) 이러한 입장에 대한 가장 적극적인 반박은 콰인(Quine)의 것이다. 이를 우리는 다시 살펴볼 것이다.

7) 아마 이러한 논변에 '도대체 수정 불가능한 인식이란 없다'고 강한 불만을 표현한 사람들도 있을 것이다. 이는 의미론적이기보다는 인식론적 입장의 차이에 기인한다고 말해야 할 것이다. 예컨대 전통적으로 그토록 견고하게 여겨진 논리학마저도 수정 가능하다는 입장들이 있다. 그러나 그것이 곧 한 표현의 의미의 동일성은 불가능하다는 것을 귀결시키지는 않는다는 점 역시 분명하다.

을 단순히 언어적인 구성물로 간주하는가? 후설은 그것도 거부한다. 후설에게서 이 문제가 처리하기 어려웠던 문제임은 그의 『논리 연구Ⅱ』가 사람들에게 다시 심리학주의로 되돌아갔다는 오해를 야기했다는 점에서도 읽어낼 수 있다. 후설이 '추상적 대상'을 새로운 대상성으로 간주한 것은 두 가지 맥락에서 이해되어야 한다. 우선 그 새로운 대상들이 형이상학적으로 실체화되어서는 안 된다는 점, 그럼에도 그것은 분명 대상들이라는 점이다. 우리에게 너무나 친숙한 하나의 사실은 우리가 대상 소여의 감각적 차이를 넘어 의미의 동일성을 전제(presuppose)한다는 것이다. 두 상이한 시점에 존속해 있는 한 대상의 동일성은 감각의 차원에서는 결코 확보될 수 없다. 그러나 우리는 그러한 동일성을 체험한다. 의식 작용에 대한 기술적(deskriptive) 분석은 그 동일성이 무엇으로부터 유래하는지를 보여준다. 후설이 의미를 일종의 '종(Spezies)' 개념으로 이해한 것은 이 때문이다.9) 그러한 종으로서의 의미가 구체적인 문장들에서 개별적으로 예화하는 경우 그 의미를 이해하는 것은 상황에 의존적일 수 있다. 그러나 그 예화된 상황들을 하나의 집합의 구성원(member)으로 간주할 수 있는 이유는 그 집합의 구성 조건인 '종으로서의 의미'가 주어져 있기 때문이다. 의미를 주어진 대상들의 감각적 유사성과 차이에 주목하여 추상하는 소박한 경험주의적 추상은 마치 원소의 수가 무한한 집합의 원소들을 무한히 나열함으로써 그 집합을 설명하려고 하는 매우 비경제적인 태도다. 그것은 우리의 존재론을 간단하게 만들지는 몰라도 (사실은 그렇지도 못하지만) 인식론의 관점에서 보면 매우 복잡하고 번거로운 것이다.

---

8) Husserl, Hua ⅩⅨ/1, 127쪽 이하 참조.
9) Husserl, Hua ⅩⅨ, Ⅱ연구 참조.

II

이러한 후설의 입장에 대한 가장 강력한 반론은 콰인(Quine)과 같은 자연주의적이면서 전체론적 입장에 선 논변일 것이다. 콰인의 입장을 자연주의로 특징짓는 것은 그가 인식론에서 선험성을 거부함으로써 제1철학을 거부하기 때문이다. 즉, 콰인은 전통적인 '분석/종합의 구분', 즉 의미의 영역과 사실의 영역 사이의 구분선을 제거함으로써 규범성을 거부하고 프레게가 취했던 반심리학주의적 경향에서 다시 과학적 심리학의 영역으로 인식론을 되돌려놓았다. 콰인의 이러한 철학적 경향은 근본적으로는 의미론의 논의로부터 출발할 수 있다. 지시체 불투명성 내지는 번역 불확정성 논제는 앞서 후설이(그리고 프레게 역시) 주장했던 것처럼 한 표현의 의미가 확정적이라는 입장에 대한 반박으로 간주될 수 있다. 콰인이 제시하는 논변의 강력함은 그 논변이 후설과 마찬가지로 어떤 규범적 가설 없이 순수하게 우리의 언어적 행태를 분석함으로써 얻어진 결과처럼 보인다는 점에 있다. 또한 바로 이러한 점에서 콰인의 입장은 앞서 말한 심리학주의보다 더 극단적이고 철저하다. 그것은 콰인이 의미론에서 지칭의 문제에 대해 취했던 태도를 존재론의 문제에까지 일관되게 진행시킴으로써 존재론에서도 상대주의를 공공연히 받아들이고 있기 때문이기도 하다. 콰인의 이러한 반선험주의(내지는 반절대주의)적 태도는 첫째 언어가 세계에 대한 우리의 이해를 반영한다는 생각을 받아들이고 둘째, 철저한 경험주의를 고수함으로써 결국 실용주의적 전략을 취하기 때문이다. 콰인이 흄의 곤경(Hume's predicament)을 진지하게 받아들임으로써 실용주의적 견해를 취한다면 사실상 후설의 상대주의에 대한 공격은 의미가 없다. 왜냐 하면 인간

지성의 한계를 겸허하게 받아들이면서, 차선의 대안을 위해 건전한 상대주의를 용인하는 입장에 대해 상대주의를 반박하는 것은 귀만 아플 것이기 때문이다.

논리학의 가능 근거를 탐구함으로써 후설이 심리학주의를 논박할 때, 후설의 논증은 다음과 같이 전개될 수 있다.

1. 논리학이 잘 작동하고 있고 논리학이 보편적이고 필연적 진리의 체계라면, 의미의 동일성이 보증되어야 한다.
2. 심리학주의자의 주장에 따르면, 의미의 동일성은 확보되지 않는다.
3. 논리학은 잘 작동하고 있다. / 따라서 심리학주의자의 주장이 틀렸든지 아니면 논리학이 보편적이고 필연적 진리의 체계가 아니라는 의미다.

후설은 여기서 심리학주의자의 주장이 틀렸다는 결론으로 나아간다. 후설에게서 논리학이 필연적인 진리의 체계라는 점은 거부하기 어려웠기 때문이다. 그러나 콰인의 오류가능주의는 논리학의 체계조차도 인간 인식인 이상 어떤 필연성을 주장할 수 없다고 말할 것이다. 즉, 후설은 위의 논변에서 전제 1, 2, 3 모두를 받아들임으로써 심리학주의를 부정하는 결론으로 나아가지만, 콰인의 경우 전제 1이 문제가 있음을 보일 것이다. 결국 후설의 상대주의 논박을 통한 심리학주의 거부는 콰인의 입장에 대한 적절한 논박으로 기능할 수 없다.

그러나 우리가 고려해야 할 것은 양쪽 입장 모두 의미론의 논의를 기술적(descriptive)인 방식으로 전개한다는 점이다. 즉, 언어 행태에 대한 기술적 분석은 후설이나 콰인에게서 동일한 방법론적 지침이다. 그럼에도 불구하고 나타나는 극단적인 입장의 차이는 인식론적 입장의 차이에 기인한다. 콰인이 철저한 경험주의를 고수하는 한 그는 흄의 곤경으로부터 벗어날 수 없다. 그러나 경험주의를 고수할 이유가 도대체 무엇인가? 만약 그것이 어떤 인식 과정에 대한 신비로운 설명을 용인하지 않으려는 태도라면, 따라서 그가 의미론의 핵심적인 무게를 '자극 의미'에 둔다면, 동일한 방식으로 되물을 수 있다. 인간 인식에서 '경험'이야말로 정말 신비로운 것이 아닌가? 만약 경험이 하등의 물음도 제기하지 않을 만큼 자명한 것이라면, 정말로 많은 철학적 문제들이 가짜 문제로 제거될 것이다. 콰인이 경험론적 전통을 고수함으로써, 결국(혹은 당연한 귀결로서) 의미의 동일성을 포기한다면, 그것은 목욕물을 버리기 위해 아이까지 버리는 것이다. 경험 그 자체는 전제되는 것이 아니라 해명되어야 할 것이다. 어떤 제한된 입력(input)에서 그 이상의 출력(output)을 내는 것이 경험이라면, 그것은 단순히 입력과 출력 사이의 기계적인 비교를 통한 행동주의적 전략으로는 결코 해명되지 않는다. 우리의 탐구 대상은 입력과 출력을 연결시켜 주는 일종의 안개상자이기 때문이다. 콰인의 행동주의적 의미 이론은 그 안개상자를 문제의 영역에서 제외시키는 것이다.

콰인의 번역 불확정성 논제를 극단화하면, 엄격한 의미에서 번역을 한다는 것은 의미 없는 일이다. 그럼에도 우리가 실제로 번역이라는 작업을 하고 있다는 사실은 콰인의 논변에서는 드러나지 않는 어떤 사실을 보여주는 것이다.

의미의 객관성을 주장한다고 해서 한 표현은 어떤 문맥이라도 동일한 의미를 갖는다는 것을 주장하는 것은 아니다. 한 표현의 의미는 그것이 속한 문맥에 따라 달리 결정될 수 있다. 오히려 후설이 탐구의 영역을 구분하고, 그 각각에 합당한 의식의 대상 접근 방식을 의식의 지향성 분석을 통해 구분하는 것은 한 표현의 의미를 맥락 하에서만10) 이해할 수 있다고 주장하는 사람들의 견해를 보다 근본적으로 표현한 것이다. 그러나 우리의 언어 행태는 그 이상을 요구한다. 언어 체계들을 가정하고 그것들 사이에 어떤 통약 가능성이 없다고 말하는 것은 극단적인 가정이다. 어떤 관찰 상황 아래에서 자극 의미를 토대로 말해지는 것들이 우리의 의사 소통에서 유효하게 사용될 수 있는 의미라면, 주어진 의사 소통 상황이 어떤 한계 안에 있음을 의미한다. 그 한계는 유사성이라는 개념으로 말해질 수 있다. 의미의 동일성은 바로 한 표현이 지시하고 있는 상황의 유사성의 극한(limit)이다. 한 표현의 의미는 객관적인 불변체(*Invariante*)로서의 종(*Spezies*)으로 간주될 수 있으며, 그 의미는 구체적으로 예화된 문장들에서의 출현으로 계열화될 수 있다. 물론 후설이 분명히 지적하고 있듯이 종으로서의 의미는 추상적-관념적인 것이고 따라서 개개의 구체적인 표현들에 의해 기초지어져 있다. 이렇게 의미의 영역을 계열화시키면, 비로소 한 의미가 그 맥락에 따라서 달리 이해될 수 있다는 것도 드러난다. 유사성의 극한으로서 의미의 동일성은 단순히 경험적 추상으로부터 나온 것이 아니라 의사 소통을 위한 기본적인 요청(Postulate)이다. 의미의 이러한 동일성이 바로 우리가 의미의 객관성을 주장할 수 있는 근거를 제공한다. 이러한 요청은

10) 가령, K. Donnellan이나 Pollock같이 문장의 의미를 상황 지시적(indexical)으로 이해하는 사람들의 논변에 대한 후설의 반박을 구성한다면, 다음과 같을 것이다 : 한 문장의 의미가 상황 의존적이라고 하더라도 그러한 상황 의존적인 의미는 글자 그대로 파생적이다. 가령 한 문장 S가 몇몇의 상황(좀더 극단적으로는 모든 가능한 상황 Cn)에서 그 상황 변화에 상응해서 Sn의 의미를 갖는다 해도 S 자체의 의미는 S1 …… Sn 모두의 전형(Typus)이다. 즉, 특정한 상황적 조건 하에서 한 문장의 파생적 의미는 그 문장을 발화하는 사람의 의도(intention)와 주어진 상황에 따라 달리 결정될 수 있지만, 그렇다고 해서 그러한 의미들과 본래 문장의 의미 자체는 혼동될 수 없다.

칸트적인 의미에서 선험적 기능을 수행한다. 그것은 넓게 말해 학문 일반의 가능 근거를 말하는 것이다.

앞서 말한 요청은 단순히 한 이론이 가능하기 위한 조건으로서 가설적인 어떤 것을 말하려는 것은 아니다. 왜냐 하면, 그것은 고안된 것이 아니기 때문이다. 실제로 자연적인 의사 소통 행위는 바로 그러한 의미의 동일성을 전제한다. 그것은 단순히 특정 언어 공동체의 규범적 규약도 아니다. 후설의 지향적, 기술적 분석의 방법론적 탁월함은 여기에 있다. 달리 말해 선험적 조건의 해명이라는 관점에서 보면, 우리의 의사 소통 행위의 기술적 분석은 우리가 의미의 동일성을 전제로 한다는 것을 드러낸다. 칸트나 후설 그리고 콰인에게서도 방법론적으로 의미 있게 사용할 수 있는 공통의 표현은 바로 '도그마 없는'이다. 그러나 그러한 방법론적 이념이 자칫 종래의 모든 학적 이념을 제거하는 오컴의 길로틴일 수는 없다. 가령 과학이 잘 작동하고 있는 이유는 그것이 단순히 체계 상대적으로 제기된 퍼즐의 풀이에 몰두하고 그로부터 얻어진 결과가 세계에 대한 우리의 믿음을 우연하게 나마 교정해주거나 우리의 삶에 실제의 이익을 주고 있기 때문은 아니다. 콰인이 말하는 것처럼 괴델의 증명이나 하이젠베르크의 원리가 전통적으로 믿어온 학문의 합리성 혹은 의미의 객관성이 한갓 박물관의 잔재라고 주장하는 것이라고 받아들여야 할 결정적인 근거는 아니다. (논리적 관점에서) 오히려 역설적으로 과학자들이 (회의적인 철학자들이 아니라) 쉴새없이 탐구하는 근본적인 동기는 그들이 진리를 탐구하고 있다는 믿음이며 이 믿음의 뿌리는 그들의 탐구 언어가 아무런 잣대가 주어질 수 없는 무정부 상태가 아니라는 것이다.

사실의 영역과 의미의 영역의 구분선을 폐지하는 것이 이미 고전적인 관점이 되어버렸다면, 정말로 의미 있게 물을 수 있는 물음은 이런 것이다. 그 구분선을 폐지함으로써 의미의 영역이 사라지고 오직 사실의 영역만이 남는가? 아니면 그 역인가? 만약 이도 저도 아니라면 사실과 의미는 더 이상 구분 불가능한 상태로 혼재되어 있는가? 이러한 물음들에 대한 궁극적인 답변은 불가능하고, 어떤 이론 체계를 믿는가에 따른 선택적 결단이라면, 그 선택의 결과가 최소한 자기 파괴적인 귀결을 낳아서는 안 될 것이다.

III

의미론에서 프레게와 러셀 이후로 그리고 보다 극적으로는 콰인 이후로 폭넓게 받아들여지고 있는 견해는 의미와 명명 혹은 의미함과 지칭이 동일시될 수 없다는 것이다. 이는 후설에게서도 마찬가지다. 즉, 표현의 일차적인 기능이 가리키는 것이지만, 그렇다고 해서 가리킴의 기능과 의미함이 동일시될 수는 없다. 원자론적 의미론을 견지하면서 심상(image) 이론을 받아들이는 사람들에게 전형적인 이러한 견해가 가지고 있는 최대의 약점은 가리킬 것이 없는 표현들의 의미에 관한 문제다. 예컨대 문맥적으로만 정의될 수 있는 문장 구성 성분들의 경우가 바로 그렇다. 물론 이는 아주 전통적인 플라톤주의적 의미론에 대해서도 유효한 비판이 된다. 우리의 언어가 모두 명사로 환원되지는 않기 때문이다. 설령 한 명제가 명사화(Nominalisierung)될 수는 있다 해도 그것은 사태이지 결코 개념이 아니다. 이러한 견해는 그 동안 너무나도 자연스러워 보여서 아주 오랫동안 철학자들을 지배했던 혼동에 대한 반박이다. 더군다나 콰인이 옳게 지적하고 있는 것처럼 우리의 언어 사용은 불가피하게 존재론에 관여하게 만든다. 따라서 의미함과 지칭의 혼동은 존재론적 혼동까지 야기한다. 의미와 명명 사이의 혼동이 그토록 뿌리깊은 것일 수 있는 이유는 '가리킴'이라는 작용이 표현의 가장 일차적인 기능이기 때문이다. 따라서 '황금산' 심지어는 '둥근 사각형'에 관해 말하는 문장들이 우리에게 의미 있게 들리는 한, 그 개념들이 존재론적으로 어떤 무엇을 가리켜야 한다는 강박 관념은 당연했을 수도 있다. 이러한 강박 관념의 피해자가 바로 마이농이다.

스위트(Sweet)의 상세한 보고에 따르면,[11] 적어도 마이농에게 실재하는 것(reality)은 특수자들(particular)들 뿐이기 때문이다. 마이농에게 문제는 그러한 특수자들로 환원되지 않는 보다 높은 수준의 대상들을 인식론적으로 설명하는 것이었다. 즉, 언어의 기능이 인식하는 주관과 존재하는 대상 사이의 매개적 관계를 받아들이는 한, 마이농은 우리가 '의미'라고 부르는 추상적 대상들이 실재(reality)와는 다른 방식의 존재성(subsistence)을 갖는 것으로 간주할 수밖에 없었던 것이다. 그것은 마이농에게 일종의 이론적 압박이다. 왜냐 하면 '둥근 사각형은 없다'는 문장은 분명 참인 것처럼 여겨지며, 없는 것에 관해 말하는 것이 참이라는 생각은 좀처럼 받아들이기 어렵기 때문이다. 물론 러셀도 근본적으로는 지시적 의미이론을 받아들이고 있다. 그럼에도 그가 기괴한 존재론이라고 간주한 마이농식의 존재론을 거부할 수 있었던 것은 콰인이 플라톤의 수염이라고 비아냥거린 마이농의 수수께끼, 더 정확히는 의미론의 아주 오랜 형이상학적 함정으로부터 벗어날 수 있는 길을 발견하였기 때

---

11) D. Sweet, Gestalt Controvercy, "The Development of Objects of higher Order in Meinong's Ontology", in : *Philosophy & phenomenological Research*, vol LIII, 1993.

문이다. 즉, 러셀은 실제로는 고유명이 아니면서 문법적으로 고유명의 기능을 수행하는 표현들을 효과적으로 제거하는 강력한 방법적 절차를 고안했던 것이다.

콰인이 "일상 언어의 '있다'는 진정으로 잘못된 길잡이다"[12]라고 말한 것은 이러한 사정에 대한 단적인 표현으로 간주될 수 있다. 물론 콰인의 이러한 유명론적 견해가 자연어 자체를 거부하자는 것은 아니다. 즉, "일상 언어는 발생적으로 뿐만 아니라 정교한 바꿔 쓰기를 통해 인위적인 용법을 더욱 궁극적으로 명료화하기 위한 매개로서도 사실상 근본적인 것으로 남는다. 그러나 …… 우리가 관심을 갖는 것은 일상 언어가 아니라 이러저러한 현재의 과학 언어나 새로 제안된 그 언어의 수정이다."[13] 그러나 아주 역설적인 결과는 콰인이 제시하는 논변이 궁극적으로는 주어진 문제를 해결하려고 **경쟁하는 이론적 체계들을 평가할 수 있는 합리적인 절차**를 확보하기 어려운 상대주의적 입장에 가까이 가 있다는 점이다.

우리가 여기서 문제시하고 있는 '의미'를 보편자로 파악하고 그 보편자를 존재론적으로 인정하는 철학적 입장을 반대하는 사람들의 놀라울 정도의 편견은 마치 그 보편자가 이 세상에 실재하는 것이라고 주장하는 입장이라고 여긴다는 점이다. 만약 '붉음 자체'가 2000년 어느 날 서울에서 그 모습을 드러낸다면, 보편자를 거부하는 사람은 너무도 놀랄 것이지만, 보편자를

---

12) W. v. o. Quine, *From a logical point of view*, 1963, Happer & Row Publ. 105쪽(허라금 역, 136쪽).
13) 콰인의 같은 책, 106쪽(허라금, 같은 곳).
　　직접 지칭 이론가들의 언어철학이 갖는 논리적 어려움은 존재론적 사고에 의해 추동되고 있기 때문이라는 Stroll의 말은 이 경우 매우 시사적이다. 이에 관한 보다 상세한 논의는 A. Stroll, "Proper names, Names & fictive Objects", in : *Journal of Philosophy* 1998, 참조. 특히 534쪽 이하.

인정하는 사람은 드디어 자신의 이론이 맞았다고 의기양양할 것인가? 보편자를 인정하는 사람들의 논의 맥락은 상식적이고 자연스러운 과정으로 이해될 수 있다. 물론 개중에는 특정한 종류의 보편자를 형이상학적으로 실체화시켜 공연한 오해를 야기시키는 이들도 있다.[14) 그러나 구더기 무서워 장 못 담그는 것만큼 괴로운 일도 없다. 예컨대 존재론적으로 건전하다고 말하는 사람들의 입장대로 '존재하는 것은 모두 특수자들뿐이다'는 주장을 받아들일 때, 궁극적으로 무엇이 특수자란 말인가? 우리의 지각 대상들인가 아니면 그 보다 더 근본적으로 감각 자료들인가? 콰인이 말하고 있는 것처럼, 만약 그것들 모두가 일종의 신화이고 궁극적으로는 어느 것이 더 그럴 듯한 이론인지를 실용적 관점에서 결정하는 문제라면, 왜 보편자를 인정하는 것은 그러한 경합하는 이론에 포함시킬 수 없는 것인가? 예컨대 '붉음'과 '색깔'은 모두 보편자라고 말할 수 있지만, 그것이 같은 위상의 것이라고 말할 수는 없다. '색깔'은 '붉음'에서 실현된다. 달리 말하면, 붉음은 후설이 말하고 있는 것처럼 색에 대해 상대적으로 구체적인 것이다. 색깔은 붉음에 대해 다시 보편자의 관계를 갖는다. 우리는 의미를 수직적으로 계열화시키며, 그것을 불편 없이 받아들인다. 이 불편 없다는 것은 우리의 자연어가 가지고 있는 놀라운 효율성이다. 러셀이 단순성은 이론의 바람직한 미덕이지만 본래 복잡한 것을 인위적으로 간단하게 만들려는 것은 그로 인해 오히려 이론 자체를 그르칠 수 있다고 말한 것은 역설적으로 지나친 자연주의자들에 대한 반박으로 이해될 수도 있다.[15)

---

14) 보편자의 실체화(*Hypostasierung*)에 대한 비판은 후설의 *LU II / 1*(Hua XIX / 1), 127쪽 이하 참조. 여기서 그는 보편자를 형이상학적으로 실체화시키는 사람으로 플라톤을 그리고 심리학적으로 실체화시키는 사람으로 로크를 지명한다.

IV

　의미의 객관성을 받아들이고 따라서 의미의 영역에 어떤 대상성을 부여한다는 것이 존재론적으로 건전하지 못하다는 것은 '있다'는 개념에 대한 지나친 알레르기다. 의미의 영역은 물리적으로 존재하는 대상들과는 분명 다른 방식으로 존재한다. 이 경우에 '존재한다'는 말의 의미는 우리에게 너무나 친숙한 개념이다. 더욱이 '존재'라는 개념만큼 우리의 일상 생활에서 큰 비중을 차지하는 단어는 거의 없다. 왜 유독 그 개념에 대해 민감하게 반응하는가? '존재한다'는 말과 물리적으로 존재한다는 말이 동의어라는 것은 하나의 제안일 따름이다. '존재한다'는 말의 명사적 용법, 즉 '～의 존재'는 그 무엇 무엇이 어떠 어떠한 '영역'에 속한다는 말 외에 다른 어떤 것이 아니다. 물론 의미와 그것이 가리키고 있는 대상을 혼동하는 것은 분명 잘못된 것이다. 가령 후설이 마이농과 츠바르도브스키(Twardovski)의 이론을 비판한 주요한 논거는 그들이 의미 작용과 의미 그리고 대상이라는 이 3항 관계를 잘못 이해하고 있다는 것이다. 즉, 마이농의 경우 한 표현이 어떤 대상을 가리킬 때, 그 대상의 물리적인 측면으로 해소되지 않는 어떤 종류의 대상성을 파악한 것은 옳다. 그의 잘못은 오히려 그가 그러한 대상성을 다른 종류의 대상성으로 파악한 것에 즉, 작용 ― 의미 내용(지향적 대상) ― 실재 대상의 3항 관계에서 지향적 대상과 실재 대상을 다른 것으로 파악하고 아주 어정쩡하게 그 지향적 대상의 존재성을 말하고 있기 때문이다. 후설이 보기에는 이러한 파악은 우리의 의미 작용의 방향을 공연히 분산시키는 잘못을 범하고

---

15) B. Russell, *An Inquiry into Meaning and Truth*, 1948, London, 51쪽 이하 참조.

있다. 지향적 대상과 실재 대상 사이에 어떤 구분선을 그어야 할 이유가 없다.16) 우리는 그 지향적 대상과 곧 그것이 가리키고 있는 실재 대상을 동일시한다. 물론 이 말의 의미는 그 지향적 대상과 실재 대상이 동일한 것이라고 주장하는 것이 아니라 우리의 의식 작용에 대한 해명이다. 즉, 지향적 대상 없이는 실재 대상이 우리 의식에 주어지지 않는다는 것을 의미할 뿐이다. 이것이 실재 대상이 없는 경우에도(예컨대, 황금산이나 둥근 사각형) 우리가 그것을 의미 있게 말할 수 있는 궁극적인 이유다. 즉, 그것은 수수께끼가 아니라 우리 의식 작용의 본질적인 구조에 기인하는 것이다. 달리 말하면, 순수한 의미 현상에서 한 문장을 발화하는 사람의 지향 작용의 궁극적인 도달점은 그것의 의미 부여적 동기에 상응하는 지향적 대상인 것이다. 따라서 하나의 실재 대상에서 여러 층에 귀속시킬 수 있는 대상성들이 파악될 수 있다. 이러한 대상들이 실제로 존재하는가의 문제는 이제 그러한 작용의 충족의 문제다. 그러나 이 충족의 문제는 의미 작용의 측면에서 보면, 비본질적인 작용인 동시에 의미 부여 작용의 동기라는 맥락에 의존적이다. 즉, 물리적 속성을 가진 개념의 충족은 물리적인 관점에서 검사될 것이며, 관념적인 대상의 경우는 그에 합당한 맥락 속에서 그 충족이 검사될 것이다. '의미의 의미(meaning of meaning)'가 수수께끼와 같아서 온갖 질 나쁜 철학적 문제들의 슬럼(slum)은 아니다. "명명된 대상은 결코 존재하는 것으로 간주될 필요가 없다."17) 물론 이러한 견해에 대해 냉소적인 사람들은 결국 마이농식의 존재론이나 후설식의 해결 방안은 같은 것이라고 말할 것이다. 즉, 후설 스스로가 말하고 있듯이 "의미들은, (……)

---

16) *LU II / 1*, 57쪽 참조.
17) 같은 책, 59쪽.

'일반적인 대상들'이라는 의미에서 개념들의 집합(Klasse)을 형성한다. 그러한 의미들은 그 때문에, 만약 '세계' 그 어디에도 존재하지 않고 따라서 천계(topos ouranios)나 신적 정신에 존재하는 대상들이 아니다. 왜냐 하면 그러한 형이상학적 실체화(Hypostasierung)는 불합리하기 때문이다. 존재라는 말로 오직 '실재' 존재만을 받아들이고 대상들이라는 말을 오직 실재하는 대상들로 이해하는 사람에게 일반적 대상들이라는 얘기 그리고 그 존재에 관한 얘기는 근본적으로 잘못된 얘기처럼 보일 것이다"(Hua XIX / 1, 106쪽). 그러나 존재라는 말과 대상이라는 말이 동의어가 아닌 것과 마찬가지로 우리 의식에 주어지는 대상이 시·공간을 점유하고 물리적인 술어로 번역되어야만 할 필요는 없다. 복잡한 것을 복잡하다고 말하는 것은 결코 비경제적인 이론의 태도가 아니다.

　이제까지의 논의를 요약하면 자연주의적 입장이 갖는 최대의 약점은 그것이 상대주의를 허용하기 쉽다는 것이다. 물론 이러한 논박이 그들에게 치명적이지 않을 수 있다. 지적인 회의주의는 오히려 지식의 발전을 가능하게 하는 원동력이라고 아주 세련되게 응수할 수 있기 때문이다. 사실상 이러한 세련된 응수가 어쩌면 단순한 이념으로서의 학문적 상황이 아니라 실제로 학문들이 처한 상황을 그려내는 것처럼 보이게 함으로써 상대주의를 현대 철학의 가장 강력한 유행으로 만드는 것이다. 그러나 그러한 실용적인 관점에서 보더라도 추상적 대상을 인정하고 그것에 대상성을 부여하는 것은 그들이 경쟁하는 이론들을 평가할 때 사용하는 기준들에 비추어보아도 훨씬 경제적인 이론이다.
　후설의 이론이 완결된 것이 아니라는 점은 분명하다. 그의 탐구가 보여주는 고무적인 측면은 오히려 우리의 일상적인 의식 행태들이 보여주는 풍부한 탐구 영역을 개진했다는 점에 있다. 셜록 홈즈에 대해서 이야기하는 것과 소립자에 대해 이야기하는 것이 그 두 대상을 동일한 종류의 대상으로 간주하는 것이 아니라는 것을 우리 모두가 잘 알고 있는 것처럼, 자연어의 효율성은 해명되어야 할 것이지 무시되거나 혹은 치료되어야 할 어떤 것은 아니다.

할 수 있음에서 놔둠으로 :
하이데거의 자유현상학

이 유 택 (계명대 철학과 강사)

"Jemand, der im 20. Jahrhundert den
Versuch unternimmt zu philosophieren, kann
nicht umhin, die Philosophie Heideggers zu
durchqueren, und sei es nur, um sich von ihr
zu entfernen. Dieses Denken ist ein großes
Ereignis unseres Jahrhunderts."[1]

1. 들어가는 말

고향에서 누리는 편안함과 그 편안함이 가져다주는 자유, 자
기의 양심과 의지를 준칙 삼아 스스로 입법자의 위치에 서서
자기의 삶을 결정해나갈 수 있는 자유, 온갖 종류의 권력과 권
위, 압제로부터 벗어나 자기의 뜻을 관철할 수 있는 자유, 이 모
든 형태의 자유가 사람을 사람답게 만드는 데 필수적인, 어쩌

---

1) Lévinas, E. : *Ethik und Unendliche : Gespräche mit Philippe Nemo.*
Übers. von D. Schmidt, Graz 1986. 31.

면 으뜸가는 요소라는데 이견을 달 사람은 많지 않을 것이다. 말하고 싶은 걸 말하고, 가고 싶은 데 가고, 먹고 싶은 걸 먹고, 사랑하고 싶은 사람을 사랑할 수 있음의 가능성이 원천적으로 막힐 때 우리는 그만 죽고 싶어진다. 자유 없는 삶은 차라리 죽는 것보다 못하다.

20세기가 낳은 최고의 철학자 가운데 하나인 하이데거는 이처럼 우리의 삶에, 우리의 존재에 결정적으로 중요한 의미를 지니고 있는 자유에 관해 뭐라 했던가? 그는 어디에서도 정치사회적 압제로부터의 해방을 말하지 않는다. 도덕적 실천을 위해서, 행위의 책임을 묻기 위해서라도 불가피하게 요구되는 자유의 이념을 철학적으로 정당화하려는 노력도 전무하다. »큰« 철학자 하이데거에게 이것은 일종의 책임 회피 내지 직무 유기 아닌가? 당연히 말해야 하는 것을 두고 말하지 않는 것은 비겁함을 넘어서서 일종의 죄악이다. 철학사상 누구 못지 않게 많은 »말«과 »글«을 남긴 하이데거이기에 우리의 안타까움은 그만큼 더욱더 클 수밖에 없다.

한때 가장 절친했던 친구 야스퍼스는 하이데거의 이러한 »침묵«을 우연의 산물로만 보지 않는다. 하이데거가 자유에 관해 많은 말을 할 수 없었던 것은 다름아닌 그의 무지와 오해 탓이라는 것이다. 자유가 철학(함)의 알파요 오메가라면 이는 곧 하이데거의 철학(함)을 그 근저에서부터 문제시한다고밖에 볼 수 없다.[2] 그의 제자 한스 사너가 사후에 펴낸 비망록 한 귀퉁이에서 우리는 다음과 같은 메모를 읽는다. "하이데거는 자유가 무엇인지 모른다."[3] 야스퍼스의 이 충격적 메모는 우리에게 새

---

2) 하이데거가 철학과 철학함을 무엇으로 보고 있는지에 관해서는 졸고, 「하이데거에게서의 철학과 철학함의 의미」, 『철학논총』 제20집, 새한철학회 2000, 271-306 참조.
3) "Heidegger weiß nicht, was Freiheit ist"(Jaspers, K. : *Notizen zu Martin*

삼·묻지 않을 수 없게 한다. 도대체 하이데거에게 자유는 무엇을 의미하는가?

2. 본래적으로 실존할 수 있음의 자유와 그 조건들

『존재와 시간』(1927)에서 하이데거는 주지하다시피 인간 현존재의 본질을 실존으로 규정한다. "현존재의 본질은 그의 실존에 놓여 있다"(SZ, 42). 현존재의 본질로서의 »실존«, 그것을 우리는 무엇으로 이해해야 하는가? »실존한다«는 것은 도대체 무엇을 의미하는가? 이 물음에 대한 아마도 가장 간명한 대답은 "실존은 존재 가능을 의미한다 ……"(SZ, 233)일 것이다. 현존재의 본질, 즉 실존은 존재 가능을 의미하기에 하이데거는 현존재를 가능 존재(Möglichsein, SZ, 143)라 부른다. 가능 존재로서의 현존재는 사물 존재와는 달리 "자유로움의 가능성" (SZ, 144)에 의해 규정되어 있다. 문제는 이 자유로움, 존재 가능 내지 "실존의 자유"[4]가 구체적으로 무엇을 의미하느냐 하는 것이다.

하이데거가 현존재의 실존 방식을 크게 두 가지로 나누고 있음은 널리 알려져 있다. 하나는 »비본래적«이요, 다른 하나는 »본래적«이라는 이름으로 불리는 현존재의 실존의 이 두 가지 근본 방식 가운데 하나를 우리는 »선택«할 수 없다. 본래성과 비본래성은 단순한 선택 사항이 아니다. 다시 말해서 우리는 비본래적이지도 본래적이지도 않은 중립을 지키고 있다가 모

Heidegger, Hrsg. von H. Saner. München 1978. 77).
4) Herrmann, F.-W. von, *Hermeneutische Phänomenologie des Daseins : Eine Erläuterung von »Sein und Zeit«, Bd. 1. 'Einleitung : Die Exposition der Frage nach dem Sinn von Sein*, Frankfurt am Main 1987, 121.

종의 결단을 내림으로써 비로소 비본래적으로 혹은 본래적으로 존재하게 되는 것이 아니다. 일상적으로 우리는 »언제나 이미« 비본래성 속에 »빠져« 있다(SZ, 252). 그렇기 때문에 하이데거는 본래성이 비본래성의 변양을 통해서만 가능하다고 본다. '본래적 자기 존재는 …… 본질적 실존 범주로서의 세인의 실존적 변양이다(SZ, 130).5) 현존재가 »자유롭다«는 것은 단순히 그가 원하는 것을 할 수 있음이 아니라, 바로 이러한 실존적 변양의 가능성이 ― 비본래성의 득세에도 불구하고 ― 그에게 열려 있음을 의미한다. 내가 존재한다는 것은 곧 할 수 있다는 것이다.6) 다시 말해서 현존재는 우선 대개 비본래적으로 실존하지만 이 비본래적 실존은 본래적 실존 가능성을 결코 배제하지 않는 것이다. "실존은 존재 가능을 의미한다 ― 그러나 본래적인 존재 가능도"(SZ, 233).7)

그렇다면 이러한 본래적인 실존 가능성의 확인과 자유의 본래성 회복은 무엇을 통해 가능한가? 하이데거는 이러한 변양 가능성, 즉 현존재가 비본래성으로부터 벗어나 자기의 고유한 자유로움에 도달할 수 있는 가능성을 제시하기 위해『존재와 시간』에서 세 가지 현상을 끌어들인다. 불안, 죽음 그리고 양심이 그것이다.

1) 불 안

불안은 세계-내-존재로서의 현존재가 세계 안에 처해 있는

---

5) 그러나 가능성의 관점에서 보면 본래성은 이미 비본래성의 근저에 놓여 있다. "비본래성의 근저에는 가능한 본래성이 놓여 있다"(SZ, 259). 이미 본래적 실존의 가능성이 선행하기에 비본래적일 수도 있다는 지적에 관해서는 SZ, 42 참조.

6) "Ich bin, das heißt, ich kann"(GA 20, 412) GA 26, 243도 참조.

7) "Existenz besagt Seinkönnen - aber auch eigentliches."

근본적인 방식이다.[8] 불안이라는 느낌의 현상적 탁월성은 그것이 지니고 있는 탁월한 개시 능력에 존립한다. 불안은 다름아닌 현존재의 본래적 실존 가능성, 즉 자유로움의 가능성을 드러내준다. 그러나 불안이 무엇이길래, 하필 그 안에서 현존재의 고유한 자유가 드러나게 되는가?

일상적으로 현존재는 세인과 함께 그들 안에서 그들과 함께 살아간다. 그들과 함께 살아가는 이 세계는 우선 더할 나위 없이 자명하고 친숙한 것이어서 현존재는 거기서 아무런 낯설음도 느끼지 못한다. 평온하기 이를 데 없다. 그러나 이러한 일상적 평온함은 난데없이 찾아든 불안에 의해 여지없이 파괴되어 버리고 만다(SZ, 189). 존재의 의미 충만함을 무의미의 나락으로 침몰시키는 불안의 등장과 함께 현존재는 일상적 평온 뒤에 가려져 있던 근원적 불편(Unzuhause) 속에 **빠져든다**. 세계는 더 이상 친숙하거나 의미 충만하지 않고 낯설고 섬뜩한 것으로 다가온다. 세계가 무화되는 불안의 경험 안에서 현존재는 이제 단독자로 남게 된다. 불안을 통해 일어나는 이러한 개별화 과정을 하이데거는 다음과 같이 서술한다. 불안이 불안해하는 것은 세계-내-존재 자체다. 불안 안에서는 주변 세계의 도구 존재자, 세계 내부적 존재자 할 것 없이 모두 침몰해버리고 만다. »세계«는 현존재에게 아무것도 주지 못한다. 아무것도 줄 수 없는 것은 이웃도 마찬가지다. 불안은 현존재에게서 »세계«와 공개적 해석에 **빠져** 자기를 이해할 수 있는 가능성을 앗아가버린다. 불안은 현존재를 …… 그의 본래적 세계-내-존재-가능으로 되던진다. 불안은 현존재를 그의 가장 고유한 세계-내-존재로 개별화한다 ……(SZ, 187).[9]

---

8) »Grundbefindlichkeit«로서의 불안에 관해서는 SZ, 182 / 184 / 342 참조.
9) 이를 다시 한 문장으로 압축한다면 다음과 같다. "불안은 현존재를 개별화

단독자로서 세계 안에 홀로 서게 된 현존재는 이제 평온한 일상 속에서 타인과 어울려 지낼 때 그냥 스쳐 지나가버리던 것들을 볼 수 있게 된다. 무엇보다도 자기의 고유한 존재 가능성, 즉 자기의 내밀한 존재 가능성에 눈을 뜨게 된다. 불안은 현존재에게 그가 고유한 존재 가능을 **향한 존재**임을, 즉 자기 스스로 선택하고 움켜쥘 수 있는 자유를 **향해 열려 있음**을 개시해준다. 불안은 …… 을 위한 자유로움, 즉 그가 언제나 이미 그것으로 존재하는 바 그 가능성으로서의 존재의 본래성으로 현존재를 데려간다(SZ, 188).[10]

2) 죽 음

현존재의 실존적 변양을 가능케 하는 두 번째 조건을 하이데거는 그의 실존 자체가 불가능하게 되는 최후 가능성, 즉 »죽음«에서 본다. 현존재는 자기의 모든 실존 가능성이 불가능하게 되는 최후의 가능성으로서의 죽음, 언젠가 오리라는 점에서는 그 무엇보다 확실하지만 그게 언제냐는 점에서는 불확실하기 짝이 없는, 어쩌면 모든 가능성 가운데 가장 불확실한 이 죽음의 가능성을 향해 언제나 이미 열려 있다. 이런 의미에서 죽음을 향한 존재(Sein zum Tode)로서의 현존재의 자유는 철두철미 죽음을 향한 자유(Freiheit zum Tode)이다. 죽음이 무엇이

하며 단독자(solus ipse)로 개시한다"(SZ, 188).
10) 여기서 우리가 주목해야 하는 것은 하이데거가 암묵적으로나마 현존재의 존재의 근원적 열려 있음으로서의 자유와 선택의 자유를 구분하고 있다는 사실이다. 전자가 실존론적-존재론적이라면 후자는 실존적-존재적이다. 어떤 것을 선택하고 다른 것을 포기할 수 있기 위해서는, 존재적 차원에서 자유롭고 자유롭지 않을 수 있기 위해서는 현존재가 이미 존재론적으로 그러한 가능성을 향해 근원적으로 열려 있어야 한다는 것이다.

길래 현존재의 실존적 변양을 가능케 하는가?

현존재의 실존적 변양의 조건으로서의 »죽음«, 일반적으로는 아무런 어려움 없이 사용되는 이 말의 의미를 제대로 이해하기란 생각보다 쉽지 않다. 하이데거가 말하는 죽음은 도대체 어떤 죽음인가? 죽음은 일종의 생명 현상이다. 살아 있는 것만이 죽을 수 있다. 그렇기에 죽음은 일반적으로 생물학적 관점에서 이해되고 다루어진다. 죽음의 요인과 양태가 주요 문제로 등장하고 그것을 지연시킬 수 있는, 즉 보다 오래 살 수 있는 가능성에 대한 연구가 다각적으로 이루어진다. 그러나 하이데거가 문제 삼는 죽음은 이러한 생물학적 의미의 죽음이 아니다. 그의 죽음 분석에서 중요한 것은 죽음의 생물학적, 의학적, 종교적 의미가 아니라 언젠가는 모두 죽는다는 사실의 »일반적«(보편적) 확실성이 »각자«(개별자)에게 지니는 실존론적 의미다. 죽음은 언젠가 먼 훗날 (죽음으로부터 떨어져 있는 거리는 멀면 멀수록 좋다) 일어나게 될, 그러나 다행히 아직은 일어나지 않은 미지의 사건, 그저 타인의 죽음을 목도할 때나 잠시 생각하다가 다시금 그 사실을 잊고, 마치 자기는 죽지 않을 것처럼 살아가게 되는 불쾌한 손님이 아니다.[11]

하이데거에게 죽음은 생명의 다함, 즉 단순한 소멸이나 완성도 아니고 있을지도 모르는 또 다른 존재로 이어지는 출구 혹은 재탄생도 아니다.[12] 하이데거에게 죽음은 엄밀한 의미에서

---

[11] 이 세상에 생명을 지닌 것 치고 죽지 않는 것은 없다. 그러나 인간 현존재의 죽음은 여타 다른 생명체의 죽음과 본질적으로 다르다. 현존재의 죽음은 다른 존재자의 단순한 소멸과 같은 것을 의미할 수 없다(SZ, 247). 물론 하이데거도 죽음에 대한 의학적 탐구의 필요성을 거부하지는 않는다. 그러나 그의 생각에 따르면 제아무리 많은 의학 지식이 축적된다 하더라도 죽음의 실존론적 의미가 해명될 수는 없다.

[12] 하이데거가 문제시하는 죽음은 어떤 생명체의 생명이 다한다는 의미에서의 »완성« 혹은 »종결«이 아니다. 또한 다행히 지금까지 오지 않고 가능성으

오직 현존재에게만 가능한 현상이다. 이러한 현존재 특유의 죽음을 일컬어 하이데거는 사망(Sterben)이라 한다. 죽음은 분명 생명 현상이고, 모든 생명체에게 가능한 것이지만, 죽음을 죽음으로 죽을 수 있는 것은 오직 현존재뿐이다. Sterben은 현존재가 그의 죽음을 향해 **있는 존재 방식**에 대한 이름이다. ……
현존재는 결코 (그냥) 끝나는 게 아니다(SZ, 247).[13] 현존재의 죽음은 단순한 종말, 단순한 존재마감(Zu-Ende-sein)이 아니라, **종말을 향해 있음**(*Sein-zum-Ende*, SZ, 245)을 의미한다. 죽음은 현존재가 존재하면서부터 떠맡는 존재 방식이다. »인간은 태어나면서부터 이미 죽기에 충분할 만큼 늙어 있다«(SZ, 245).

하이데거에게 죽음은 현존재의 존재가 마감되는, 아직 오지 않은 미래의 생물학적 사건이 아니다. 죽음은 나의 존재 밖에 멀찌감치 떨어져 서 있는, 나의 삶 언저리에, 삶의 경계선 밖에 놓여 있는 것(Ausstand)이 아니라, 언제나 이미 나의 존재와 함께 있는 것, 나의 면전에 임박해 있는 것이다(Bevorstand). 이처럼 언제라도 임박 가능한 가능성으로서의 죽음은 불안이 그랬던 것처럼 현존재로 하여금 모든 다른 타자 관계를 끊고 자기 자신의 고유한 존재 가능에 주목하도록 한다. 죽음과 함께 현존재는 자기의 **가장 고유한 존재 가능** 앞에 서게 된다 (SZ, 250).

로만 남아 있던 것이 마침내 현실화된다는 의미의 실현도 아니다. 하이데거에게도 죽음은 현존재의 종말이지만, 이 종말은 오던 비가 그치거나 아름다움을 과시하던 한 떨기 꽃이 지는 것과도 다르고, 풋사과의 성숙이나 반달이 점점 커져 마침내 보름달로 변하는 것과도 다르다. 현존재는 이들과는 전혀 다른 존재자이기 때문이다.

13) Heidegger, M., *Vorträge und Aufsätze*, 4. Aufl., Frankfurt am Main 1978, 144도 참조.

이제 우리는 불안을 왜 하이데거가 현존재의 근본 기분으로 파악하는지를 조금은 더 잘 알게 된다. 현존재가 죽음을 향한 존재(Sein-zum-Tode)인 한 그에게 불안은 불가피하다. 생명의 종말 앞에서 본능적 두려움은 느낄지언정, 죽음을 죽음으로 경험하고 진정한 의미에서 죽을 수 없기에, 현존재를 제외한 어떤 동물도 불안을 느낄 수는 없다. 반면에 본질적으로 죽음을 향한 존재가 아닌 영원자 내지 절대자는 불안을 느낄 필요가 없다. 이래저래 불안은 오직 유한자인 현존재에게만 가능한 현상이다. 유한성의 표징으로서 불안은 궁극적으로 »죽음 앞에서의 불안«인 것이며, 본래적으로 실존한다는 것은 이러한 죽음 앞에서의 불안으로부터 도망치지 않고, 그것으로 오히려 한 걸음 나아가는 용기를 가짐으로써만 가능해진다. 다시 말해서 이러한 죽음 앞에서의 불안을 향한 용기(SZ, 254) 내지 죽음을 향한 선구(Vorlaufen zum Tode) — 이러한 앞서 나아감이야말로 »죽음을 향한 자유«의 참된 의미다 — 안에 비본래성으로부터 본래성으로의 »실존론적« 해방 가능성이 존립한다.

3) 양 심

우리는 방금 »죽음 앞에서의 불안을 향한 용기«와 그에 바탕한 »죽음을 향한 선구«가 비본래성으로부터 본래성으로의 이월, 즉 본래성으로의 해방을 가능케 한다고 말했다. 그러나 이 이월과 해방의 가능성은 아직 »실존론적«일 뿐이다. 다시 말해서 »죽음 앞에서의 불안을 향한 용기«는 본래적 실존을 »실제적« 혹은 »실존적«으로 보장해주지는 못한다. 죽음 현상에 대한 현상학적 분석을 마감하면서 하이데거는 이러한 실존론적 가능성의 실존적 무력을 솔직하게 고백한다. 죽음이라는 현상에 대한 현상학적인 분석을 통해 확인되는 본래적 실존 가능성은 그저 존재론적 가능성일 뿐, 그 가능성의 실현을 위한 충분 조건이 제시된 것은 아니라는 것이다. 문제는 본래적 실존이 "환상적 추측"(SZ, 266)에 불과한 것이 아니라는 사실을 »증명«하는 것이다. 이 증명을 위해 하이데거는 »양심«의 현상을 끌어들인다. 실존의 본래성은 …… 도대체 어떻게 규정되어야 하는가? 본래성의 기준을 우리는 어디서 획득하는가? …… 본래적 존재 가능을 증거하는 것은 양심이다(SZ, 234).

양심은 죽음을 향한 선구에서 확인된 본래적 실존의 실존론적 (존재론적) 가능성을 »선택«함으로써 본래적 실존의 존재론적 가능성을 실현시킨다. 다시 말해서 비본래성으로부터 본래성으로, 세인인 자기로부터 본래적 자기로의 실존적 변양(SZ, 268)을 가능케 한다. 그러나 이러한 »선택«이 가능하기 위해서는 먼저 양심의 소리를 들을 수 있지 않으면 안 된다. 그리고 이러한 청취는 그 소리를 듣고자 하는 열린 태도를 통해 비로소 가능해진다. 이러한 태도를 일컬어 하이데거는 양심을 가지고자 함(Gewissen-haben-wollen, SZ, 288)이라 한다. 양심의 소리를 듣고자 하는 마음, 닫혀 있던 마음의 빗장을 양심의 소리를 향해 열어놓겠다는 열린 태도, 다시 말해서 일상 안에 파묻혀 세인에게 내어준 본래적 자기를 되찾겠다는 결단(Entschlossenheit, 297)[14] 없이는 양심의 소리가 제 아무리 크게 울리고 있다 하더라도 아무 소용이 없다. 소리 없는 소리, 침묵의 소리보다 더 큰 소리는 없지만, 이 소리 아닌 소리를 제대로 듣고 그에 응답하기 위해서는

---

14) 양심을 가지고자 한다는 것은 그 소리를 향해 자기를 열어놓음이라는 의미에서 현존재의 존재의 열려 있음의 한 방식이며, 결단은 이러한 열려 있음의 탁월한 형태로 파악된다. 현존재의 열려 있음(Erschlossenheit)과 결단(Entschlossenheit)의 관계에 대한 언급은 SZ, 297 참조 : 'Die Entschlossenheit ist ein ausgezeichneter Modus der Erschlossenheit des Daseins.

나름대로 »준비«가 필요하다는 것이다. 양심의 말을 이해하고 따르기 위해서는, 즉 양심의 부름에 불릴 수 있기 위해서는 먼저 "불릴 준비(Bereitschaft für das Angerufenwerden, SZ, 288)"가 되어 있어야 한다는 것이다.

3. 초월의 자유와 존재자의 놔둠

자유란 무엇인가? 이 물음에 대한 하이데거의 첫 번째 대답이 본래성으로의 실존적 변양 능력 — 능력이라는 말을 하이데거 자신은 피하고 있다 — 다시 말해서 본래적 자기를 선택 »할 수 있음«이라 한다면, 두 번째 대답은 »초월«이다. 1928년 여름 마르부르크대학에서 행해진 논리학 강의에서 하이데거는 현존재의 초월과 자유는 동일하다!(GA 26, 238)고 한다. 여기서 »초월«이 하이데거가 거듭 강조하듯 인식론적 초월, 즉 주체와 객체의 관계로서의 지향성을 의미하지 않는다면, 도대체 무엇을 말함인가?15) 도대체 하이데거는 초월이라는 말 속에서 무엇을 염두에 두고 있는가?

초월은 일반적으로 »넘어선다«는 말이다. 인식론적 개념으로서의 초월은 어떤 식으로든 안과 밖(내재와 초재, 주체와 객체)

---

15) 초월은 지향성이 아니라, 존재론적 초월로서의 »존재 이해«를 — 그 안에서 존재자의 드러남이 가능케 되는 근거로서의 존재 이해 — 의미한다는 지적에 관해서는 GA 26, 170 / 280 참조. "초월의 문제는 지향성의 문제와 전혀 다른 것이다. 지향성은 존재적 초월인 바, 이 존재적 초월로서의 지향성은 근원적 초월의 바탕 위에서만 가능하다. …… 따라서 근원적 초월이 …… 지향적 관계를 가능케 한다면, …… 그리고 존재자에 대한 관계가 존재 이해에 근거하는 것이라면, 근원적 초월과 존재 이해 사이에는 내적인 유사성이 존립하는 셈이다. 아니 그들은 결국 동일한 것이다"(GA26, 170).

을 전제한다. 언제 어디서 어떤 식으로 초월의 문제가 제기되든 초월은 언제나 일종의 안에서 밖으로의 넘어서 가는 운동으로 이해되기 마련이다(GA26, 205). 이때 »안«은 어떻게든 벽으로 둘러 쌓인 것으로 이해되고, 초월은 이 벽을 넘어서는 것이다. 그래서 인식론적으로 중요한 문제는 이러한 넘어섬의 가능성과 한계를 밝히는 것이었다. 신학적인 의미에서 초월은 이와 달리 안과 밖, 주체와 객체가 아니라, 여러 가지 제약 아래 놓인 유한한 존재자가 제약 없는, 즉 무제약적이고 무한한 어떤 존재자(존재자라고 불릴 수 있다면)를 향한 운동으로 파악된다(GA 26, 206). 다시 말해서 창조주를 향한 피조물의 나아감을 의미한다.[16]

하이데거가 말하는 초월은 인식론적이지도 신학적이지도 않다. 그가 말하는 초월은 인식 주체와 인식 객체 사이에서 벌어지는 넘어섬도 아니요, 절대자 내지 무한자로서의 신을 향해 나아가는, 궁극적으로 그와의 합일을 꾀하는 넘어섬도 아니다. 하이데거의 초월에서 초월자는 인식 객체도 신도 아닌 »것«, 그가 존재 혹은 세계라 부르는 것이다.[17] 현존재가 세계 »안에« 실존한다는 것, 즉 세계-내-존재 자체는 이미 »밖에 있음«, 즉 초월이다. 초월은 인식 주체가 어떤 능력으로 가지고 있는 부가적 속성이 아니라 그의 존재 구조 자체다. (초월은) 모든 관계 맺음의 행위에 앞서서 일어나는 이 존재자(현존재)의 근본 구조다(GA 9, 137) 다시 말해서 현존재는 그가 현존재로 세

---

16) 인식론적 초월과 신학적 초월의 착종에 관한 설명은 GA 26, 207 참조 : "인식론적 의미에서 밖에 있는 것(초재. Transzendente)의 파악 가능성의 문제는 신학적 의미의 초재적 대상의 인식 가능성의 문제와 서로 얽혀 있다. 후자는 모종의 방식으로 전자에 동기를 부여한다."
17) 이 세계는 물리적 의미의 자연은 물론, 나중에 하이데거가 »사방«(천, 지, 신, 인)이라 부르는 현존재의 거주지도 아니다

계 »안«에 실존하는 한 언제나 이미 초월하고 있다. 실존한다
는 것은 언제나 이미 넘어섬(Überschreiten) 혹은 더 잘 표현해
서 이미 넘어서 있음(Überschrittenhaben)을 의미한다(GA 26,
211).

현존재는 결코 고립된 주체가 아니며, 세계-내-존재로서 언
제나 이미 탈자적으로(ekstatisch) 자기 »밖에« 나와서 존재한
다(Außersichsein, Draußensein). 이러한 탈자적 »밖에 있음«으
로서의 초월의 항상성, 선험적 완료성에 대한 하이데거의 강조
는 매우 신중하며 집요하게 반복된다. 현존재의 넘어섬은 가끔
씩 이루어지는 게 아니다. 실존한다는 것은 근원적으로 넘어섬
을 의미한다. 초월은 다른 존재자와 맺는 현존재의 어떤 가능
한 관계 행위(다른 가능한 관계 행위들 가운데 하나)가 아니라
그의 존재의 근본 틀, 그 근거 위에서 현존재가 비로소 다른 존
재자와 관계 맺을 수 있는 그러한 근본 틀이다(GA 26, 211). 이
렇게 놓고 보자면 『존재와 시간』에서 현존재의 근본 틀로서 제
시된 »세계-내-존재«는 이러한 의미의 넘어섬, 즉 초월 이외의
다른 것이 아니다.18)

원래 신학적 인식론적 개념이었던 »초월«에 대한 이와 같은
존재론적 의미 변형 내지 의미 확대는 하이데거가 기존의 인식
론으로부터 거리를 두고 나아가 그것과 벌이는 비판적 대결을
위한 교두보 역할을 한다. 다시 말해서 전통적인 인식론에서
그토록 중요시되었던 외계의 실재성 문제, 밖에 존재하는 사물
이 한낱 환상에 불과한 게 아니라는 »자명한« 사실의 자명성을
철학적으로 »증명«코자 했던 모든 노력은, 잘못 설정된 문제에

---

18) "초월은 세계-내-존재다"(GA26, 218 / 275). 이러한 초월과 세계-내-존
재의 내적 연관성(동일성)에 대한 언급은 »근거의 본질에 관하여«에서도 찾
아볼 수 있다. GA 9, 139 이하 참조.

서 파생된 거짓 문제와의 허망한 싸움이었음이 밝혀지게 된다. 현존재의 초월이 제대로 이해된다면 외계의 실재성 문제가 애당초 제기될 수도 없고 필요도 없는, 아니 제기되어서는 안 되는 문제였음이 드러나게 된다는 것이다. 이 문제는 결코 해결될 수가 없는 문제이지만, 그 까닭은 그 문제가 우리의 지성의 한계를 벗어나는 어려운 문제여서가 아니라, 주객 분리라는 잘못 설정된 문제 틀이 빚어낸 사이비 문제이기 때문이다. 철학의 스캔들은 "»나의 밖에 존재하는 사물의 현존« 증명이 아직도 결여되어 있다는 사실이 아니라, **그러한 증명이 여전히 거듭해서 기대되고 시도된다는 바로 그 사실에** 존립하는 것이다"(SZ, 205).

하이데거가 말하는 초월은 이처럼 현존재의 존재론적 초월, 현존재가 현존재로 존재하는 한 언제나 이미 수행하고 있는 근원적 넘어섬의 운동을 의미한다. 현존재는 »의식의 섬«으로부터 탈출하고자 애쓸 필요가 없다. 따라서 철학 역시 그러한 탈출의 가능성을 정당화하기 위해 애쓸 필요가 없다. 현존재는 애당초 고립된 섬이 아니기 때문이다. 그는 언제나 이미 »밖에 있음«, 즉 세계 »안에 있음«이기 때문이다. 그렇다면 이 기묘하기 짝이 없는 사태, »밖에 있음«과 »안에 있음«의 근원적 동일성을 우리는 어떻게 이해할 수 있을 것인가? 이것이 어떤 맥락에서 »자유«(Freiheit, Freisein)라는 이름으로 불릴 수 있는 것인가?[19] 이들 물음에 대한 답변을 위한 실마리를 우리는 »이해

---

19) 우리가 일반적으로 자유(自由)라 옮기고 그 안에서 의지 혹은 행위의 자유를 염두에 두는 Freiheit는 »열려 있다« »비어 있다« »있지 않다«는 의미로도 사용된다. »Ist der Platz noch frei?«, »Diese Straße ist heute ganz frei«, »alkoholfreies Bier«, »wertfreie Theorie« 등에서 드러나듯 »frei«라는 말은 »스스로 말미암는다«는 의지의 자발성 이상의 의미를 담지하고 있으며, 하이데거의 관심은 이렇게 자기 원인성의 의미 외연을 벗어나는 »Freiheit«의 존

«라는 현상에서 찾는다.

『존재와 시간』에서 현존재의 피투성을 »처해 있음«과 관련하여 논의한 하이데거는 서른한 번째 장에서 드디어 »이해« 현상에 주목한다. 우선 하이데거는 »이해«가 »처해 있음«과 동근원적으로 현존재의 존재를 구성하는 실존 범주임을 확인한 다음, 이 »이해«가 여하한 경우에도 »설명«의 켤레 개념 내지 반대 개념으로서의 »이해« 혹은 »인식«으로 혼동되어서는 아니 됨을 강조한다. 하이데거에게 »이해«는 »처해 있음«과 함께 현존재의 존재를 이루는 두 가지 기둥 가운데 하나다. 다시 말해서 이해라는 현상은 현존재의 **존재**의 근본 양식으로 파악되어야 한다(SZ, 143 ; GA 20, 355). 인식과 설명은 이러한 근원적 이해의 파생태에 불과하다.

»이해«는 하이데거에게 일종의 인식, 자연과학적 설명의 반대 개념으로서의 정신과학적 이해가 아니라, 실존 일반의 근본 계기(KPM, 226)로서, 현존재의 실존에 언제나 이미 수반되는 현상이다. 하이데거에게 현존재가 실존한다는 것은 곧 이해한다는 것이요, 이해한다는 것은 타존재자와의 근원적 관계성 속에 놓여 있다는 것이다. 현존재가 만일 이렇게 언제나 이미 이

재론적 의미라 할 수 있다. 특히 하이데거에게 결정적인 것은 »열려 있음« 내지 »비어 있음«이 창이나 그릇과 같은 사물이 아닌 현 존재와 관련해서 어떤 의미를 지닐 수 있겠는가 하는 물음이다. 물론 하이데거 역시 자기의 행위의 원인이 타자 아닌 자기 자신 안에 존립한다 ― 이는 바로 실체(Substanz)에 대한 전통 철학적 규정의 핵심이다. 이런 의미에서 가장 자유로운 자는 causa sui(神)이다 ―, 즉, »자유롭게« 선택하고 결단함으로써 자기 자신의 존재를 스스로 형성해가는 인간의 능력을 무시하는 것은 아니지만, 이러한 자유 개념만 가지고 그것이 지니고 있는 풍성한 의미를 전부 담아낼 수는 없다고 보는 것이다. "이러한 자유 해석이 ― 본질적이긴 하지만 ― 철학적으로 가장 핵심적이라 하는 이는 누구인가? 자유는 무엇보다도 먼저 원인성으로 파악되어야 한다고 하는 이는 누구인가?"(GA 31, 132) Freiheit와 열려 있음 내지 비어 있음의 연관성에 대한 시사는 Zos, 16 이하 참조.

해를 통한 타자 관계성 속에 놓여 있지 않다면, 타자를 향해 »열려 있지« 않다면, 다시 말해서 존재론적-실존론적 의미에서 자유롭지 않다면, 현존재와 타자의 만남은 물론이려니와, 자기 자신과의 만남 (그게 이론적 반성의 형태건 자기 의식의 형태건) 역시 불가능하다. 다시 말해서 타자에 대한 현존재의 원초적 »이해«, 이 열린 공간 내지 틈(das Zwischen) 없이는, 그 어떤 것도 (이론적 인식이건 실천적 행위이건) 가능치 않다고 보는 것이다.[20]

타자의 존재에 대한 이러한 원초적 »이해«를 통해서 타자는 내게 타자로 다가오며, 그것과의 구체적 만남이 비로소 가능해진다. 모든 인식에 선행하는 존재 이해를 통해서 존재자가 존재자로서 비로소 내게 다가오게 되는 것이다. 하이데거는 존재 이해 안에서 일어나는 이러한 존재론적 사태를 일컬어 »놔둠«(Seinlassen)이라 한다. 그렇다면 존재 이해, 즉 초월의 자유 안에서 이루어지는 이 존재자의 »놔둠«은 구체적으로 무엇을 의미하는가?

하이데거는 1928 / 29년 겨울에 프라이부르크대학에서 행한 강의에서 »놔둠«(Seinlassen)이라는 말의 의미를 다음과 같이 설명한다. "우리가 분필 곁에 있음은 그것을 있는 그대로 놔둠이다. …… 우리는 그것을 분필로서 있는 그대로 놔둔다. 우리가 분필 곁에 있다는 것은 이렇게 분필을 놔두는 것이다. 이러

---

20) 자기와 타자에 대한 모든 이론적 반성, 학문적 물음은 바로 이러한 원초적 이해에 근거한다. 이런 맥락에서 하이데거는 철학의 근본 물음으로서의 »존재 물음« 역시 철학이라는 학문 이전에 이루어지는 모종의 »존재 이해« 안에서, 그것을 통해서만 제기된다고 본다. 이와 관련하여 SZ, 15 참조. "Die Seinsfrage ist dann aber nichts anderes als die Radikalisierung einer zum Dasein selbst gehörigen wesenhaften Seinstendenz, des vorontologischen Seinsverständnisses."

한 놔둠에서 우리는 그것으로부터 아무것도 빼앗지 않으며, 또한 그것에 아무것도 보태지 않는다. …… 우리는 이 존재자를 그 자신에게 내맡기며, 이러한 내맡김(Überlassen) 속에서 우리는 그것을 분필로서 만난다 ……"(GA 27, 101f.). "우리는 사물들을 있는 그대로 놔눈다. 우리가 그들과 긴밀하게 관계할 때조차, 아니 바로 그때야말로 우리는 그들을 그들 자신에게 내맡긴다. 그들을 사용하면서 아니 그들을 사용하기 위해서라도, 우리는 사물을 있는 그대로 놔둬야 한다. 분필을 분필로 놔두지 않는다면, 만일 내가 분필을 절구에 넣어 빻아버린다면, 나는 그 것을 더 이상 사용할 수 없게 될 것이다. 어떤 사물을 사용할 때나 안 할 때나 거기에는 그것의 놔둠이 근저에 놓여 있다 ……"(GA 27, 102).

이러한 »놔둠«에서 하이데거는 현존재에게 가능한 최고의, 가장 근원적인 형태의 행위를 본다(GA 27, 103). 놔둠에 일종의 무관심(무심함)이 들어 있는 건 사실이지만 이 무관심(Gleichgültigkeit)이 단순한 방관이나 체념을 의미하는 것은 아니다. "사물에 대한 이 형이상학적 무관심"(GA 27, 103)을 통한 사물의 놔둠은 사실 사물에 아무런 실제적 영향도 주지 않지만, 그 자체 아무것도 아닌 것은 아니다. 또 아무것도 아닌 게 아니라고 해서 그것이 꼭 집어 어떤 행위라고 할 만한 무엇인 것도 아니다. 사물을 사물로서 놔둔다는 것은 비록 그것이 행위이긴 하나 — 하이데거는 "원행위"(Urhandlung, GA 27, 183)라는 표현을 쓴다 — 사물에 어떤 특정한 영향력을 행사하지 않는 행위다. 그렇다면 이 행위 아닌 행위는 도대체 어떤 종류의 행위인가? 그것은 다름아닌 우리가 사물과 함께 있음 그 자체와 더불어 언제나 이미 일어나고 있는 사건 이외의 다른 것이 아니다. "우리가 사물들 곁에 있음(Sein bei den Dingen)은 …… 그 본질 근거에서 상술한 의미의 사물의 놔둠이다"(GA 27, 103).

다시 말해서 우리가 어떤 사물 곁에 있다는 것은 신발이 출입구 옆에 놓여 있는 것과 전혀 다르다는 것이다. 신발과 출입구 사이에 성립하는 »Sein bei«의 단순한 공간적 병존과 구분하여 하이데거는 현존재와 사물의 »Sein bei«를 **열려 있음**(Offenstehen, Zos, 94)으로 특징짓는다. 현존재와는 달리 출입구 옆에 놓여 있는 신발은 그것에 대해 열려 있지(offenständig) 않다. 즉, 신발에 대해서 출입구는 출입구로 존재하는 것이 아니다. 그러나 신발과 출입구 사이의 관계를 우리는 »닫혀 있음«(Verschlossenheit)으로 볼 수도 없다. »닫혀 있음«은 »열려 있음«의 전제 위에서만 가능할 뿐이기 때문이다.

현존재의 이러한 놔둠의 근원적 행위가 선행하지 않는다면 그 어떤 이론적 근거지움도 가능할 수 없음은 분명하다. 이런 의미에서 하이데거는 「근거의 본질에 관하여」(1929)라는 논문에서 존재자를 향한 현존재의 초월, 즉 세계를 향한 넘어섬(GA 9, 163)으로서의 자유를 "**근거 일반의 원천**"(*der Ursprung von Grund überhaupt, GA 9, 165*) 내지 "**근거의 근거**"(*Grund des Grundes, GA 9, 174*)로 규정하기에 이른다. 세계를 향한 넘어섬의 사건, 초월의 자유가 선행하지 않고서는 세계의 세계화가 불가능하며, 그 어떤 세계 내부적 존재자와의 만남도 불가능하다. 세계는 현존재의 자유로부터 독립해서 »실재«하는 자연계가 아니라, 오직 그의 자유 안에서 자유를 통해서만 가능하다. "세계는 **있지** 않고 **세계화**한다"(Welt ist nie, sondern *weltet*. GA 9, 164). 하이데거는 이러한 자유 안에서의 세계의 세계화를 »세계를 세계로 있게 함«(weltenlassen 혹은 waltenlassen, GA 9, 164)이라 표현한다. 물론 여기서 세계를 세계로 있게 한다는 것은 어떤 것을 무로부터 창조해내는 것과 같은 것을 의미할 수 없다. 자유는 세계의 근거라는 의미에서 분명히 일종의 근거이지만, 그 근거는 전통적으로 파악된 »원인«(ratio)이라는 의미로 파악된 근거가 아니다. 전통적으로 동일률, 모순율, 배중률과 함께 논리학의 근간을 이뤄온 근거율, 즉 »nihil est sine ratione«에 담긴 인과적 고리, 바로 그것을 하이데거는 끊고자 하는 것이다.21)

이런 관점에서 하이데거는 사물과 지성, 판단 객체와 판단 주체 사이에 성립하는 일치의 올바름으로서의 진리는 그것의 가능 조건으로서 사물에 대한 현존재의 열려 있음, 즉 존재론적으로 이해된 자유를 필연적으로 요구한다고 본다. "**진리의 ─ 진술의 올바름으로 이해된 ─ 본질은 자유다**"(GA 9, 186). 「진리의 본질에 관하여」(1943)라는 얄팍한 논문에22) 들어 있는

---

21) 자유는 세계의 근거이지만, 그것의 산출 원인이 아니다. 만일 그러한 생각을 가지는 이가 있다면 그는 터무니없는 미치광이이거나 탁월한 관념론자 둘 중의 하나이리라. 그러나 하이데거는 미치광이도 아니고 관념론자도 아니다. 하이데거가 말하고자 하는 것은 바로 우리가 가지고 있는 »근거«에 대한 이해가 과연 제대로 된 것이냐 하는 것이다. 만년에 정신분석학자들을 대상으로 자유의 열려 있음이라는 »철학적« 사태를 하이데거는 »존재 근거«(ratio essendi)와 »인식 근거«(ratio cognoscendi)라는 전통적인 도식을 적용시켜, 물리적 비어 있음의 존재 근거로서의 자유의 열려 있음을 다음과 같이 설명한다. '비어 있음은 자유의 인식 근거요, 자유는 비어 있음의 존재 근거다. 그러나 존재 근거로서의 자유가 원인은 아니다(Zos,18). 물론 여기서 하이데거가 말하는 das Freie 내지 die Lichtung은 더 이상 현존재의 열려 있음을 의미하지 않고 그것을 포괄하는 존재 자체의 열려 있음을 의미하긴 하나 자유의 근거가 원인으로 오해되어서는 아니 됨에 대한 강조를 확인하기엔 충분하다. 어쨌건 여기서 중요한 것은 자유를 반드시 어떤 결과를 산출하는 원인으로 보는 관점에 반기를 들고 행하는 하이데거의 반(反)인과론적 자유 해석을 통해서 자유가 »세계의 근거«(세계의 발생론적 원인이 아닌)로 새롭게 규정된다는 사실의 확인이다. "현존재의 자유, 즉 초월 없이 세계는 »없다«. 자연은 현존재 없이도 얼마든지 존재하겠지만 …… 자연은 현존재가 이 지구상에 출현하기 전에도 있었고 또 그가 사라진 후에도 여전할 것이다."
22) 이 논문은 원래 1930년에 행한 강연이었으며 그 이후 여러 번에 걸친 수

이 문장은 짧다. 그러나 이 짧음이 그 속에 담긴 내용의 단순함을 의미하지는 않는다. 이 문장을 통해서 하이데거가 말하고자 하는 바를 우리는 두 가지로 요약할 수 있다.

첫째, 진리의 본질로 규정된 자유는 두말할 나위도 없이 의지의 자유와 같은 것을 의미할 수 없다. 그러나 자유가 존재자에 대한 현존재의 근원적 열려 있음(Freisein, Offenständigkeit)으로서 각 존재자를 존재하는 그대로 놔둠(das Seinlassen von Seiendem, das es ist, GA 9, 188)이라 해서 그 표현이 풍기는 어떤 외면, 포기, 방기, 체념(Unterlassung, GA 9, 188) 등으로 오해되어서도 안 된다. 하이데거에게 존재자를 있는 그대로 놔둔다는 것은 단순히 그것을 무시하고 아무것도 하지 않는다는 부정적인 의미보다는 오히려 일종의 »적극적 행위«다. 물론 이 적극성은 우리가 의식적으로 행하는 행위가 아닌, 우리의 의지와 무관하게, 우리의 실존과 함께 일어난다. 놔둠은 존재자와 자기를 연루시키는 것이다.[23] 이러한 자기 연루의 행위는 존재자에 대한 단순한 존재적 관계 맺음의 행위(무엇인가를 조작하고 가꾸고 계획하는 등) 이상을 의미하기에 하이데거는 이렇게 첨언한다. 놔둠은 …… 각 존재자가 그 안에 들어서 있는, 그것이 수반하고 있는 그러한 열린 장(das Offene)과 그 개방성(dessen Offenheit)에 자기를 연루시키는 것이다(GA 9, 188).

둘째, 주객 관계의 일치에서 비롯되는 논리적 진리(진술의 올바름으로서의 진리)는 논리에 앞서는(vor-logisch) 자유에 근거하고 있지만, 이 자유, 이 놔둠은 앞에서 언급한 보다 근원적인 자기 연루, 즉 하이데거가 »알레테이아«(비은폐성)이라 부르는 보다 더 근원적인 진리, 주객 분리 이전의 미분 영역에

정 보완 끝에 지금은 »Wegmarken«에 수록되어 있다.
23) "Sein-lassen ist das Sicheinlassen auf das Seiende"(GA 9, 188).

근거하고 있다. 자유가 올바름의 내적 가능 근거인 것은 그것의 본질이 보다 근원적 진리에 뿌리 내리고 있기 때문이다(GA 9, 187).

4. 나가는 말 : 놔둠에서 있게 함으로

만년의 하이데거는 자유를 더 이상 현존재와 관련시켜 이해하지 않고 앞에서 언급한 보다 더 근원적인 진리의 열린 장(das Offene) 내지 »존재의 허«(das Freie)와 관련시켜 »있게 함«(Anwesenlassen)으로 이해한다. 존재자 일반이 (현존재를 포함한) 존재자로 존재할 수 있는 것은 바로 이 존재의 허 안에서 이루어지는 Anwesenlassen 덕분이라는 것이다. »Anwesenlassen«과 »Seinlassen«은 존재자의 놔둠이라는 점에서는 동일하지만, 그 놔둠의 »주체«가 누구냐 하는 점에서는 전혀 다르다. 후자가 현존재의 놔둠이라면 전자는 존재의 놔둠이다.24) 이러한 변화는 하이데거 스스로 술회하듯이 그의 철학적 관심사 내지 철학적 사유의 주안점이 바뀐 데 기인한다. 다시 말해서 만년에 이르러 하이데거는 현존재의 개방성보다는 존재 자체의 개방성(VS, 83)에 대한 사유에 더 큰 비중을 놓게 된다. 이러한 관심 내지 비중의 전이 속에서 자유 역시 현존재 아닌 존재 자체와 관련되어 이해되는 것이다. 이제 자유는 존재 자체와 관련하여 인간을 포함한 모든 존재자가 그 안에서 비로소 존재자로 존재할 수 있는 어떤 포괄적인 »사건«으로 파악된다.25) 인간의 의

---

24) 이때 소유격 »의«가 목적격(genitivus obiectivus) 아닌 주격(genitivus subiectivus)으로 이해되어야 한다는 것은 두말할 나위가 없다.
25) GA 42, 15와 GA 66, 101 참조.

지와 전혀 관계없는[26] 존재 자체의 자유는 존재자 일반을 존재자로 있게 한다.

그렇다면 도대체 이렇게 존재자 일반을 존재자로 있게끔 하는 것, 즉 그것의 본질이 자유로 규정되는 바[27] 그 »존재«는 »무엇«인가? 일찍부터 일관되게 주장해온 것처럼 이것은 또 한번 »없음«, »무«와 동일시된다.[28] 그리고 »Anwesenlassen«은 바로 이 »없음«이 존재자를 존재자로 놔두는 방식, 존재 자체의 은밀한 활동에 대한 이름이다. 존재와 무는 동일하다. "무는 존재의 특징이다. 존재는 존재자가 아니다. …… 존재적인 것의 지평에서 볼 때 존재는 어떤 존재자가 아니다. 즉, 존재자의 범주쪽에서 볼 때 그것은 있지 않은 것이다. …… 모든 존재적-인과적 여운의 배제가 전제된다면, 우리는 그것을 근원이라 부를 수 있다. 그것은 존재자의 도래의 조건으로서 존재의 사건(Ereignis des Seins)이다. 존재는 존재자를 존재케 한다(das Sein läßt das Seiende anwesen)"(VS, 101).

도대체 존재자를 존재자이게끔 하는 이 존재는 »무엇«인가? 그리고 이 존재가 존재자를 존재자이도록 하는 방식으로서의 »Anwesenlassen«은 어떻게 이해되어야 하는가? 전자의 질문은 »무«, 후자는 »줌«(das Geben)을 통해서 답변 가능하다.

주지하다시피 하이데거는 존재를 존재자와 구분한다. 이른바 »존재론적 차이«라는 말로 알려진 이 »근본 구분«을 통해서 하

---

26) "Das Wesen der Freiheit *ursprünglich* nicht dem Willen oder gar der Kausalität des menschlichen Wollens zugeordnet …… Die Freiheit des Freien besteht weder in der Ungebundenheit der Willkür, noch in der Bindung durch bloße Gesetze"(TK, 24 / 25).
27) GA 54, 221 참조.
28) 헤겔에게서의 존재와 무의 동일성에 대한 하이데거의 비판적 해석에 관해서는 VS, 85 이하 참조.

이데거는 전통 형이상학에 의해 무시되고 간과되었던 »무«에 대한 물음과 사유를 감행코자 한다. 존재와 존재자 간의 차이 안에서, 그 바탕 위에서 전개된 서구 전통 철학은 자기가 그렇게 존재와 존재자의 차이 안에서 움직이고 있다는 사실을 알지 못했다. 그저 그것(존재론적 차이)을 전제했을 뿐 명확히 사유의 문제로 삼지 못했다는 것이다(VS, 85). 존재와 존재자의 존재론적 차이의 망각 속에서 »무« 역시 아무것도 아닌 것으로 치부되고 만 것은 어쩌면 너무도 당연한 일인지 모른다. 하이데거가 사유하고자 하는 것은 바로 이렇게 전통 형이상학에 의해 아무것도 아닌 것으로 치부되고 무시된 »무«의 문제다. 하이데거가 말하는 »무«는 아무것도 아닌 것이 아니다(das Nichts ist nicht nichts). 물론 »무«는 그것이 존재자가 아닌 이상 그 어디에도 있지 않다. 그러나 이렇게 아무 데도 있지 않음, 없음이야말로 존재가 자기를 드러내는 방식이다. 무는 존재자의 단순한 부정이 아니다. 오히려 무는 그것의 무화 안에서 우리를 개방되어 있는 존재자로 지시한다. 존재는 무의 무화다 (VS, 99).[29]

무의 무화를 통해서 존재자가 존재하게 된다. 즉, 존재자가 존재자로 비로소 등장하게 된다.[30] 이처럼 무의 무화를 통해 존재자가 존재하게 되는 방식, 존재가 존재자를 존재케 함은 어떤 가시적 결과를 가져오는 작위적 행위(Machen)와는 전혀 다르다(VS, 101). 그럼에도 불구하고 존재 자체의 고유한 활동

---

29) "Das Nichts ist die Ermöglichung der Offenbarkeit des Seienden als eines solchen für das menschliche Dasein"(GA 9, 115).
30) 여기서 우리는 하이데거의 탈형이상학적 사유의 특징을 분명히 확인케 된다. 없음이 있음의 가능 조건이라는 하이데거의 주장은 모든 있음의 가능 조건으로서의 어떤 것은 가장 고차적인 »있음«이어야 한다는 전통 형이상학의 주장에 정면으로 배치된다.

(Tätigkeit, VS, 101)으로 특징지어지는 이 »Anwesenlassen«을 하이데거는 존재를 »줌«(존재 부여, das Geben)이라 부른다. "존재케 한다는 것은 어떤 것을 드러낸다. 열린 장으로 불러낸다는 것을 의미한다. 드러냄에는 줌, 말하자면 존재케 **함**을 통한 존재 부여가 작용하고 있다"(SD, 5). 그러나 이렇게 존재자에 존재를 부여하는 존재 자체는 자기 자신을 감추고 숨긴다(SD, 8).[31] 존재 자체에 의해 존재의 열린 장으로 불려지고 존재가 허용된(zugelassen) 존재자가 독립적으로 존재할 수 있는 것은 바로 이렇게 존재가 자기를 감추고 숨기기 때문이다. 다시 말해서 존재자가 존재자로 있게 되어 독자성을 갖추는 순간 그것의 존재 근거로서의 존재 자체는 자취를 감춘다. 이렇게 까닭 없이 존재자를 존재자로 등장시키면서, 자기는 그러한 존재의 »선물«(das Gabe) 뒤로 숨어버리는 존재 자체를 우리는 왜, 그리고 어떻게 사유해야 하는가? 모든 것의 계량화와 상업화가 요구되는 현대 기술 사회의 틈바구니에서 »존재의 진리«에 대한 물음과 사유가 설 자리는 어디인가? 왜 우리는 케케묵은 구시대의 유물을, 더구나 »남«의 유물을 붙들고 있어야 하는가? 기술 문명의 도도한 흐름과 그것이 초래할 위험을 시대를 앞서가는 사상가 특유의 감성으로 예감하면서도, 아니 어쩌면 바로 그 예감 때문에, 한사코 »존재«를 묻고 그것의 »진리«를 사유코자 했던 말년의 하이데거가 생전 처음이자 마지막으로 현대 기술의 총아인 텔레비전 앞에서 행한 대담 가운데 한 대목을 인용하면서 이 글을 마무리한다.

"이 물음은 (»도대체 왜 무가 아니라 존재자가 있는가?«라는 물음 ─ 필자 주) 내게 전혀 다른 의미를 가집니다. 이 물음 안

---

31) GA 5, 337도 참조 : "Das Sein entzieht sich, indem es sich das Seiende entbirgt."

에서 전통 형이상학이 문제 삼는 것은 도대체 왜 무가 아니라 **존재자**가 있느냐 하는 것입니다. 전통 형이상학의 문제는 결국 무가 아닌 **존재자**가 있게 된 **원인**과 **근거**가 어디에 있느냐 하는 것입니다. 이와는 달리 나의 물음은 도대체 왜 **무**가 아니라 존재자가 있는가 하는 것입니다. 왜 존재자가 득세하는 것이며, 왜 무가 존재와 동일한 것으로 사유되지 않는가 하는 것입니다. 다시 말해서 존재 망각이 왜 우리를 지배하며 그것이 어디서 유래하는가 하는 것입니다. 결국 나의 물음은 **형이상학적** 물음과는 전혀 다른 것입니다. 나는 »형이상학이란 **무엇인가?**«라고 묻습니다. 이때 나는 어떤 **형이상학적** 물음을 던지는 게 아니라 형이상학의 **본질**을 묻는 것입니다. 아시다시피 이들 물음은 참으로 난해한 것이어서 일반인들이 이 물음에 접근하기란 거의 불가능합니다. 이들 물음이 요구하는 것은 오랜 »두통«과 아울러 위대한 전통에 대한 오랜 경험과 실질적 대결입니다. 오늘날의 사유가 지니고 있는 커다란 위험 가운데 하나는 바로, 이 사유가 — 철학적 사유라는 의미에서 — 전통과 아무런 실질적, 근원적 관계를 맺지 못하고 있다는 사실입니다."[32]

□ 참고 문헌

Heidegger, M., *Holzwege*, Frankfurt am Main 1978(= GA 5).

Heidegger, M., *Wegmarken*, Frankfurt am Main 1976 (= GA 9).

Heidegger, M., *Prolegomena zur Geschichte des Zeitbegriffs,*

---

32) Martin Heidegger im Gespräch mit Richard Wisser, in : *Antwort.*
Martin Heidegger im Gespräch, Hrsg. von G. Neske / E. Kettering,
Pfullingen 1988, 27.

Frankfurt am Main 1979(= GA 20).

Heidegger, M., *Metaphysische Anfangsgründe der Logik im Ausgang von Leibniz*, Frankfurt am Main 1978(= GA 26).

Heidegger, M., *Einleitung in die Philosophie*, Frankfurt am Main 1996(= GA 27).

Heidegger, M., *Vom Wesen der menschlichen Freiheit. Einleitung in die Philosophie*, Frankfurt am Main 1982 (= GA 31).

Martin Heidegger, *Schelling : Vom Wesen der menschlichen Freiheit(1809)*, Frankfurt a.M. 1988(= GA 42).

Heidegger, M., *Parmenides*, Frankfurt am Main 1982(= GA 54).

Heidegger, M., *Besinnung*, Frankfurt am Main 1997(= GA 66).

Heidegger, M., *Sein und Zeit*, 17. Aufl., Tübingen 1993(= SZ).

Heidegger, M., *Vorträge und Aufsätze*, 4. Aufl., Frankfurt am Main 1978(= VA).

Heidegger, M., *Die Technik und die Kehre*, Pfullingen : Neske 1962. 10. Aufl. 1992(= TK).

Heidegger, M., *Vier Seminare. Le Thor 1966, 1968, 1969, Zähringen 1973*. Frankfurt am Main 1977(= VS).

Heidegger, M., *Kant und das Problem der Metaphysik*, 4. erw. Auflage. Frankfurt am Main 1973(= KPM).

Heidegger, M., *Zur Sache des Denkens*, Tübingen : Niemeyer 1969. 3. Aufl. 1988(= SD).

Heidegger, M., *Zollikoner Seminare*, Hrsg. von M. Boss, Frankfurt am Main 1987(= Zos).

Herrmann, F.-W. von, *Hermeneutische Phänomenologie des*

*Daseins : Eine Erläuterung von »Sein und Zeit«, Bd. 1.
'Einleitung : Die Exposition der Frage nach dem Sinn von
Sein,* Frankfurt am Main 1987.

Jaspers, K., *Notizen zu Martin Heidegger,* Hrsg. von H.
Saner. München 1978.

Lévinas, E., *Ethik und Unendliche : Gespräche mit Philippe
Nemo.* Übers. von D. Schmidt, Graz 1986.

거짓말의 현상학

하 병 학 (중앙대 철학과 강사)

"죄악에는 허다한 도구가 있지만 공통적으로 적용되는 것은 거짓말이다"(호메로스).

"진리는 거짓말이라는 호위병으로 보호되어야 할 만큼 가치가 있다"(윈스턴 처칠).

"말을 위한 기도

내가 이 세상에 태어나
수없이 뿌려놓은 말의 씨들이
어디서 어떻게 열매를 맺었을까
조용히 헤아려볼 때가 있습니다
(……)
매일 매일 돌처럼 차고 단단한 결심을 해도
슬기로운 말의 주인이 되기는
얼마나 어려운지

날마다 내가 말을 하고 살도록
허락하신 주여
하나의 말을 잘 탄생시키기 위하여
먼저 잘 침묵하는 지혜를 깨우치게 하소서

헤프지 않으면서 풍부하고
경박하지 않으면서 유쾌하고
과장하지 않으면서 품위 있는
한마디의 말을 위해
때로는 진통 겪는 어둠의 순간을
이겨내게 하소서
(……)
내가 어려서부터 말로 저지른 모든 잘못
특히 사랑을 거스른 비방과 오해의 말들을
경솔과 속단과 편견과
위선의 말들을 주여, 용서하소서
(……)"(이해인).

1. 거짓말과 현실

최근 들어와 우리 사회에 "거짓말"만큼 자주 구설수에 오르
는 것도 드물다. 지난 1998년에 작가 장정일 씨의 「나에게 거짓
말을 해봐」라는 소설이 음란성 여부 때문에 판매 금지 판결을
받은 적이 있다. 그후 1999년 이 소설을 장선호 감독이 영상화
한 「거짓말」이라는 영화가 심사위원들의 등급 보류라는 결정
에도 불구하고 외국 영화제에서 상까지 받고 돌아와 다시 한
번 "예술이냐, 외설이냐?"라는 문제가 논란이 되었고, 결국 올

해초 상영 허가가 내린 바 있다.

그 외에도 1999년의 옷 로비 사건과 조폐공사 노조 파업 유도 사건이 터지면서 결국 텔레비전 생중계가 되는 청문회가 열렸고, 청문회를 통해서도 진실 규명이 미흡하자 건국 이래 처음으로 특별검사제가 도입되었다. 이러한 문제에서 가장 밑바닥에 작용하는 것은 언제나 거짓말이다. 청문회에서 시청자들이 가장 많이 들을 수 있었던 말이 바로 진실과 거짓에 대한 것이었다 : "진실을 말하세요!", "정말(正말 : 참말)이에요. 믿어주세요", "거짓말하지 마세요!", "저는 하늘을 두고 맹세할 수 있습니다" 등등.

새 천 년의 시작과 함께 실시된 16대 총선에서 국민들을 가장 실망시켰던 흑색 선전, 인신 공격, 지역 감정 조장, 무책임한 공약 남발, 조작적인 판세 전망, 선거 비용 줄여서 신고하기 등도 다 거짓말의 문제다.

한편, 최근에 국내에서 발생된 문제 중 거짓말과 관련지어 빼놓을 수 없는 사건으로는 김대중 대통령에 대한 김홍신 의원의 "공업용 재봉틀" 발언이 있다. 이 사건은 우리나라에서 특이하게 볼 수 있는 것으로, 현직 대통령에 대한 야당의 거짓말쟁이라는 비판의 대표적인 사례다. 이러한 비판은 아마도 김대중 대통령이 몇 번 정계를 은퇴하였다 복귀했거나 불출마를 선언하고 출마를 했던 사실에 근거할 것이다. 이에 대해 김대중 대통령은 다음과 같이 변호한 적이 있다 : "나는 거짓말을 한 것이 아니라 다만 약속을 지키지 못했을 뿐이다." 이 글에서는 그의 변호를 좀더 명확하게 분석할 것이다.

이와 같이 거짓말은 국내뿐만 아니라 외국에서도 자주 문제를 야기한다. 1998년에 국제적으로 주목을 끌었던 미국 클린턴 대통령의 모니카 르윈스키와의 섹스 스캔들에서도 거짓말은 여지없이 핵심적인 역할을 한다. 그는 1998년 1월의 기자 회견에서 "부적절한 성 관계(improper sexual relationship)"가 없었다고 주장하였다가 계속적인 여론의 공세를 벗어나지 못하고 그해 8월에 연방 대배심에서 증언하게 되자, 그녀와 "부적절한 관계(inappropriate relationship)"가 있었음을 시인하였다. 하지만 이와 같은 말 바꾸기 때문에 그는 비록 법적 제재는 모면했을지라도 거짓말을 하는 대통령이라는 오명을 벗어날 수는 없었다.

1999년말 독일에서는 독일 정부 수립 후 최장수 수상과 통일을 이룩한 애국자라고 추앙받던 기민당의 콜 전수상이 뇌물 스캔들에 휩쓸리게 되었다. 콜 전수상뿐만 아니라 당시 기민당 당수였던 쇼이벌러 역시 이 스캔들에 휘말려 결국 그 둘은 모든 당적을 떠날 수밖에 없었다. 여기에서도 거짓말은 핵심적인 역할을 하였다. 뇌물 스캔들이 구설수에 오르면서 관련자들이 사건을 축소, 은폐하려는 시도가 엿보이자 독일의 주요 시사 주간지인 『슈피겔(Der Spiegel)』지가 2000년 1월 17일자의 주간지에 "기민당의 몰락. 거짓말, 사기, 위선"이라는 제목까지 달았던 것도 이를 말해주고 있다.

이처럼 사회적으로 불미스러운 문제에는 언제나 거짓말이 자리잡고 있다. 거짓말이 우리의 삶과 뗄래야 뗄 수 없는 관계를 하고 있다는 것은 얼마나 많은 동화나 소설이 거짓말에 대해서 이야기를 하고 있는지를 봐도 알 수 있다. 피노키오, 벌거숭이 임금님, 양치기 소년, 임금님 귀는 당나귀 귀, 지킬 박사와 하이드, 금도끼 은도끼, 별주부전, 청개구리 등. 그리고 많은 역사적인 사건들에서도 거짓말은 중요한 역할을 하고 있다. 트로이 목마, 마녀 사냥, 면죄부 판매, 지난 1000년을 마감하면서 교황이 무죄를 인정한 갈릴레이의 지동설의 철회, 600만 명의 유태인을 학살하는 데 일조를 했던 히틀러의 웅변술, 1905년에 이루어진 "을사보호조약"에서의 "보호", 우리 현대사의 제주도 민란이나 광주민주화항쟁에서의 "폭도", 제5공화국 시절의 금강산댐 건설도 거짓말의 문제다.

그 외에도 거짓말과 간접적인 관계를 가진 문제도 많다. 예를 들면 최근에 문제되고 있는 신문, 방송 기사에 대한 반론권이나 추측 보도, 오보 등도 과연 기사는 사실 보도를 의무로 하는지 또는 가능한 사실에 대한 국민의 알 권리를 우선으로 하는지 하는 문제지만, 따져보면 이것도 참말, 정말(正말)과 거짓말의 문제다. 또한 우리나라에서는 법정에서의 위증죄가 일본보다 300배나 많다고 보도된 적이 있다. 이는 특히 우리 사회에 거짓말이 만연하고 있고 또한 거짓말에 대해 관대함을 말하고 있다. 그렇다면 그 이유는 무엇이고 대책은 무엇일까? 인간이 참말만 하기가 얼마나 힘들면 365일 중 하루는 거짓말을 허용하는 만우절마저 생겼고, 얼마나 거짓말을 많이 하면 게임에서나마 진실을 꼭 말해야 하는 "진실 게임"이라는 것이 생겼으며, 또 사람들이 얼마나 다른 사람들의 말을 믿지 않으면 "양심 선언"이라는 것이 생겼을까?

거짓말이 인간 사회에 이처럼 깊이 관여하고 있음에도 불구하고 이제까지 관심에 따라 일부 학자들에 의해 부분적으로 언급되어 왔을 뿐이다. 그저 윤리적 관점에서 배제되어야 하지만 사회적으로 통용되는 필요악의 하나로 취급되곤 하였다. 사실 거짓말은 간단히 정의할 수 있는 것 같지만 야누스처럼 다양한 얼굴을 갖고 있다. 그래서 어떤 동일한 진술에 대해서도 어떤 사람은 거짓말이라고 비판하는 데 비해 다른 사람은 거짓말이 아니라고 항변하는 경우를 종종 볼 수 있다. 그것은 바로 두 사람이 동일한 사실을 달리 파악해서 그런 것뿐만 아니라 "거짓말"에 대해 상이한 관점, 상이한 정의에서 출발하기 때문이기도 하다.

"거짓말"이 학문 발전사, 과학사에서 중요한 주제로 부각되었던 것은 아마도 러셀이 역설을 발견하면서 "크레타섬의 거짓말쟁이"가 역설의 시원으로 이야기되었던 경우가 아닌가 생각한다.[1] 그 외에 "거짓말"은 주로 부차적인 차원에서 언급되었다. 하지만 "거짓말"을 구성하고 있는 요소들을 생각해보면, "거짓말"이 철학에서 아주 중요한 개념임이 금방 드러난다. 바로 그 하나는 "진리"와 함께 마치 동전의 양면을 구성하고 있는 "거짓"이고, 다른 하나는 20세기 현대 철학의 중요한 화두인 "말"이다. 따라서 "거짓말"은 겉으로는 간단한 것 같지만 사실은 이 두 요소 때문에 대단히 복잡한 개념이다. 그리고 "진리란 무엇인가?"를 탐구할 때 "거짓이란 무엇인가?"를 살펴보는 것은 진리에 다가가는 데 아주 좋은 거울이라고 생각한다. 진리론에는 여러 가지가 있는데 그 중 대표적인 것으로 진리란, 대충 말하면 "사실과 말의 일치"라는 아리스토텔레스의 진리대응설, "여러 진술 사이의 무모순성"이라는 러셀의 진리정합설, "모든 주체들간의 동의(Konsensus)"라는 하버마스의 진리합의설 등이 있는데, 이러한 다양한 진리 개념 때문에 거짓 개념 역시 다양해진다. 그 외 "진짜 금"과 "가짜 금", "참된 친구"와 "거짓된 친구" 등 명제가 아니라 하나의 개체에 대해 사용되는 참, 거짓의 개념까지 생각하면, "거짓"은 정말 다양한 의미를 지닌다. 더 나아가 "진리는 단 하나, 거짓은 무수"라는, 즉 진리 외에는 모두 거짓이라는 보부아르의 말을 되새겨보면, 적어도 진리보다는 거짓이 많으며 그 의미도 다양리라 쉽게 짐작할 수

---

1) 참조 : Jon Barwise and John Etchemendy, *The Liar. An Essay an Truth and Circularity*, Oxford University Press 1987.

있다.

하지만 아직까지 철학에서 거짓말이 총체적인 모습을 보인 적이 없다. "거짓말은 나쁜 것인가?" 하는 윤리학적인 접근에 대해서도, 예를 들어 어쩔 수 없는 거짓말, 선의의 거짓말 등도 과연 나쁜 것인가 하는 물음에 대해서도, "거짓말"의 복합적인 개념을 풀어헤치지 않고는 명확한 해명을 기대할 수 없다. 예를 들면, 의사가 병이 깊은 심장병 환자에게 선의로 "의사의 지시에 따르면 빨리 회복할 수 있습니다"라고 거짓말할 때라든지, 수녀가 게슈타포에 쫓기고 있는 레지스탕스를 숨겨주고는 "그런 사람을 보지 못했습니다"라고 거짓말할 때다. 이러한 물음은 "거짓말이 꼭 나쁜 것인가?" 하는 의문과 관계된 것이지 "그 말이 거짓말인가?" 하는 물음과는 관계가 없다. 오히려 이러한 윤리학적 물음은 "거짓말이란 무엇인가?"의 해명 위에서만 설명될 수 있을 것이다.

2. 거짓말의 여러 문제들

이 소논문에서 다 다룰 수는 없지만 도대체 거짓말이 왜 문제가 되는가 하는 중요한 이유들을 우선 생각해보자.

1) 우리 인간은 왜 거짓말을 하는 것일까? 동물은 거짓말을 하지 않는가? 인간은 "이성적 동물(animal rationale)"이라는 정의에서, 인간만이 거짓말을 한다면 그것은 결핍된 이성 (ratio)의 문제일 것이다. 하지만 동물도 거짓말을 한다면 그것은 생존(animal)의 문제다.

2) 언제나 거짓말을 하는 사람이 거짓말쟁이인가, 아니면 거짓말을 하고 싶을 때는 거짓말을 하고 참말을 하고 싶을 때는

참말을 하는 사람이 거짓말쟁이인가? 이러한 정의의 애매모호함 때문에 "크레타섬의 거짓말쟁이"에서 역설이 발생하는 것을 보이기 위해서는 "실제로 크레타인들이 말한 모든 진술은 거짓말이다"라는 전제를 보충해야 하는 것이다. 우리는 거짓말쟁이는 믿을 만한 사람이 못 된다고 한다. 만일 거짓말쟁이가 언제나 거짓말을 하는 사람이라면, 참말만을 하는 사람과 마찬가지로 거짓말쟁이의 진술로부터 그 부정을 통해 정확한 정보를 획득할 수 있다.

3) 거짓말이 문제가 되는 이유가 거짓말로부터의 자유, 즉 거짓과 참의 구별 때문인가? 그렇다면 거짓말을 하면 코가 커지는 피노키오에서처럼 참말과 거짓말을 판별할 수만 있다면 거짓말을 문제가 되지 않을 것이다. 그렇다면 '거짓말 탐지기'는 현대 기술 과학이 만들어낸 '거짓말쟁이의 코'다. 거짓말 탐지기는 우리의 꿈을 실현하고 있고 법정에서 증거로 채택되고 있는가? 그렇지 않다면 그 이유는 무엇일까?

4) 혹시 참된 거짓말 또는 선한 거짓말은 없는가? 거짓말은 나쁜 것이지만 상황에 따라 어쩔 수 없는 거짓말, 필요한 거짓말은 허락되는가? 선함이 거짓말과 양립할 수 없다면 이러한 상황은 딜레마적 상황이 되고 "선한 거짓말"은 모순적이다. 그렇지 않다면 "선한 거짓말"은 가능하다. 혹시 거짓말이 허용되는 경우가 화자의 선한 의도의 유무에 의존한 것이 아니라 상대의 진리에 대한 권리 유무가 기준이 되는 것은 아닌가? 즉, 선한 상대에 대해서는 참말을 해야 하지만, 악한 상대에 대해서는 거짓말을 해도 되는 것은 아닌가?

5) 거짓말이 문제가 되는 것은 거짓말 자체가 나쁘기 때문인가? 아니면 거짓말하려는 의도가 나쁜 것인가? 아니면 거짓말이 야기한 결과가 부정적이기 때문인가? 거짓말이 문제되는 이

유가 양치기 소년처럼 거짓말쟁이에 대해서는 더 이상 신뢰할 수 없기 때문인가? 양치기 소년을 믿을 수 없는 것은 그가 거짓말을 자주 하였기 때문에 또 거짓말을 하리라는 귀납 추론에 근거한다. 논리적 관점에서 보면 "거짓에서는 모든 (참된, 그릇된) 명제가 도출된다(ex falso quodlibet)"는 점에서 거짓말이 문제가 될 수 있다. 거짓말의 최대의 저주는 상대방도 거짓말쟁이에게 거짓말을 할 수 있기 때문인가, 그래서 상대방을 믿을 수 없기 때문인가, 아니면 거짓말쟁이 스스로 자신을 믿지 못하기 때문인가? 그렇다면 "자기 기만"이란 무엇이고 어떻게 가능한가?

6) 거짓말은 사실과 다른 말인가 또는 화자의 생각과 다른 말인가? 이 문제를 우리는 중점적으로 다루어볼 것이다.

7) 동화 "벌거숭이 임금님"에서 말하듯 어쩌면 어떤 상황에서는 우리 모두가 ("임금님은 벌거숭이"라고 말한 소년을 제외하고) 거짓말을 하고 있는 것은 아닌가? 우리 모두가 거짓말을 하고 있지 않다는 것을 우리는 어떻게 알 수 있는가?

8) 소설, 연극, 농담, 말장난, 은유, 풍자, 우화 등의 허구를 담은 말, 더 나아가 장점만 나열하는 선전, 광고 등은 거짓말과 어떤 차이가 있는가?

9) 기만은 언제나 거짓을 내포하고 있는가? 즉, 기만, 사기, 속임수 등은 언제나 거짓말을 통해서만 가능한가? 진실을 통해서도 사기 칠 수 있다면, 그리고 거짓말을 해도 기만이 되지 않는다면, 기만과 거짓말은 어떤 관계에 있는가? 그리고 이러한 경우 우리가 거짓말과 기만 둘 중 어느 것에 도덕적 비난을 가해야 하는가?

10) 침묵도 어떤 경우 거짓말의 일종인가? 묵비권은 왜 허용되는가? 묵비권이란 화자가 하고 싶지 않은 말은 하지 않을 자

유다. 즉, 자기에게 유리한 것은 말을 하고 불리한 것에 대해서는 침묵할 수 있는 자유다. 그러한 경우 그의 말만 보면 그는 아무런 거짓말을 하지 않았지 않는가? 이런 경우 그는 진실을 말한 것인가 아니면 거짓말을 한 것인가? 더 나아가 법에서는 증언의 의무, 불고지죄도 있다. 증언의 의무와 묵비권은 상충되지 않는가? 어느 것이 어떤 경우에 우선인가?

11) 혹시 거짓말을 할 수 있는 자유는 없는가? 견해의 자유, 언론의 자유는 민주주의의 기본권이 아닌가? 그렇다면 유언비어날포죄는 무엇인가?

3. 거짓말의 철학사적 조명

고대 중국철학에서는 공자의 정명론(正名論)과 교언영색(巧言令色), 노자의 도가도비상도(道可道非常道)라는 말에서 거짓에 대한 단초를 찾아볼 수 있다. 공자는 『논어』 자로 편에서 "명분이 바르지 못하면 말이 불순하고, 말이 불순하면 일이 이루어지지 아니한다"고 했는데,[2] 이는 사물, 직급 등에 대한 올바른 이름, 명분이 올바른 정치의 첫 걸음이며, 거짓 이름, 거짓 명분은 사회를 혼란에 빠뜨리는 제1원인이라는 것이다. 교언영색은 진실하지 못한 교활한 언어와 꾸민 모습은 참된 인(仁)이 없으니 경계하라는 말이다.[3] 노자의 도가도비상도에서는 언어의 원초적 불완전성을 이해할 수 있는데,[4] 이는 서양철학에서

---

2) 공자, 『논어』 자로편 : "名不正則言不順 言不順則事不成 ……."
3) 공자, 『논어』, 학이편과 양화편 : "巧言令色 鮮矣仁". 공자, 『논어』, 공야장편 : "巧言令色足恭 左丘明 恥之 丘亦恥之. 匿怨而友其人 左丘明 恥之 丘亦恥之."
4) 노자, 『도덕경』 1장 : "道可道 非常道, 名可名 非常名."

다룰 언어 비판과 비교할 만하다.

"거짓말"은 서양의 전통적인 철학의 역사에서 상대적으로 큰 주목을 받지는 않았다. 거짓말에 대한 철학자들의 많지 않는 논의에서도 그 견해들이 혼미한 이유는 거짓 사실(허구 세계), 거짓 명제(참이 아닌 명제), 거짓 진술(참이 아닌 주장), 거짓 언행(참이 아닌 주장으로써 상대방을 설득), 속임, 기만 등이 구별되지 않은 채 논의되었기 때문이다. 이와 같은 혼미함은 바로 "말"의 다차원적인 속성 때문이고, 말의 다차원성이 현대의 언어 행위 이론이 등장하기 전까지는 제대로 해명되지 않았기 때문이다.

거짓말을 처음으로 철학의 탐구 대상으로 본격적으로 다룬 사람은 아우구스티누스다. 그에서부터 현대 철학이 시작하기까지 약 1500년 동안 거짓말은 주로 "불가피한 거짓말(Notlüge)"이 허용될 수 있는가 하는 문제에 매달리게 된다. 아우구스티누스는 거짓말을 윤리학의 커다란 문제(questio magna moralis)라고 규정하고, 처음으로 "거짓말이란 의지를 가지고 그릇된 것을 말하는 진술(Mendacium est enuntiatio cum voluntate falsum enuntiandi)"이라고 정의하였다.5) 그러니까 아우구스티누스에 의하면 거짓말이란 "의도적인 그릇된 진술"인 것이다. 여기에서 의도, 그릇됨, 언어라는 거짓말의 세 가지 구성 요소가 드러난다. 즉, 거짓말은 윤리학(도덕철학), 진리론, 언어학이라는 세 학문 분야가 결합된 통합 과학의 물음인 것이다. 그렇다면 아우구스티누스에서 "의도적인 그릇된 진술"이란 무엇을 뜻하는가? 가령 한 진술의 그릇됨이 진술과 사실의 불일치를

---

5) Aurelius Augustinus, *De mendacio*, Kap. IV, in : Aurelius Augustinus, *Die Lüge und Gegen die Lüge*, übertragen und erläutert von Paul Keseling, Würzburg 1953.

의미한다면, 거짓말은 진실을 전제로 하게 된다. 이 정의에 따르려면 거짓말을 할 수 있기 위해서는 이미 참을 알아야 한다. 즉, 진정한 거짓말쟁이는 뛰어난 지식인이라는 것이다. 이러한 의미에서 소크라테스는 모르고 한 그릇된 말보다 알고 한 그릇된 말이 낫다고 한다.[6] 이러한 문제는 고대 그리스어에서는 라틴어와는 달리 아직까지 오류(error)와 거짓말(mendacium)이 구별되지 않고 "mendos"에 혼합되어 있었던 점에도 기인한다.[7] 진실을 모르면 그릇된 말을 할 수 없고, 거짓말을 하지 못하는가? 바로 이 물음 때문에 진솔성(Wahrhaftigkeit)이 진실(Wahrheit)의 자리에 등장한다. 이러한 맥락에서 아우구스티누스는 "그릇된 것을 말하는 모든 사람이 거짓말을 하는 것이 아니다. 적어도 말하는 것을 참이라고 믿는다면 그는 거짓말을 하는 것이 아니다"라고 말한다.[8] 이에 따라 아우구스티누스는 "어떤 사람이 거짓말을 하느냐 아니냐에 대해서는 사태 자체의 참됨 또는 그릇됨을 기준으로 하는 것이 아니라 화자의 내적 의도를 기준으로 판단해야 한다"고 말한다.[9] 이러한 규정에 의해 거짓말은 의도를 본질로 한다는 전통적인 견해가 지배적이게 되었고 거짓말은 주로 도덕철학적, 윤리학적인 관점에서 다루어지게 되

---

6) 소크라테스는 「메모라빌리언」에서 "정의"에 대해 이야기하면서 전쟁에서 적군에 대한 거짓말은 정의롭다고 말한다. 그리고 의도를 가지고 거짓말한 사람은 알고 한 사람이고, 의도 없이 거짓말한 사람은 모르고 한 사람인데, 알고 한 것이 모르고 한 것보다 앎을 가지고 있으므로 낫다고 한다. 그것은 바로 앎이 그의 정의론의 핵심이 되기 때문이다(Xenophon, *Die Sokratischen Schriften. Memorabilien / Symposion / Oikonomikos / Apologie*. Übertragen und herausgegeben von Ernst Bux, Stuttgart 1956, IV, 2, 13-22, 156-158쪽).
7) Volker Sommer, *Lob der Lüge. Täuschung und Selbstbetrug bei Tier und Mensch*, München 1992, 14쪽.
8) Augustinus 위의 책, 2쪽.
9) 위의 책, 3쪽.

었다. 궁극적으로 아우구스티누스는 거짓말이 허용되어서는 안된다는 주장을 신학적으로 다음과 같이 논변한다 : "주님은 악마를 거짓말의 아버지라고 일컫고 (……) 하나님 아버지가 진리를 아들로 생산하였듯, 타락한 악마는 마찬가지로 거짓말을 아들로 생산하였다."10)

그리고 불가피할 경우에 대한 거짓말의 허용에 대해서 그는 다음과 같이 조언한다. 예를 들면 아브라함이 파라오로부터 살아남기 위해 자기 동생이었다 부인이 된 사라를 "그녀는 나의 부인이 아니다"라고 한 것이 아니라 "그녀는 나의 동생이다"라고 말했던 경우다. 이때 아브라함은 거짓말을 한 것이 아니라 참말과 침묵을 한 것이라고 옹호하였다.11) 즉, 모든 진실을 다 말할 필요는 없지만 진술한 말은 다 참이어야 한다는 주장이다. 하지만 아브라함은 파라오를 속이지 않았는가? 이러한 아우구스티누스의 논변에서는 그가 속임이나 기만을 문제 삼지 않고, 진솔성이라는 의도 와 참말, 거짓말 자체, 즉 말과 사실의 일치를 선과 악의 기준으로 삼았다는 것으로 해석할 수 있다. 우리는 16절에서 아브라함의 진술의 진상(眞相)을 상세히 해명할 것이다.

아우구스티누스는 거짓말에 대해 다양한 관점들과 정의들을 제시하였다는 점에서 높이 평가할 만하지만, 그가 주시한 "의도(voluntas)"에서 여러 의미가 내포되어 있음을 간과했다는 점은 비판받을 만하다. 이 문제는 뒤에 다시 다룰 것이다.

칸트는 근본적으로 거짓말에는 진솔성이 결핍되어 있다는 견해를 받아들인다.12) 그는 거짓말, 나아가 불가피한 거짓말도

---

10) Augustinus, In Joannis evangelium tractatus 42. n. 13. 위의 책 편집자 서문에서 재인용.
11) Augustinus, Contra mendacium, 93쪽 계속.
12) 이후 후설도 거짓말을 "진술이 말하는 바와 다른 생각의 말"이라고 정의

윤리학적으로나 도덕적으로 무조건 금지되어야 하는가 하는 문제를 다룬다. 예를 들면 살인을 하겠다는 의도를 밝힌 사람이 무기를 손에 들고 무고한 사람이 어디 있는가를 물었을 때 거짓말을 해야 하는가 아니면 사실을 말해야 하는가 하는 문제다. 이에 대해 콘스탄트는 그의 『거짓말의 인간 권한에 대해』에서 거짓말의 불가피성을 옹호한다.13) 이와 반대로 칸트는 진솔성이라는 무조건적인 의무는 그 누구에게 언제나 타당하다고 강조한다. 칸트는 거짓말은 "인간을 도덕적 존재로 파악한다면, 자기 자신에게 대해 인간의 의무의 가장 큰 훼손"이고, "자신의 인간 존엄성에 대한 포기와 파괴"라고 규정한다.14) 그는 소논문 「인간애에서 출발한 거짓말의 허구적인 권리에 대해서」에서 그의 전형적인 도덕철학적 논변을 다음과 같이 펼친다 : "진술에서 결코 면할 수 없는 진술성은 모든 인간에 대한 인간의 형식적 의무다."15)

거짓말에 대한 도덕철학적인 관점을 벗어나면, 먼저 표현하고자 하는 사태에 대한 언어의 불완전성의 문제를 만나게 된다. 약 1500년이라는 오랜 전통을 벗어나 니체는 근원적인 인식론적 회의에서 출발해서 언어와 사태의 불가분의 관계에 대해 의문을 제기한다. 그는 『도덕 외적인 의미에서의 진리와 거짓말에 관하여』에서 언어를 사실, 실재로부터 독립시켜 언어와 감

내린다(Edmund Husserl, *Formale und transzendentale Logik* [= FtL], Tübingen 1981, 20쪽).

13) Benjamin Constant, *Über das Menschenrecht zu lügen, Werke*, hrsg. v. A. Blaeschke, Berlin 1970.

14) Immanuel Kant, *Metaphysik der Sitten, Tugendlehre. Kant gesammte Schriften*, Akademie-Ausgabe Bd. VI, 429쪽. 참조 Georg Geismann und Hariolf Oberer (Hg.), *Kant und das Recht der Lüge*, Würzburg 1986.

15) Kant, "Über eine vermeintes Recht aus Menschenliebe zu lügen", in : *Kant und das Recht der Lüge*, 35-39쪽.

정 그리고 삶의 연관을 시도한다.16)

이러한 언어 비판이라는 문제는 특히 비트겐슈타인에 의해 본격적으로 탐구된다. 그는 『논리-철학 논고』에서 언어의 문제점을 다음과 같이 비판한다 : "언어는 사유를 위장한다. 자세히 말하면, 복장의 외적 형식으로는 복식한(bekleidet) 사고의 형식을 추론할 수 없도록 언어는 사유를 위장한다."17) 그의 초기 언어 이론을 대변하는 "명제는 현실의 그림이다"는 그림 이론은 세계, 사실에 대한 언어의 기술의 기능을 강조하였지만, 후기의 언어 비판은 바로 이 점을 비판하면서 언어 사용 이론을 제시한다. 후기 저작인 『철학 탐구』에서 비트겐슈타인은 "거짓말도 다른 것과 마찬가지로 훈련을 요하는 언어 놀이"라고 한다.18) 이로써 그는 세계, 세계의 구조, 법칙에 대한 언어의 연관을 끊고 사용 방식, 규칙, 삶 그리고 삶의 형식과의 연관을 강조한다.

플라톤의 이데아론을 따르지 않는다 할지라도 진리, 진실, 사실, 참은 허위, 거짓, 가상, 그릇됨보다 고유한 제한적 영역을 이루고 있고, 우리 인간에게 본유적으로 소여된 것이 아니다. 그리고 진리대응설의 가장 어려운 점도 바로 객체, 진리, 사실, 명제의 존재 방식과 인간의 존재 방식, 인식 구조, 언어의 본성의 근원적인 상이성을 어떻게 극복할 수 있는가 하는 점이었다. 진리를 추구하는 과학도 진리에 완전히 도달하는 것이 아니라 근접할 뿐, 진리임을 확인할 수는 없고 다만 거짓임을 확정하

---

16) Friedrich Nietzsche, "Über Wahrheit und Lüge im außermoralischen Sinne", in : *Niezsche Werke in 3 Bd.*, K. Schlechta(Hg.), Bd 3. München 1966 (Erstausgabe Leipzig 1896).

17) Ludwig Wittgenstein, *Tractatus Logico-Philosophicus* [= Tractatus], in : Wittgenstein *Werkausgabe* Band I, Frankfurt a.M. 1984, 4.002.

18) Ludwig Wittenstein, *Philosophische Untersuchungen*, in : *Wittgenstein Werkausgabe* Bd. I, 249.

는 과정이라고 특징짓는 포퍼의 반증론도 진리는 궁극적으로
인간과 분리되어 있는 데 비해 거짓은 인간에게 직접 맞닿아
있음을 시사하고 있다.

현대에 와서 거짓말에 대한 탐구로는 바인리히의『거짓말의
언어학』,[19] 좀머의『거짓말의 찬사. 동물과 인간에게서의 속임
수와 자기 기만』,[20] 그리고 그의「동물과 인간에게서의 진화론
적인 논리」,[21] 바루치의『거짓말의 철학』[22] 등이 있다. 이 중
거짓말에 대해 주목할 만한 연구는 좀머의『거짓말의 찬사』다.
그는 이제까지 거짓말에 대한 탐구들이 모두 인간의 이성적 특
성에 주목하였던 점을 비판하고 새로운 관점을 제기한다. 즉,
거짓말의 근본적인 요소는 의도 내지는 언어라고 보고 "인간은
이성적 동물이다(animal rationale)"라는 인간 정의에서 동물과
다른 '인간의 이성적, 언어적 특성'에 거짓말이 기인한다는 기
존의 생각을 완전히 뒤집고 동물들도 거짓말을 한다는 사실을
보여줌으로써, 예를 들면 은폐, 변색, 변형 등을 고찰함으로써,
거짓말은 생존 방식이라는 점을 새롭게 제기하였다.

이 논문은 여러 유형의 거짓말을 통합, 구분하고, 거짓말의 특
성, 본질 구조, 진상(眞相) 그리고 여러 관점에 대한 의미 연관들
을 의미론과 언어 행위 이론, 언어현상학이라는[23] 관점에서 밝

---

19) Harald Weinrich, *Linguistik der Lüge*, Heidelberg 1966.
20) Volker Sommer, *Lob der Lüge*.
21) Volker Sommer, "Die evolutionäre Logik der Lüge bei Tier und
Mensch", in : *Ethik und Sozialwissenschaften* 4 (1993), 3, 439쪽 계속.
22) Arno Baruzzi, *Philosophie der Lüge*, Darmstadt 1996.
23) 오스틴은 스스로 그의 언어 이론을 "언어현상학"이라고 부르고, 기존의
"언어 분석"과는 달리 언어현상학에서는 "낱말(또는 어떤 것이든 '의미')"만이
아니라 낱말을 통해 우리가 말하는 실재들이 탐구된다"고 하였다 (John L.
Austin, "A Plea for Excuses", in : *Philosophical Papers*, hrsg. von J. O.
Urmson / G. J. Warnock, Oxford 1962, 175-204쪽. 독일어 번역 : "Ein Plädoyer
für Entschuldigungen", in : ders. *Gesammelte philosophische Aufsätze*,

히는 것을 목적으로 한다. 필자는 거짓말의 가장 근본적인 가능
성이 "지향성"이라는 활동에 있다고 본다. 이러한 의미에서 필자
는 이 논문에 "거짓말의 현상학"이라는 제목을 붙인다.

4. 거짓말의 정의

거짓말의 본질을 밝히기 위해 필자는 "말"에서 출발하고자
한다. 왜냐 하면 거짓말은 궁극적으로 넓은 의미의 "말", "언어"
에 속한다고 보기 때문이다. 의미 있는 몸짓, 행위도 넓은 의미
에서의 언어로 본다면 트로이 전쟁의 목마, 마지막 잎새, 농촌
의 허수아비, 경상도 디딜방아, 변장, 동물들의 변색 등도 하나
의 거짓말이다.

"언어란 무엇인가?"를 탐구하는 데에서 우선 "언어는 어떤
기능을 하는가?" 하는 물음으로 접근하는 것이 구체적이고도
통상적인 방법인데, 이에 대해 일반적으로 다음과 같은 세 가
지 기능이 제시된다.

언어 기능 [1] : 인지적 내지 기술적 기능(cognitive or descriptive
            function)
언어 기능 [2] : 표현적 기능(expressive function)
언어 기능 [3] : 수행적 기능(performative function)

여기에서 인지적 내지는 기술적 기능은 어떤 사물을 기술하
거나 사실을 나타내는 것을 말하고, 표현적 기능은 화자의 생각,
감정을 표현하는 것을 말하며, 수행적 기능은 발언이 어떤 행위

Stuttgart 1986, 229-268, 특히 238쪽.

를 수행함을 말한다. 바로 이러한 상이한 기능들 때문에 "거짓말"의 개념도 다양하게 된다. 따라서 언어의 상이한 기능들을 통해 거짓말의 상이한 의미를 정의하는 것이 적당할 것 같다.

언어의 기능 중 앞의 두 기능과 관련지으면 "거짓말"의 대표적인 정의가 다음과 같이 드러난다.

거짓말 정의 ① : 사실과 일치하지 않는 진술
거짓말 정의 ② : 화자의 생각과 일치하지 않는 진술

정의 ①에 따른 거짓말의 예는 "한국은 섬이다", "고래는 어류다" 등이다. 벌거숭이 임금이 멋진 옷을 입고 있다고 말한 그 나라의 사람들이 거짓말쟁이인 것은 무엇보다도 이 정의 때문이다. 정의 ②에 따른 거짓말의 예는 한 국회의원 후보가 총선연대의 낙선 운동에 반대하면서도, 반대한다고 말하면 지지표를 잃을 것 같아 지지한다고 말하는 경우다. 1633년 로마에서 갈릴레이가 생존을 위해 지동설을 철회했을 때, 갈릴레이는 우선적으로 이러한 정의에 따라 거짓말쟁이가 된다. 달리 표현하면 정의 ①은 "진실(眞實)"과 관계하고 정의 ②는 "진솔(眞率)"과 관계한다. 즉, 진실은 실재, 사실과 말의 일치를 뜻하고, 진솔은 생각과 말의 일치, 즉 자기 생각을 그대로 솔직히 진술함을 뜻한다.

5. 사실 · 생각 · 말

어떤 말이 거짓말인가를 판단하는 데 어려운 경우는 이 두 정의가 서로 혼합되었을 때다. 예를 들어 어떤 고등학생이 "고래는 포유류다"라는 사실을 알고도 "고래는 포유류가 아니다"

라고 말하면, 그가 거짓말을 하는 것이 분명하다. 하지만 어떤 초등학생이 "고래는 포유류다"라는 사실을 모르고 "고래는 어류다"라고 생각하고 "고래는 어류다"라고 말할 때, 그는 과연 거짓말을 하고 있는가 아닌가? 이 경우 정의 ①에 따르면 그는 거짓말을 하는 것이고, 정의 ②에 따르면 거짓말을 하지 않는 것이 된다. 이와 같은 복합적인 경우를 해명하기 위해서는 보다 상세한 분석이 요구된다.

1) 사실 = 생각 = 말	☀ 기호 설명 ☀
2) 사실 = 생각 ≠ 말	"=" : "일치"
3) 사실 ≠ 생각 = 말	"≠" : "불일치"
4) 사실 ≠ 생각 ≠ 말	"+" : "있다"
	"−" : "없다"

경우 1)은 사실과 생각이, 그리고 생각과 말이 일치하고 있으므로 참말인 경우다. 예를 들어 "고래는 포유류다"라는 사실에 대해 그것이 사실이라고 생각하고, 생각을 그대로 나타내 "고래는 포유류다"라고 말한 경우다.

경우 2)는 사실과 생각은 일치하지만 생각과 말이 다른 경우로 거짓말의 경우다. 즉, 사고는 진실하지만 그의 말은 진솔하지 못한 경우다. 예를 들면 "고래가 포유류다"라는 사실에 대해 그것이 사실이라고 생각하지만, 그의 말은 그의 생각과는 달리 "고래는 어류다"라고 말한 경우다.

경우 3)은 사실과 생각은 일치하지 않지만, 생각과 말은 일치하는 경우다. 예를 들면 어느 초등학생이 사실이 아닌 "고래는 어류다"를 사실이라고 생각하고, 그의 생각대로 "고래는 어류다"라고 그릇된 말을 한 경우다. 여기에서는 그의 사고는 진실하지 않지만 그의 말은 진솔한 경우다. 이 경우 역시 거짓말의 경우인지 아닌지는 뒤에 다루기로 한다.

경우 4)에는 두 가지 가능성이 있다.

4a) 사실 ≠ 생각 ≠ 말 = 사실
4b) 사실 ≠ 생각 ≠ 말 ≠ 사실

4a)는 사실이 아닌 "고래는 어류다"를 사실이라고 생각하면서도, 그의 생각과는 달리 "고래는 포유류다"라고 말하는 경우다. 4b)는 사실이 아닌 "고래는 어류다"를 사실이라고 생각하면서도, 그의 생각과는 달리 "고래는 곤충류다"라고 말하는 경우다. 첫 번째 경우는 그의 생각이 진실하지도, 그의 말이 진솔하지도 않지만 우연히 말과 사실이 일치하여 겉보기로는 참된 말을 한 결과를 낳고, 두 번째 경우는 진실하지도 진솔하지 못한 거짓말을 한 경우가 된다. 4a)에서 말과 사실의 일치가 우연한 경우는 배중률이 적용되지 않는 경우고, 말과 사실의 일치가 필연적인 경우는 배중률이 적용되는 경우다. 예를 들면 "까마귀는 검다"가 사실일 때 "까마귀는 희다"고 생각하는 사람이 "까마귀는 검다"고 말하는 경우는 전자의 사례다. 왜냐 하면 "까마귀는 희다"와 일치하지 않는 것으로는 그뿐만 아니라 "까마귀는 붉다", "까마귀는 파랗다" 등도 있기 때문이다. 사실이 생각과 같지 않고, 생각이 말과 같지 않다고 해서 말이 사실과 일치할 수 있는 것은 이와 같은 경우 대단한 우연이다. 이와는 달리 예를 들면 "백조는 희다"가 사실일 때 "백조는 희지 않다"고 생각하는 사람이 "백조는 희다"고 말하는 경우는 후자의 사례다.

정리하면, 사실과 일치하는 진술을 참이 한다면, 경우 1)은 참이 될 수밖에 없고, 경우 2)와 3)은 거짓이 될 수밖에 없고,

경우 4)는 참이거나 거짓이 될 수 있다.

6. 앎

왜 어떤 경우는 사실과 생각이 일치하고 어떤 경우는 일치하지 않는가? 사실과 생각의 일치와 불일치에는 앎이 관건이다. 하지만 사실과 생각이 일치한다고 하더라도 우연히 일치하는 경우와 그 근거를 확실히 알고 일치하는 경우는 다르다. 어떤 초등학교 사지선택형 시험에서 다음과 같은 문제가 나왔다고 가정해보자.

다음 중 옳은 것을 선택하라.
가) 고래는 어류다.　　나) 고래는 포유류다.
다) 고래는 곤충류다.　　라) 고래는 조류다.

이때 초등학생이 정확한 답을 모르고 우연히 나)를 선택했다고 하자. 이때 초등학생이 선택한 답은 옳지만 그가 정답을 안다고 할 수는 없다. 그러므로 사실과 생각이 일치하는 경우에도 그 생각이 항상 앎과 연계되어 있다고 할 수는 없다. 즉, 사실과 생각이 일치하고 그 사실이 왜 사실인가를 알 때 "그는 안다"고 할 수 있는 것이다. 하지만 사실과 생각이 일치하지 않는 경우(경우 3과 4)는 항상 앎과 무관하게 된다.

1a) 사실 = 생각 = 말 + 앎
1b) 사실 = 생각 = 말 − 앎
2a) 사실 = 생각 ≠ 말 + 앎
2b) 사실 = 생각 ≠ 말 − 앎

7. 의 도

생각과 말의 일치, 불일치에서도 따져볼 문제가 있다. 그것은 바로 "의도"다. 우리는 생각과 말이 항상 일치하는 것이 당연하다고 생각한다. 그리고 생각과 말이 일치하지 않는 경우, 화자가 진솔하지 못하다는 이유로 그에게 도덕적 비난을 가하기도 한다. 하지만 생각과 말이 일치하지 않은 경우, 일치시키지 않겠다는 화자의 의도가 있는 경우와 없는 경우는 다르다.

2.1) 사실 = 생각 ≠ 말 + 의도
2.2) 사실 = 생각 ≠ 말 − 의도
4.1) 사실 ≠ 생각 ≠ 말 + 의도
4.2) 사실 ≠ 생각 ≠ 말 − 의도

경우 2.1)과 경우 4.1)은 생각과 말이 일치하지 않는데, 그 이유는 화자가 그러한 불일치를 의도하고 있기 때문이다. 이와는 달리 경우 2.2)와 경우 4.2)는 생각과 말이 일치하지 않지만 화자가 그러한 불일치를 의도적으로 한 것이 아니고 무심(無心)코 그렇게 말한 경우다. 경우 2.2)와 4.2)는 실제로는 특별한 경우다. 앞에서 말한 바와 같이 우리는 생각과 말의 일치를 자연스럽게 생각하기 때문이다. 이 경우는 자기 생각과는 다른 말을 아무런 이유 없이 한 경우인데, 마치 주머니에 10만 원이 있고 평소 용돈도 충분한 고등학생이 길가는 할머니로부터 5000원을 빼앗고는 경찰서 조서에서 "그냥 그랬다"고 말하는 경우와 비슷하다. 이때는 진지(眞摯)함이 결여된 장난의 경우다.[24] 경우 2.2)와 4.2)를 상정하는 이유는 생각과 말이 일치하

24) 참조 : 오스틴은 거짓말의 본질적인 요소를 비성실성, 즉 진지함의 결여로

지 않는 경우를 항상 의도적이라고 보기에는 그 근거가 해명되지 않고 있기 때문이다.

앞의 2절에서 비트겐슈타인은 『철학 탐구』에서 "거짓말도 다른 것과 마찬가지로 훈련을 요하는 언어 놀이"라고 하였음을 언급하였다. 이 말이 무엇을 말하는가? 다른 놀이와 마찬가지로 거짓말도 훈련에 의해 가능하다는 말이다. 그렇다면 참말을 하는 데는 훈련이 필요치 않는가? 참말을 하는 데는 훈련이 필요치 않다고 보는 철학자도 있지만(예 : Duisburg대학의 Thomas Spitzley), 필자는 참말을 하는 것도 거짓말과 마찬가지로 훈련이 필요하다고 생각한다. 그렇지 않으면 거짓말과는 달리 참말, 진솔한 말을 하는 것은 인간에게 본능적이어야 하는데, 이러한 주장에 대한 충분한 해명을 아직까지 그 누구에게서도 발견할 수 없다.

8. 청자에 대한 효력의 의도

이제 의도가 있었던 2.1)과 4.1)을 더 분석해보자. "의도"에는 생각과 말에 대한 화자의 의식이라는 측면에서의 내적 의도와 말을 함으로써 화자가 청자에 대한 어떤 특정한 효력을 노리는 외적 의도를 구분할 수 있다. 이렇게 구분하는 이유는 생각과 말의 일치에 대한 화자의 내적 의지는 심리적, 의미론적 차원이고, 청자에 대한 어떤 특별한 효력을 노리는 외적 의도는 언어 행위 이론적, 화용론적 차원으로서 구별되기 때문이다.

보았다. 물론 그는 이러한 비성실성 또는 진지함의 결여와 관련된 부적절성을 다양하게 구별하고 있다. 존 오스틴, 『말과 행위(*How to do Things with Words*)』, 김영진 옮김, 서광사, 1992, 제2강의 그리고 특히 66쪽.

2.1.1) 사실 = 생각 ≠ 말 + 내적 의도 + 외적 의도
2.1.2) 사실 = 생각 ≠ 말 + 내적 의도 − 외적 의도
4.1.1) 사실 ≠ 생각 ≠ 말 + 내적 의도 + 외적 의도
4.1.2) 사실 ≠ 생각 ≠ 말 + 내적 의도 − 외적 의도

여기에서 "거짓말"에 대한 세 번째 정의가 등장한다. 거짓말의 첫 번째 정의와 두 번째 정의를 언어의 기능 ①과 ②에서 찾았듯, 세 번째 정의도 언어의 기능 ③에서 찾고자 한다. 언어의 수행적 기능이 말과 함께 수행되는 행위를 뜻한다면 거짓말과 함께 수행되는 행위는 구체적으로 무엇을 의미할까? 그것은 청자를 속이는 것 아닐까?

거짓말 정의 ③ : 청자를 속이는 말

경우 2.1.1)과 4.1.1)은 경우 2.1.2)와 4.1.2)와는 달리, 화자의 생각과 말이 일치하지 않는 이유가 그의 말이 청자에 어떤 효력이 발생하기를 의도하고 있는 경우다. 즉, 청자가 속기를 의도하는 경우다. 이 두 경우에 대한 예는 다음과 같다.

경우 2.1.1)의 예 : 한 고등학생이 "고래는 포유류다"라는 사실을 알고 그렇게 생각하면서 "고래는 어류다"라고 말하는데, 그렇게 말한 데에는 단순히 그냥 한 것이 아니라 화자의 말에 대한 의지가 내포되어 있고, 더 나아가 그의 말을 듣는 상대방이 속아서 예를 들면 시험에서 틀린 답을 하기를 목적으로 하는 경우다.

경우 4.1.1)의 예 : 한 초등학생이 "고래는 포유류다"라는 사

실을 모르고 "고래는 어류다"라고 생각하면서 "고래는 조류다"라고 말하는데, 그렇게 말한 데에는 단순히 장난으로 그렇게 말한 것이 아니라 화자의 말에 대한 의지가 내포되어 있고, 더 나아가 그의 말을 듣는 상대방이 속아서 예를 들면 시험에서 잘못 답하기를 목적으로 하는 경우다.

경우 4.1.1)의 특별한 경우는 경우 4)에서 말한 "사실과 생각이 일치하지 않고 생각과 말이 일치하지 않는데도 우연히 사실과 말이 일치하는 경우 4b.1.1)"이 청자에게까지 적용되는 경우다. 예를 들면 게슈타포에 쫓기고 있는 레지스탕스를 숨기고는 그를 구하기 위해 게슈타포를 속이는 수녀를 생각해보자. 그녀는 분명히 레지스탕스를 성당에 숨긴 후 레지스탕스가 공동 묘지로 도망갔다고 말하였는데, 그 레지스탕스는 성당은 위험하다는 신부의 조언을 듣고 실제로 공동 묘지로 도망간 상태다. 그리하여 그는 결국 공동 묘지에서 게슈타포에 의해 체포되었다. 이때 수녀는 거짓말을 하여 게슈타포를 속이고자 하였던 것이다. 하지만 사실과 생각이 일치하고 않고 생각과 말이 일치하지 않는 것이 함께 작용해 우연히 사실과 말이 일치하게 된 불행한 결과를 낳은 경우다. 이러한 경우 수녀는 거짓말을 한 것일까 참말을 한 것일까?

9. 선의와 악의

청자에 대한 효력을 노리는 화자의 의도에서 선한 의도와 악한 의도를 구별할 수 있다.

2.1.1.1) 사실 = 생각 ≠ 말 + 내적 의도 + 외적 의도 + 선의

2.1.1.2) 사실 = 생각 ≠ 말 + 내적 의도 + 외적 의도 + 악의

4.1.1.1) 사실 ≠ 생각 ≠ 말 + 내적 의도 + 외적 의도 + 선의

4.1.1.2) 사실 ≠ 생각 ≠ 말 + 내적 의도 + 외적 의도 + 악의

이렇게 선한 의도와 악한 의도의 구별을 하는 이유는 바로 이 구별을 통해 "기만"의 특성을 드러낼 수 있기 때문이다. 악의에서 출발한 거짓말을 "기만하다", "사기 치다"라고 할 수 있다. 다시 말해 청자를 속이려는 의도가 청자에 대해 나쁜 결과를 낳게 되기를 기대할 때, 그러한 화자를 "사기꾼", "기만자"라고 할 수 있다. 이와는 달리 심한 심장병 환자에게 그 부인이 "당신이 요즘음 스트레스를 너무 많이 받아 심장이 조금 약해졌다니 의사 선생님 말씀 잘 듣고 편하게 쉬면 금방 나을 거랍니다"라고 말하는 경우, 그 부인이 비록 거짓말을 하고 남편을 속인다고 할지라도 "기만자", "사기꾼"이라고 할 수 없을 것이다. 그것은 바로 그 부인이 선의를 가지고 거짓말을 했기 때문이다. 필자는 모든 거짓말, 속임수가 나쁜 것이 아니라 악의가 포함된 거짓말, 즉 기만만을 나쁘다고 생각한다.

10. 선의와 악의에 대한 이중적 기준

위에서 언급했던 게슈타포에 대한 수녀의 진술을 이제 정확하게 분석해보자. 이를 위해 화자의 의도가 선의라고 볼 수 있는 기준이 무엇인가를 따져야 한다. 그 기준에는 청자에 대한 선의와 보편적 선의를 상정할 수 있다.

2.1.1.1.1) 사실 = 생각 ≠ 말 + 내적 의도 + 외적 의도 + 청

자에 대한 선의

2.1.1.1.2) 사실 = 생각 ≠ 말 + 내적 의도 + 외적 의도 + 보편적 선의

2.1.1.2.1) 사실 = 생각 ≠ 말 + 내적 의도 + 외적 의도 + 청자에 대한 악의

2.1.1.2.2) 사실 = 생각 ≠ 말 + 내적 의도 + 외적 의도 + 보편적 악의

4.1.1.1.1) 사실 ≠ 생각 ≠ 말 + 내적 의도 + 외적 의도 + 청자에 대한 선의

4.1.1.1.2) 사실 ≠ 생각 ≠ 말 + 내적 의도 + 외적 의도 + 보편적 선의

4.1.1.2.1) 사실 ≠ 생각 ≠ 말 + 내적 의도 + 외적 의도 + 청자에 대한 악의

4.1.1.2.2) 사실 ≠ 생각 ≠ 말 + 내적 의도 + 외적 의도 + 보편적 악의

위에서 제시한 수녀의 예는 경우 4.1.1.1.2)와 경우 4.1.1.2.1)이 혼합된 경우다. 즉, 그녀는 청자에 대해서는 악의가 있었지만 수녀로서 보편적 선에 의해 그러한 거짓말을 한 경우다. 그러므로 그녀를 게슈타포는 "기만자", "사기꾼"이라고 말하겠지만 대개의 사람들은 그녀를 "기만자", "사기꾼"이라고 하지 않을 것이다. 예를 들어 그 의미가 애매모호한 "착한 사기꾼", "선한 기만자"라는 말도 이와 같은 분석을 통하면 그 의미가 분명히 드러난다. 이 말을 수녀의 예에 적용하면 "(보편적 선에 따른) 착한 (청자에 대한 악의에 따른) 사기꾼"이라는 뜻이다.

11. 의도·사건·행위

여기에서 또한 집고 넘어갈 만한 것은 "속이다", "기만하다", "사기 치다" 등이 과연 청자에 대한 화자의 의도에 포함된 심리적인 요소인가 아니면 실재적 사건인가 하는 점이다. 즉, 화자가 청자를 나쁜 의도로 속이고자 했을 때 청자가 그의 의도를 파악하고 속지 않은 경우, 즉 실재 사건이 일어나지 않은 경우, 화자를 "기만자" 내지는 "사기꾼"이라고 할 수 있는가 하는 점이다. 필자는 그러한 경우에도 화자에 대해 "사기꾼"이라고 말할 수 있다고 생각한다. 다만 그의 사기가 통하지 않았을 뿐이다. 즉, 효력을 갖지 못했을 뿐이다. 그렇다면 기만은 의도인가? 그렇지 않다. 누군가 나를 기만하려 할지라도 그가 아무것도 하지 않는다면 나는 그를 기만자라고 간주할 수 없다. 그가 나에게 무언가를 행할 때만 그를 기만자라고 할 수 있다. 따라서 기만은 하나의 행위, 정확히 말하면 하나의 언어 행위라고 필자는 생각한다.

12. 거짓말과 기만

아렌트는 "거짓말은 원초적으로 행위다"라고 규정하였는데,[25] 이는 받아들일 만한가? 거짓말은 거의 언제나 행위를 수반한다. 하지만 필자의 생각으로는 속임수를 쓰는 것이나 기만과 달리 거짓말은 그 자체로는 행위가 아니다.

우리의 목적을 위해 이 글과 상반되는 주장을 하나 제시해보

---

25) Hannah Arendt, *Wahrheit und Lüge in der Politik*, München 1987, 73쪽.

자. 그것은 김광수 교수의 『논리와 비판적 사고』에서 오류와 기만을 구분한 대목이다. 김광수 교수의 논지는 "모르고 하면 오류, 알고 하면 기만"이라는 틀을 제시한다.[26] 이러한 단순한 도식으로는 "거짓말"을 분석하는 데, "오류와 기만"을 구별하는 데 도움이 되지 않는다는 것은 위에서 제시한 "거짓말"에 대한 분석에서 여실히 드러난다.

"오류"는 단순히 논증이 잘못되었음을, 그릇된 논증임을, 거짓 논증임을 표현하는 것이고, "기만"은 이러한 오류와 더불어 상대방을 속이겠다는 의도가 포함되어 있음을 지적하거나 또는 확실하지도 잘 알지도 않은 상태에서 상대방을 근거 없이 설득하려는 행위를 표현하는 것이다. 또한 이와 함께 생각해볼 수 있는 것은 "우롱"이라는 개념이다. "우롱"은 기만을 하되 사용된 오류가 너무나 뻔해 누구도 속을 것 같지 않은 데도 불구하고 청자가 속을 것이라고 믿고 오류를 청자에게 사용한 경우를 뜻한다. 즉, 그 정도로 청자가 바보라는 전제 아래 설득하려는 수작을 비판할 때 "네가 나를 우롱한다"고 표현한다. 김광수 교수의 구분과 필자의 구분을 도식적으로 나타내면 다음과 같다.

― 김광수 ―	― 하병학 ―
오류 : 모르고 하는 부당한 논증	알든 모르든 상관없이 모든 부당한 논증
기만 : 알고 하는 부당한 논증	부당한 논증으로 상대방을 (나쁜 의도로) 설득하는 행위

---

26) 김광수, 『논리와 비판적 사고』, 3판, 철학과현실사, 384-385쪽. 참조 : 졸저, 『토론과 설득을 위한 우리들의 논리』, 철학과현실사, 210-215쪽.

13. 거짓말과 기만의 문법적 차이

김광수 교수의 설명에서 가장 큰 문제점은 오류와 기만을 "앎"을 기준으로 대립적으로 설정했다는 점이다. 하지만 "오류를 범하다"는 동사와 "기만하다"는 동사를 문법적으로 따져봐도 그 차이점이 드러난다. 만일 "오류를 범하다"가 하나의 동사라면 이 동사는 꼭 목적어를 필요로 하지 않는다. 예를 들어보자.

예문 1) "영철이는 논문 발표에서 오류를 범하였다."
예문 2) "영철이는 제품을 설명하면서 오류를 범하였다."

예문에서 알 수 있는 바와 같이 "오류를 범하다"는 자동사라고 할 수 있다. 하지만 "기만하다" 또는 "기만을 하다"라는 동사는 언제나 목적어로서 상대방을 필요로 한다.

예문 3) "영철이는 논문 발표에서 동료들을 기만하였다."
예문 4) "영철이는 제품을 설명하면서 고객을 기만하였다."

즉, "오류를 범하다"와 "기만하다"의 차이는 화자가 그의 논증의 부당성을 아느냐 모르느냐에 있는 것이 아니다. 오류는 어떤 논증의 옳고 그름만을 말할 뿐이다. 이러한 진리의 문제를 넘어 이와 같은 오류를 상대방에게 활용했을 때 "상대를 기만한다"고 말하는 것이다. 즉, 의미론을 넘어 화용론(Pragmatik)적인 시각에서 구별된다. 화자가 청자에게 부당한 논증을 해서 청자가 "당신은 오류를 범하고 있습니다"라고 비판하면, 청자는 화자의 논증이 부당함만을 증명할 의무가 있다. 하지만 "당신은 나를 기만하고 있군요"라고 비판하면, 청자는 화자의 논증의 부

당함뿐만 아니라 그가 청자를 (나쁜 의도로) 속이려는 행위를
하고 있음을 증명할 의무가 있게 된다.

14. 거짓말의 보편적 조건들

1) 의미론적, 구문론적 조건

이제까지 좁은 의미의 거짓말에서 넓은 의미의 거짓말까지
그 구성 요소들을 분석해보았다. 이제 이러한 여러 의미의 거
짓말들 중 진정한 의미의 거짓말은 어떤 것이고 그 근본적인
조건들은 무엇인가를 생각해보자.

거짓말이 되기 위해서는 우선 참 또는 거짓이라는 진리값을
갖는 명제가 형성되어야 한다. 프레게는 명제를 주관의 활동과
무관한 객관적 내용이라고 이해하였지만,[27] 후설은 명제의 구
성에서 주관의 의미 부여 작용에 관심을 갖는다.[28] 필자는 거
짓말은 실재에 대한 인간의 결핍된 인식 능력, 뒤집어 말하면,
인간의 의미 창조 능력에서 출발한다고 생각한다. 현상학적으
로 말하면 의식의 지향성, 의미 부여 활동이 거짓말의 가장 근
원적 근거라는 것이다. 지향은 충족이 없이도 가능하다. 거짓말
은 바로 충족되지 않은 지향을 본질로 한다. 허구적 개념들, 예
를 들면 만병 통치약, 불로초, 도깨비, 연금술, 타임머신 등도

---

27) Gottlob Frege, "Über Sinn und Bedeutung", in : *Funktion, Begriff,
Bedeutung, Fünf logische Studien*, hrsg. von Günther Patzig, Göttingen 1962,
주 5. 참조 : Gottlob Frege, "Der Gedanke", in : *Logische Untersuchungen*,
hrsg. von G. Patzig, 1976.
28) E. Husserl, *Logische Untersuchungen*, II / 1 [= LU II / 1], Tübingen
1980.

충족되지 않는 지향, 의미 부여 활동에 의한 개념으로 넓은 의미에서의 거짓말과 관련된다.

거짓말이 가능하기 위해서는 의미 구성이 가능해야 한다. 의미 구성, 지향이 가능하다는 말은 기호가 의미를 갖는다는 말이다. 여기에서는 a) 기호의 어떤 부분이나 전체가 의미를 갖지 못하는 "아카리기미두술구"와 같은 헛소리, b) 기호의 부분들은 의미를 가지고 있으나 전체 기호는 의미를 갖지 못하는 "왕 그러나 또는 비슷한 그리고"와 같은 무의미(Unsinn), c.1) 전체 기호가 의미를 갖지만, 즉 의미 구성이 가능하지만, 참이 될 수 없는 "사각형은 둥글다"와 같은 모순 의미(Widersinn)와 c.2) "사각형은 사각이다"와 같이 참이 될 수밖에 없는 동어 반복이 구별된다. a)는 최소의 의미소론, 형태론(Morphologie)의 단위를 갖지 못한 것이고, b)는 문장론적인, 순수 문법적인, 구문론적인 법칙에 어긋난 것이다. c.1)은 모순적이어서 후설의 의미론에서 말하는 '무모순의 논리'의 법칙에 어긋난 필연적으로 거짓인 명제고, c.2)는 동어 반복적이어서 필연적으로 참인 문장이다.[29] 다시 말해 a)는 의미 구성, 지향 자체가 불가능하고, b)는 부분적 의미, 지향은 가능하지만 전체적 의미 구성, 지향이 불가능해서 명제를 형성하지 못하는 데 비해, c.1)과 c.2)는 의미 구성, 지향이 가능해 명제를 형성하지만,[30] c.1)은 충족이 불

---

29) 참조: Edmund Husserl, LU II / 1, IV. Der Unterschied der selbständigen und unselbständigen Bedeutungen und die Idee der reinen Grammatik. 그리고 FtL, I. Abschnitt, 1. Kapitel Die formale Logik als apophantische Analytik.

30) 동어 반복은 필연적 참, 모순은 필연적 거짓이라는 진리값을 갖고 있다는 의미에서는 "명제"라고 할 수 있지만, 사실 세계와 무관하다는 의미에서는 "명제"라고 할 수 없다. 이러한 의미에서 비트겐슈타인은 이를 극단적인 경우 (extremer Fall), 한계 경우(Grenzfall)라고 하였다(Wittgenstein, Tractatus, 4.46, 4.466, 5.152).

가능하고, c.2)는 충족이 필연적이다. 즉, "사각형은 둥글다"는 필연적인 거짓이고, 그 문장의 구성 요소인 "사각형"과 "둥글다"의 의미를 알기만 하면 누구도 참이라고 받아들일 수 없는, 속을 수 없는 명제다. 다시 말해 만일 거짓말이 '화자가 지향하지만 충족되지 않는 진술이되, 청자에게는 허구적으로 충족되기를 목적으로 한다'는 외적 의도를 포함한다면, c.1)은 충족 가능성이 없다는 의미에서 문제가 되는 거짓말이다. "사각형은 사각이다"는 거짓말이 될 수 없는 명제다.

2) 존재론적 조건

문법적으로 바른 문장이라고 할지라도, 거짓말이 되기 위해서는, 거짓이라는 진리값을 갖기 위해서는, 그 주어가 진정한 지칭의 의미를 가져야 한다. 즉, 실재적인 대상이 아닌 "페가수스", "용", "인어" 등은 허구적 존재이므로 이와 같은 허구적 존재를 기술하는 문장은 진리값을 갖지 않은 문장, 즉 참이 될 수 있는 조건을 갖추지 못한 문장, 즉 명제가 아닌 문장에 불과하다. 이 때문에 후설도 대상에 대한 지향성을 말하는 지시(Hinweisen, Hinzeigen)로써 언급하고[31] 서얼은 발화 수반 행위(illocutionäre Akte) 개념에 명제적 행위의 수행(Vollzug propositionaler Akte)을 포함시키면서 기술과 함께 지칭을 언급한다.[32] 이로써 허구적 존재에 대한 문학적, 우화적 문장은 다 진정한 의미의 거짓말로 보기 힘들다.

---

31) Husserl, LU II / 1, I. Ausdruck und Bedeutung, 3. Hinweis und Beweis, 35-42쪽.
32) John R. Searle, *Speech Acts*, Cambridge University Press 1969, 독일어 번역 : *Sprechakte, Ein sprachphilosophischer Essay*, übersetzt von R. und R. Wiggershaus, Frankfurt a.M. 1992, 40쪽.

하지만 러셀은 허구적 존재에 대한 문장, 예를 들어 "프랑스 왕은 대머리다"와 같이 허구적 존재에 대해 기술하는 문장을 거짓이라고 보았다. 그 근거는 바로 "프랑스 왕"을 논리적 고유 명사가 아니라 특정 기술구라고 보았기 때문이다. 마찬가지로 예를 들어 "페가수스는 나른다"는 문장에서 "페가수스"가 하나의 대상을 지칭하는 이름이 아니라 특정 기술구라면 역시 거짓 문장이 된다. 이러한 어려움 때문에 허구적 존재에 대한 문장들이 진정한 의미에서의 거짓말인가 하는 문제를 풀기 위해서는 또 다른 조건을 살펴봐야 한다.

3) 주장하는 힘

진정한 의미의 거짓말은 주장하는 힘(behauptende Kraft)을 가진 진술에 의해서만 가능하다.[33] 명제(진술 내용)는 참이라고 주장하지 않은 상태에서도 표현이 가능하다. 그래서 프레게는 명제(Gedanke)의 파악을 사유(Denken), 명제의 참의 인정을 판단 그리고 그러한 판단의 표명을 주장이라고 하였다.[34] 후설도 언급된 말과 말 자체를 구분하고 판단과 판단함, 생각과 생각함을 구별한다.[35] 이는 명제와 주장하는 힘을 가진 판단을 구별하는 프레게의 견해와[36] 이를 근거로 명제적 행위는 발화 수반 행위(illocutionary act)의 일종이라는 서얼의 견해

---

33) 참조 : Gottlob Frege, "Über Sinn und Bedeutung", in : *Funktion, Begriff, Bedeutung, Fünf logische Studien*, hrsg. von Günther Patzig, Göttingen 1962. 주석 8과 14.
34) Frege, "Der Gedanke. Eine logische Untersuchung", in : *Logische Untersuchungen*, hrsg. von G. Patzig, Göttingen 1976, 35쪽.
35) Husserl, FtL, 같은 곳.
36) Gottlob Frege, "Der Gedanke."

와37) 같은 맥락이다. 명제를 표현하는 방식에는 여러 명제 태도(propositional attitude)가 있는데 — 이를 후설은 주관의 활동의 질(Aktqualität)이라고 하였다38) — 예를 들면 주장, 의심, 희망, 명령 등이다.

진정한 의미의 거짓말은 명제의 참을 주장하는 진술에서만 가능하다. 예를 들어 무대에서 연극 배우가 극본에 따라 "독도는 일본의 영토입니다"라고 말했을 때, 이는 실제적인 의미에서 주장을 담은 진술이 아니기 때문에 진정한 의미의 거짓말이 못 된다. 14.2)에서 말한 허구적인 대상에 대한 우화, 소설뿐만 아니라 역사적 인물에 대한 소설의 문장이 진정한 의미의 거짓말이 아닌 것은 바로 이 조건 때문이다. 허구적 존재에 대한 문장을 진정으로 주장한다면, 그 주장은 거짓이 될 것이다. 농담도 진정한 주장이 아니기 때문에 마찬가지다. 비록 나쁜 의도가 없었다고 할지라도 어떤 농담이 청자에게 간혹 불쾌한 감정을 유발할 수 있는 이유는, 화자와는 달리 청자는 화자의 진술을 주장하는 힘을 갖춘 진담으로 받아들였기 때문이다.

15. 구성하기

이제까지 우리가 본 바와 같이 "거짓말"은 대단히 복잡한 개념이다. 따라서 우리가 분석한 여러 틀도 무척 복잡하다. 그러면 틀 자체는 복잡하지 않으면서도 복잡한 사태들을 해명할 수 있는 틀은 없을까? 필자는 거짓말에 대한 간결한 도식을 새로 구성하면서 거짓말에서는 허위 진술이 근본적이라는 생각에서

---

37) Searle, *Sprechakte*, 특히 48쪽.
38) Husserl, LU II / I, 413쪽 등.

출발한다. 그래서 아래의 도식은 "사실" 내지는 "사실과 말의 일치", "진실"이라는 개념들을 기초로 한다. 그것은 바로 "거짓 말"에서 핵심은 "거짓"과 "말"이고, "거짓"은 진실, 진리의 반대 개념이라고 보기 때문이다.

이러한 규정에 따르면 위의 사례에서 수녀의 경우는 거짓말을 한 것이 아니게 된다. 게슈타포를 속이려던 외적 의도는 어떻게 되는가? 그녀는 거짓말을 함으로써 게슈타포를 속이려고 했다. 하지만 그녀의 속이려는 의도와 언어 행위가 불행하게 실패했던 것은 그녀가 거짓말을 하는 데 근거가 되었던 (그 레지스탕스가 성당에 숨어 있다는) 정보가 그 사이 거짓이 되어 버렸기 때문이다. 즉, 그녀는 거짓말을 하려 했지만 상황의 변화에 따라 그녀가 가진 정보가 거짓 정보가 되어 거짓말을 하지 못하게 되었던 것이다.

14절에서 우리는 거짓말의 조건을 따져보았다. 거기에서 거짓말의 핵심은 "명제의 주장"이었다. 이를 토대로 진정한 의미의 거짓말이 무엇인지 살펴보자. 우리는 어떤 말을 고찰할 때, 첫째로 주장하는 말과 사실만을 고찰할 수도 있고, 둘째로 이와 더불어 화자의 내적 의도를 함께 고찰할 수도 있으며, 셋째로 더 나아가 청자에 대한 어떤 효력을 노리는 외적 의도를 함께 고찰할 수도 있다.

첫 번째 단계에서는 단지 (주장하는) 말과 사실만이 문제다. "말과 사실"을 비교해서 일치하지 않을 때, 그 말을 "그릇된 말", 그 주장을 "그릇된 주장"이라고 표현하는 것이 적당하다. 이에 대해 "거짓말"이라고 규정하는 것은 과도한 표현이라는 것이다.

두 번째 단계에서는 이를 더 확장해서 말과 사실, 진술 외에 사실에 대한 화자의 내적 의도를 표현 대상으로 포함하는 경우다. 예를 들어 사실과 진술이 일치하지 않고 이 불일치를 화자가 의도하고 있었을 때, 그의 진술 행위를 "거짓말한다"고 해야 할 것이다. 여기에서 비로소 진정한 의미에서의 거짓말의 구성이 드러난다. 하지만 이러한 경우 항상 "속이다", "기만한다"고 할 수 없다.

세 번째 단계에서는 두 번째 단계에 넘어 청자에게 어떤 효력이 발생하기를 기대하는 화자의 외적 의도를 포함하는 단계다. 예를 들면 "화자가 청자가 자기의 거짓 진술에 의해 어떤 행동이 유발되기를 의도"했을 때 그의 진술 행위를 "속이다"라고 표현하고, 여기에서의 의도가 나쁜 의도일 때 "기만하다"고 표현한다. 이는 후설이 공고(Anzeigen, Anzeichen, Mitteilen)라는 개념으로써,[39] 오스틴이 진위적인 것(constative)과 구별해서 수행적인 것(performative)으로써,[40] 이를 토대로 발전시킨 서얼이 발화 수반적 행위(illocutionary act)로써,[41] 스트로슨이 "문장의 사용"으로써[42] 말하려는 언어의 화용론적인 지평에서의 고찰이다.

"크레타섬의 거짓말쟁이"는 첫 번째 단계의 의미이고, "거짓말이란 의도를 가지고 그릇된 것을 말하는 진술"이라는 아우구스티누스의 정의와 이숭녕 감수의 『최신복합대사전』에서 거짓말의 정의 "그렇지 않는 것을 그렇다고 꾸며하는 말"은[43] 두 번

---

39) LU II / 1, I. Ausdruck und Bedeutung, 2. Das Wesen der Anzeige; 7. Die Ausdrücke in kommunikativer Funktion.

40) 오스틴, 『말과 행위』, 제1강의 등.

41) Searle, *Sprechakte*, 75쪽 : "Der Sprecher S beabsichtigt, beim Hörer H einen illokutionären Effekt IE dadurch hervorzurufen, daß er H dazu bringt zu erkennen, daß S IE hervorzubringen beabsichtigt."

42) Strawson, P. F., "On referring", *Mind* 59, 320-344쪽, reprinted in Flew, A. G. N. (ed.) *Essays in Conceptual Analysis*, Macmillan 1956, 35-50쪽.

43) 이숭녕(감수), 『최신 복합대사전』, 민중서관, 36쪽.

째 단계의 의미다. "거짓말은 원초적으로 행위다"라는 아렌트의 정의는 세 번째 단계의 의미다. 독일어 사전인 두덴(Duden)에서 거짓말의 여러 정의들 중 하나인 "의식적으로, 그릇된, 속이기 위한 진술"도 세 번째 단계의 의미다.44)

이러한 구별은 사실과 진술만을 비교해서는 나타나지 않는다. 다시 말해 진술이 갖는 상이한 의미 연관들을 비교해서만 가능하다. 그것은 바로 명제의 표명으로서의 진술, 그 명제에 대한 화자의 지향, 내적 의도를 포괄하는 의미에서의 진술, 청자와의 불가분의 관계를 상정하는 진술 등 세 가지다. 어떤 말을 그에 상응하는 사태와 비교해서 표현하면 "그릇된 말을 하다", "거짓말을 하다", "속이다" 또는 "기만하다"가 모두 적용될 수 있기에 우리는 이들을 하나의 동일한 사태와 관련된 동사의 집단(동아리)으로 볼 수 있다. 이와 같이 동일한 사태와 관련된 동사들은 그 사태 외에 새로운 요소들을, 즉 화자의 내적 지향, 의도와 청자에 대한 외적 지향, 의도, 통해서 서로 구별된다. 어떤 사람이 어떤 사태를 진술할 때 "그릇된 말"을 한다고 해서 그에 대해 "거짓말한다"나 "기만한다"고 항상 할 수는 없다. 하지만 어떤 사람이 다른 사람을 속이거나 기만하였다면 그는 거짓말을 하였다고, 거짓말을 하였다면 그릇된 말을 하였다고 대개의 경우 말할 수 있다.

다른 예로서 "알리다", "선전하다", "선동하다"를 살펴보자. 어떤 사물을 객관적으로 소개하는 진술 행위를 "알리다", 그러한 행위 외에도 화자가 이 사물의 좋은 점을 부각시키려는 지향, 의도를 가진 진술 행위를 "선전하다", 그러한 화자의 내적

---

44) Günther Drosdowski (Hg.), *Duden. Das große Wörterbuch der deutschen Sprache in sechs Bänden*, 4. Bd. Mannheim / Wien / Zürich 1978, 1706쪽 계속.

의도를 넘어 화자의 선전이라는 언어 행위를 통해 청자가 결과적으로 어떤 다른 행동을 하기를 기대할 때 "선동하다"라고 할 수 있다. 어떤 학생이 이번 금요일 학부제 반대 모임이 있다는 사실을 친구에게 단순히 알리고 있을 때, 누군가가 그에게 "다른 학생들을 선동하지 마라"고 한다면 이는 과도한 표현이 될 수 있다.

"사실"과 관련해서	"사실 + 화자의 내적 의도"와 관련해서	"사실 + 화자의 내적 의도 + 화자의 청자에 대한 외적 의도"와 관련해서
그릇된 말을 하다	거짓말하다	속이다(기만하다)
알리다	선전하다	선동하다

16. 아브라함은 거짓말을 했는가?

15절에서 속임과 기만은 거짓말을, 거짓말은 그릇된 말을 대개의 경우 함축하고 있다고 말하였다. "대개의 경우"란 그렇지 않은 경우도 있다는 말인가? 3절에서 소개한 아브라함의 진술이 그러한 경우인가 살펴보자. 그는 거짓말을 한 것인가? 아우구스티누스에 따르면 실제로 사라는 아브라함의 여동생이니까 아브라함의 말 자체는 거짓말이 아니다. 하지만 필자는 3절에서 그가 파라오왕을 속였다고 하지 않았는가? 그렇다면 15절에서 제시한 도식과는 일치하지 않는, 즉 기만이 거짓말을 함축하지 않는 경우도 있지 않는가? 아브라함이 파라오에게 말한 진술을 분석해보자.

a) "사라는 나의 여동생이다."

b) "사라는 아브라함의 여동생이다."

c) "사라는 아브라함의 부인이 아니다."

아브라함과 파라오 사이에 일어난 사건을 분석해보면, 파라오왕이 아브라함의 말을 오해하였거나 아브라함이 파라오왕을 속였거나 둘 중에 하나가 된다. 이 문제를 해명하기 위해서는 한 진술의 표현과 의미를 구별해서 따져봐야 한다.[45] a)는 아브라함이 어떤 의미를 부여한, 어떤 의미를 위해 사용한 진술 표현이다. 과연 a)라는 진술표현의 의미는 무엇인가? 파라오왕이 오해를 했다면, 파라오왕이 a)라는 아브라함의 진술 표현에서 진술 의미 b)와 함께 그가 의미하지도 않았던 진술 의미 c)를 이해했다는 것이다. 이와는 달리 아브라함이 파라오왕을 속였다면, 그가 진술 표현 a)를 통해 진술 의미 b)와 함께 진술 의미 c)를 뜻함으로써 거짓말을 했다는 것이다. 아브라함은 과연 진술 표현 a)에 어떤 의미를 부여하였으며, 어떤 의미로 진술 표현 a)를 사용하였는가? 그는 그가 사라의 남편이라는 사실을 파라오왕이 알면 그를 죽일 것이라고 생각하고 살기 위해 그러한 말을 하지 않았는가? 그렇다면 그는 진술 표현 a)를 통해 진술 의미 b)와 c)를 의미했던 것이다.

아브라함의 진술 표현만 보면, 진술 표현 a)가 진술 의미 b)만을 의미한다고 할 수 있고, 이러한 의미에서 아브라함의 진

---

45) 기호와 표현은 그 자체적으로 의미를 갖는 것이 아니라, 기호와 표현의 사용을 통한 의미 부여 작용에 의해서 비로소 의미를 갖는다는 것이 후설의 의미론의 출발점이라는 점을 직시하고 투겐트하트는 후설의 의미론과 비트겐슈타인의 언어 사용 이론을 통합적으로 보여준다 (Ernst Tugendhat, *Vorlesungen zur Einführung in die sprachanalytische Philosophie*, Frankfurt a.M. 1990, 143, 180쪽).

술은 참말이고, 따라서 아브라함은 거짓말을 한 것도 파라오왕을 속인 것도 아니며, 파라오왕이 진술 의미 c)로 이해했던 것은 오해에 불과하다. 하지만 이러한 오해가 어디에 기인하는가? 그것은 진술 표현 a)가 진술 의미 c)를 함축한다고 이해할 수 있을 때만 가능하다. 이러한 함축이 어떻게 가능한가?

이에 답하기 위해서는 한 진술에서 술어의 기능이 과연 무엇인가를 따져봐야 한다. 한 진술에서 술어는 주어가 지칭하는 대상을 특징지음으로써 분류하고 구별하는 기능을 한다.[46] 그리고 스트로슨과 투겐트하트에 따르면 술어의 중요한 기능은 "경계를 짓는 것"이다.[47] 예를 들면 "이 탁구공은 하얗다"는 진술에서 "하얗다"는 술어는 이 탁구공이 "색깔을 갖고 있음"과 "모든 색깔 중 다른 색깔이 아니라, 즉 붉거나 검거나 노란 것이 아니라 하얗다"는 성질을 갖고 있음을 말함으로써 분류하고 구별한다. 아브라함의 진술에서 "여동생이다"는 "가족의 일원"임과 "다른 가족 관계가 아니라, 예를 들면 이모, 어머니, 딸 등이 아니라 여동생임"을 의미한다. "여동생이다"는 "부인이다"와 "부인이 아니다"를 필연적으로 함축하지는 않는다. 만일 이러한 함축이 필연적이라면 오해도 발생하지 않는다. 오해가 발생했다면 오해는 바로 이러한 필연적이지 않는 관계에 기인한다. 그렇다면 이제 문제는 "다른 가족 관계"에 "부인"이라는 개념이 통상적으로 속하는지 아닌지 이다. 당시에 "x의 여동생이다"는 말은 "x의 부인이 아닌 사람"을 의미하는 것이 통상적이었다. 즉, 아브라함의 진술 표현 a)는 표면적으로는 진술 의미

---

46) 참조 : Ernst Tugendhat, *Vorlesungen zur Einführung in die spracha-nalytische Philosophie*, 11. Vorlesung, 특히 183쪽.
47) Strawson, *Introduction to Logical Theory*, London 1952, 1장, 1-8절. E. Tugendhat / U. Wolf, 『논리-의미론적 예비학』(하병학 옮김), 철학과현실사, 1999, 60쪽 계속.

b)만을 의미하지만, 통상적인 사용 방식에 따르면 진술 의미 c)도 의미하게 된다. 바로 진술 표현 a)가 진술 의미 c)를 필연적으로 함축하는 것이 아니라 통상적으로 함축하기 때문에 아브라함이 진술 표현 a)를 통해 표면적으로는 참말을 한 것처럼 보이고, 그와 함께 실제로는 거짓말을 할 수 있었으며 파라오왕을 속일 수 있었던 것이다. 그래서 필자는 아브라함의 말은 의미론적으로 (진술 표현 a)가 진술 의미 c)를 통상적으로 함축한다는 관점에서), 그리고 화용론적으로 (아브라함이 파라오왕에게 c)의 의미로서 표현 a)를 사용했다는 관점에서) 거짓말이고, 이를 통해 아브라함이 파라오왕을 속였다고 진단한다.

17. 김대중 씨의 고민

그러면 앞에서 제시한 거짓말의 분석의 틀을 가지고 우리 사회에서 문제가 되는 "김대중 대통령과 거짓말"을 살펴보자. 김대중 대통령이 대통령 후보 당시 몇 번의 대통령 불출마 선언 후 출마한 것에 대해 거짓말쟁이라는 비난을 받자 "나는 거짓말을 한 것이 아니라 다만 약속을 지키지 못한 것이다"라고 말하였던 것을 상기해보자. 이때 김대중 씨는 거짓말을 "말과 사실과 의도의 관계"로 이해했다고 해석된다. 그는 진리나 사실을 중시하는 것과 함께 그릇된 말을 하고자는 의도는 없었음을, 더 나아가 국민을 속일 외적 의도가 없었음을 이와 같이 표현했던 것이다. 그의 변론의 요지는 그의 정계 은퇴 또는 불출마라는 약속이 이행되지 못한 것은 "사실과 말의 불일치"일 뿐, 그러한 불일치에 대해 의도는 없었기에 거짓말이 아니라는 것이다. 즉, 우리가 5절에서 다룬 "경우 3) 사실 ≠ 생각 = 말"의

예인 초등학생이 그릇된 말을 한 것과 같은 경우이고, 15절에서 나눈 첫 번째 단계인 "그릇된 말"의 경우라는 것이다. 그가 이렇게 변론한 이유는 거짓말의 도덕적 결함은 내적 의도에 있다고 보았기 때문이다. 사실 이러한 경우에는 도덕적 결함은 없고 지적 결함만 있을 뿐이다. 그의 경우 말과 사실의 불일치는 출마할 수밖에 없는 상황의 변화 때문이고, 그러한 상황의 변화를 예측하지 못했다는 의미에서 지적 결함이 있다.

하지만 그가 "약속을 지키지 못했다"고 말함으로써 그의 해명에 대한 분석은 반전이 된다. 약속은 언제나 수행적(performative)인 것이고, 이는 언어 행위 이론의 탐구 대상이며 따라서 윤리학적인 문제다.48) 왜냐 하면 약속은 타자와 나 사이의 사회적 언어 행위고, 도덕적 결함은 "말과 의도"라는 심리적인 지평보다는 "말과 사회적 행위"라는 실천적인 지평에서 더 큰 주제가 되기 때문이다. 더욱이 사회 지도자가 국민과 약속한 것이라면 여기에는 도덕성이 중요한 관건이 되는 것은 두말할 나위도 없다. 예를 들면, 공자의 제자인 증자의 아내가 아이들에게 시장에 다녀와서 돼지를 잡아 맛있게 요리해준다고 약속하고는 그 약속을 지키지 않자 증자가 돼지를 잡아 아이들과 약속을 지킨 것도 궁극적으로 아이들이 부도덕성을 배울까봐 염려했기 때문이다. 김대중 씨는 도덕적 비판을 피하기 위해 "거짓말을 한 것이 아니라 다만 약속을 지키지 못했다"라고 말했지만 이 말을 통해 오히려 도덕적 결함을 분명히 드러낸 꼴이 된다. 그래서 "이론과 실천", "언행일치", "지혜와 정직"은 살아가는 데 근본적인 요소라고들 말한다.

---

48) 참조 : 서얼, 『말과 행위』, 3.1 약속 : 복잡한 과정, 3.2 진심이 아닌(unaufrichtig) 약속 88-95쪽.

재미 있는 이야기 : 부자 관계가 참 좋은 아버지와 아들이 있었답니다. 어려서부터 영특하고 착한 아들을 자랑스러워하면서 그 어떤 친구보다도 더 좋은 친구처럼 아들과 같이 놀기를 좋아하는 아버지에게 이제 갓 중학교에 들어간 아들이 하루는 "아버지, 인생에서 제일 중요한 것은 무엇이지요?"라고 물었습니다. 자기 아들이 언제나 어린아이인 줄만 알았던 아버지는 성숙한 물음에 내심 기뻐하면서도 깊은 고뇌에 빠졌습니다. 자기가 살아오면서 가장 중요하게 생각하고 아들이 삶의 지표로 삼을 수 있는 것을 이야기해주기 위해서였지요. 한참 고민한 끝에 아버지는 "인생에서 제일 중요한 것은 정직과 지혜란다"라고 대답하였습니다. 영특한 아들은 아버지의 대답이 깊은 의미를 갖고 있으리라 생각하고 다시 "아버지, 그러면 정직이란 무엇입니까?"라고 물었습니다. 아버지는 "정직이란 아무리 자기에게 큰 어려움이 오더라도 자기가 한 약속을 지키는 것이다"라고 대답하였습니다. 그러자 그 영특한 아들은 다시 "아버지, 그러면 지혜란 무엇입니까?"라고 물었습니다. 이에 대해 아버지는 "지혜란 그런 약속을 하지 않는 것이란다"라고 대답하였습니다.

18. 속임수는 언제나 거짓을 내포하는가?

재미있는 이야기 : 옛날에 조그마한 마을에 아주 유명한 거짓말쟁이가 있었답니다. 모든 마을 사람들은 그가 거짓말쟁이라는 사실을 알고 있었기 때문에 누구도 그의 말을 믿으려 하지 않았습니다. 어느 날 그 거짓말쟁이는 마을 사람들 앞에 나타나 내일 자살을 할 것이라고 공포했습니다. 하지만 모든 마을 사람들은 그 거짓말쟁이가 또 거짓말한다고 생각하고 누구도 믿지 않았습니다. 그 다음날 거짓말쟁이는 정말 자살을 하였습니다. 그는 마을 사람들을 속이고 거짓말한 걸까요?

거짓말쟁이가 마을 사람들을 속였는가? "예." 그렇다면 거짓말쟁이가 마을 사람들에게 이번에도 거짓말을 했는가? "아니요." 마을 사람들이 그 거짓말쟁이가 거짓말을 하리라고 생각하는 데는 나름대로 신빙성이 있는 근거가 있다. 그것은 바로 "이 거짓말쟁이가 이제까지 거짓말만 해왔고, 따라서 계속 해서 거짓말을 할 것이다"라는 귀납 추론이다. 하지만 거짓말쟁이는 오히려 진실을 말함으로써, 즉 사태와 일치하는 말을 함으로써, 마을 사람들의 예측을 거짓으로 만든 것이다. 그것은 바로 마을 사람들을 다시 한 번 속이겠다는 의도에서 출발한다. 즉, 그가 거짓말쟁이라고 생각하는 마을 사람들을 속이기 위해서 그는 참을 말할 수밖에 없었던 것이다. 다시 말해 마을 사람들은 그 사람의 말이 사실과 일치하지 않는다(사실 ≠ 말)고 믿는데, 그 사람은 사실과 말을 일치시킴(사실 = 말)으로써 다시 마을 사람들의 믿음을 그릇되게 한 것이다. 보다 정확히 말하면 사실(Tatsache)과 진술의 사태적인 일치가 아니라 그가 이미 한 진술과 그의 행위(Tathandlung)의 의도적인 일치다.

하지만 위와 같은 경우에도 마을 사람들의 믿음과 다른 말을 했다는 의미에서 거짓말을 했다고 표현하는 경우가 많다. 이러한 의미의 거짓말은 거짓말이 항상 참, 사실과 관계하는 것이 아니라는 우리의 일반적인 믿음과 관계할 수도 있음을 시사한다. 다시 말해 한 진술이 거짓말이냐 아니냐에 대한 기준이 사실이 아니라 우리의 일반적인 믿음, 기대, 상식, 국민 정서 등이 되는 경우도 있다는 것이다. 콜럼버스가 아메리카 대륙을 발견했다는 것을 참이라고 일반적으로 받아들이는 것도 바로 이러한 진리 기준에서다.

이러한 의미의 거짓말은 우리에게 시사하는 바가 크다. 아무리 진실하고 아무리 진솔하고 아무리 선한 의도를 가지고 있다

고 하더라도, 대중의 생각, 국민적 정서, 일반적인 상식과 나의
말이 다를 때 나의 말에 "거짓말"이라는 수식어가 붙을 수 있
는 경우가 있음을 암시하고 있기 때문이다. 그래서 보다 현명
하기 위해서는 "사실의 인식", "양식의 인식"만 아니라 "대중
읽기", "상식의 인식"도 필요하게 된다.

19. "거짓말의 자유"
(Von "Freiheit von Lüge" zu "Freiheit zu Lüge")

거짓말의 문제에는 "거짓말로부터의 자유"뿐만 아니라 "거
짓말의 자유"도 있다. "거짓말의 자유"에서 필자가 말하고자 하
는 것이 객관적인 진실, 사실을 왜곡해도 되는 자유는 아니다.
"거짓말의 자유"는 16절에서 말한 어떤 사회에서 일반적으로
통용되는 상식, 믿음이 기준이 되는 참말, 거짓말이라는 개념에
서의 문제다. 갈릴레이가 지동설을 공언한 뒤 교회로부터 침묵
을 선고받은 것도 교회에서나 그 당시 사람들은 지동설을 거짓
으로 간주했기 때문이다. 즉, 지동설은 현대의 상식과는 달리
당시의 과학관, 시대 정신, 종교관, 통념으로는 거짓으로 판정
되었던 것이다. 요즈음 용어로 말하자면 유언비어날포죄가 적
용되었던 것이다. 필자가 여기에서 "거짓말의 자유"라는 말로
말하고 싶은 것은 "견해의 자유", "표현의 자유"다. "마녀 사냥"
이라는 역사적 사건은, 나치 시절 유대인에게는 혈통적으로 더
러운 피가 흐른다는 독일 국민들의 통념은, 우리에게 집단 광
기의 가능성을 경고하고 있다. "거짓말의 자유"라는 말로 필자
가 궁극적으로 말하고 싶은 것은 이성과 합리성으로 둔갑된 다
수, 관습, 이데올로기라는 폭력으로부터 소수, 개인, 특수성, 일

회성, 예외, 하찮음의 자유에 대한 한 차원 더 높은 의미에서의 이성적 반성이다.

그러면 이제 다음과 같은 물음으로 이 논문을 마무리하고자 한다 :

"혹시 이 논문에서 어떤 거짓말을 발견하지는 않으셨는지 요?"

한국현상학의 역사와 전망

한 전 숙 (서울대 명예교수)

1. 들어가는 말

한국 땅에 현상학이 처음 도입된 것은 해방(1945) 전에 경성
제국대학 인문학부 철학과의 일본인 교수들에 의해서다. 김규
영, 윤명로 등에 의하면 이때 몇 개의 현상학 강의 그리고 후설
의 『이념들 I』의 강독 등이 있었다고 한다. 윤명로는 해방 후
서울대학교 인문대학 철학과를 졸업(1948)할 때 "후설에서의
명증 개념"을 졸업 논문으로 제출하고 있다. 1940년대와 1950
년대에 현상학은 박종홍, 고형곤의 강의에서 가끔 논의되기도
했지만 부수적임에 불과하였다. 그러나 조가경이 독일 유학에
서 돌아와 1959년에 서울대학교에서 강의를 시작하면서부터는
현상학이 좀더 내실 있게 다루어지게 되었다. 그렇지만 한국전
쟁을 겪은 1950년대와 다음 1960년대의 우리나라는 실존철학
의 바람이 세차게 불어닥칠 때요 그래서 조가경의 명저『실존
철학』(1961)이 이 방면의 거의 유일한 전문적인 소개서로서 판

을 거듭하기도 하였지만, 이때 현상학은 마치 하이데거의『존재와 시간』에서처럼 실존철학에 이르는 방법으로 언급되는 정도에 그쳤다.

후설 현상학 연구가 제대로 자기 몫을 찾기 시작한 것은 1976년말 한국철학회 산하에 현상학분과연구회가 발족하면서부터다. 처음에 후설의『이념(다섯 강의)』의 윤독회로 시작하다가 관심을 가지고 모여드는 사람들이 점차로 많아지자 1978년 2월에 모임을 "한국현상학회"로 개칭하고 본격적으로 연구 활동을 시작하였다. 이때 16개 분과 연구회 중에서 서양철학 분야에서는 분석철학과 현상학 두 연구회가 제일 활발하게 연구 활동을 전개하고 있어서 해마다 국내외에서 배출되는 새내기 학자들은 크게 영미 계통이냐 대륙 계통이냐에 따라서 자연히 이 두 분과 연구회에 나누어 모이게 되었다. 그리하여 현상학회에는 후설 이후에 나타난 대륙의 여러 현대 사상 연구가들이 모두 모이게 되었다. 이런 성황으로 우리는 학회 활동을 시작한 지 7년 만인 1983년에 겨우 학회지『현상학 연구』의 창간호를 냈지만 1990년 제4집부터는 그 제호를『철학과 현상학 연구』로 바꾸기에 이르렀다. 연구 인구의 급증과 여러 학문 분야에 걸친 다양한 연구 활동을 담기 위해서였다. 그러나 바로 이것은 또 현상학 내부에서의 분야별 분화 작용을 일으키는 원인이 되기도 하였다.

1991년 12월에 한국칸트학회,
1992년 9월에 하이데거학회,
1994년 8월에 한국해석학회

가 각각 독립해나갔다. 이런 현상은 그러나 한국의 현상학적 운동이 쇠약해졌다는 것이 아니라 오히려 내용적으로 더 풍부해졌다는 것을 의미하는 것이었다. 그 단적인 증거를 우리는 다음 학회지 발간사에서 읽을 수 있다:

『철학과 현상학 연구』 발간사

1983. 2	제1집 현상학이란 무엇인가
1986. 3	제2집 현상학과 개별 과학
1988. 4	제3집 현상학의 전개
1990. 11	제4집 후설과 현대 철학
1992. 8	제5집 생활 세계의 현상학과 해석학
1992. 11	제6집 세계와 인간 그리고 의식 지향성
1993. 12	제7집 현상학과 실천철학
1996. 8	제8집 현상학의 근원과 유역
1996. 9	제9집 현상학과 한국 사상
1998. 9	제10집 자연의 현상학
1998. 10	제11집 *Phenomenology of Nature*
1999. 2	제12집 역사와 현상학
1999. 10	제13집 문화와 생활 세계
2000. 5	제14집 몸의 현상학

처음 창간이 좀 늦었고 제2, 3집의 출간이 그리 쉬운 일이 아니었지만 제호를 바꾼 1990년 제4집부터 1998년 제11집까지 보면 우리는 학회지를 거의 해마다 한 권씩 발간하고 있다. 그래도 회원들의 논문 발표 요구가 더욱더 증가함에 따라 우리는 1999년부터는 학회지를 연 2회 출간하기로 하였다. 그 2년째인 금년 후반기에 해당하는 제15집을 연내에 출간하기로 현재 준

비중에 있다. 이와 같은 학회지 연 2회 간행은 한국철학회나 철학연구회와 같은 통합적인 학회 아닌 그 산하의 특수 개별 분야를 대표하는 학회로서는 국내에서는 처음 있는 시도다. 그러나 이 양적, 형식적인 면에서의 팽창[1]은 외관에 불과하다. 질적인 내용도 거기에 수반하는지 알아보자.

우리나라에서의 외래 사상 섭취 과정은 대체로 우선 외국 사상을 정확하게 그리고 충실하게 이해 수용하는 단계가 상당 기간 계속되어 이것을 완전히 소화하여 내 것으로 한 연후에 이 바탕 위에서 우리 것, 내 것을 살피고 그럼으로써 새로운 것을 창조하여 우리의 역사, 나아가서 세계 역사에 기여하는 길을 찾는 순서를 밟게 마련이다. 특히, 우리나라 선비의 학문하는 태도가 성실한 훈고학적인 그것이었고 이런 습성이 몸에 배인 각계의 제1, 2세대들 때문에 외국 문헌의 정확한 해석이라는 외래 사상 섭취 과정의 제1단계는 때로는 필요 이상으로 길게 지속되는 경우도 없지 않았다. 현상학도 이 예에서 벗어나지 않아서 우리의 현상학이 우리 사상, 우리 문화, 우리 전통을 되돌아보고 이것을 현상학적으로 고찰하게 된 것은 학회 차원으로는 1996년 9월에 제9집 『현상학과 한국 사상』에서다.[2] 학회 전신인 현상학 분과 연구회가 발족한 것이 1976년말이니 실로 20년 만에 겨우 자기 반성의 기회를 가진 셈이다. 이제 성년이 되었으니 우리의 눈으로 자주적으로 우리의 현상학을 하기 시작한 것이다. 그리고 그런 조짐이 보이기도 한다. 그래서 우리

---

1) 여기서는 학회의 회원 수의 증가, 학기 중의 월례학술발표회의 개최, 겨울 방학의 신춘 세미나 개최, 외국 학회들과의 교류 등등에 관해서는 생략하기로 한다.
2) 물론 이것은 학회 차원에서의 이야기이고 개별적으로는 김형효가 1975년에 벌써 「'삶의 세계'와 한국사상사의 진리 — 후기 현상학의 방법에 입각하여」에서 우리 고대 사상을 분석하여 '신바람'을 찾아내고 있다.

는 우리의 연구의 자취를 이 관점에서 정리해보고자 한다. 물론 서양의 현상학적 운동 자체에 대한 전통적인 연구는 여전히 계속되어 있으며 우리는 이 넓은 영역을 정초주의 논의(제2절)와 후설 후기 사상의 도입(제3절)으로 압축한다.[3] 한국 사상은 우리 고유의 토속 사상과 유불도(儒佛道) 세 수입 사상의 융합이다. 그리하여 우리 것에 대한 반성은 '율곡과 메를로-퐁티'(김형효), '퇴계의 거경궁리(居敬窮理)와 후설의 지향성'(신귀현), '후설 현상학의 선험적 주관성과 유식철학의 아뢰야식'(한자경), '데리다와 장자(莊子)'(김형효) 등과 같이 우선 우리의 유교, 불교 또는 도교 사상이 서양의 현상학적 사고 방식과 어떤 점에서 비슷하고 어떤 점에서 다른가를 살피는 비교철학적 연구로 나타난다. 여기서 우리는 우리 선조들의 학문하는 방법이 전반적인 정신적 태도에서 뿐만 아니라 세부적 구체적인 마음가짐에서도 현상학적 방법과 매우 흡사함을 발견한다. 우리는 『현상학과 한국 사상』에 실린 논문들 중에서 유교와 불교에서 한 편씩 골라보기로 한다(제4절). 그리고 우리는 이런 비교철학적 연구가 특히 최근에 우리 고유의 토속 사상에 대해서도 나타나기 시작한 사실에 특별히 주의하고자 한다(제5절). 그리고 세기말에서부터 범세계적이며 동시에 우리의 문제이기도 했던 여러 논제들 중에서 우리 현상학자들이 특별히 다룬 몸(제6절)과 영화(제7절)에 관한 연구들을 정리하고 마지막으로 현상학적 방법을 토대로 하는 우리나라 간호학계의 연구 현황(제8절)을 소개하고 끝맺기로 한다.

---

3) 이 논문은 『현상학과 한국 사상』(『철학과 현상학 연구』 제9집, 1996)에 실린 졸고 「한국에서의 현상학 연구」(1995년 여름 탈고)의 속편인 셈이다. 그러나 제2장, 제3장같이 체제상 중복을 피할 수 없는 대목도 있어 이런 데는 간략하게 요약하기로 하였다.

2. 정초주의

후설 현상학에 대한 전통적인 해석이다. 정초주의란 문자 그대로 모든 인식을 최후적인 기초, 절대 명증적인 기초로까지 소급해가서 정당화하는 것을 말한다. 이런 "모든 인식 형성의 궁극적 원천으로 되물어가려는 동기"(『위기』, 100)를 후설은 선험적(transzendental)이라고 부른다. 따라서 궁극적 원천인 주관은 선험적 주관이며 모든 것을 이 주관에 의해서 구성된 것이라고 설명하는 후설의 현상학은 선험적 관념론이 되는 것이다. 여기에 관해서는 많은 학자들이 동조하고 많은 논문이 발표되고 있다. 여기서는 이선관[4]과 이종관[5] 두 분을 거명하는 데 그친다. 그런데 철학한다는 것이 원래 근거, 즉 이론적으로는 논리적 근거를, 그리고 실천적으로는 행동의 합리적 근거를 밝힌다는 것이라면 납득할 수 있는 근거의 제시, 합리성의 요구는 후설의 선험적 현상학에만 국한된 특징이라고 하기 어려운 면이 있다고 말할 수 있을 것이다. 사태 자체로!라는 구호의 현상학에서의 참 특징은 궁극적 원천을 추구해 들어가는 방법과 그 귀착점에서 찾아야 할 것이다.

3. 후설 후기 사상의 도입

1993년 5월 22일 철학연구회 제53회 연구발표회(주제 : 철학

---

4) 「현상학에 있어서 철학적 근본주의의 정신에 관하여」, 『철학연구』(고려대 철학회 논문집), 제16집, 1991.
5) 「마지막 탱고가 끝난 후 : 주체의 에로틱 — 현상학적 정초주의의 옹호」, 『인간다운 삶과 철학의 역할3』(한민족철학자대회, 1995 대회보 3) 1995. 8.

의 방법과 그 성과)에서 강영안은 「현상학에서 우리는 무엇을 배울 수 있는가」라는 글을 발표하고 있다. 이것은 이선관의 「현상학적 방법과 그 의의」라는 논문에 대한 논평이다. 강영안은 그때까지 우리 학회 감사를 수년간 역임하면서 위에서 보는 바와 같은 우리의 활발한 학회 활동을 바로 옆에서 지켜보아온 학자다. 그는 거기에서 단언한다:

> 불행하게도 이제 현상학은 철학의 방법으로 실천되기보다 역사적, 문헌적 연구 대상으로 거의 고정되고 말았다. 그 결과, 현상학은 하나의 창조적 철학으로서는 종지부를 찍게 되었다(271).[6]

즉, 현상학이 20세기 초반과 중엽에 누렸던 영광은 이제 과거지사가 되고 말았다는 것이다. 실인즉 이러한 주장은 우리나라의 철학 및 일반 학계, 특히 구조주의나 포스트모더니즘에 동조하는 사람들에게 벌써부터 만연되어 있던 분위기를 대변하는 것이었다. 그것은 이들 사조가 자기들의 주장을 내세울 때는 반드시 후설 현상학을 비판 극복하는 절차를 앞세우기 때문이다. 그리하여 20세기 후반기에는 현상학은 이제 한물 갔다, 이미 고전이 되었다고 단정한다.

그러나 이런 혼란은 한마디로 후설 현상학에 대한 잘못된 이해에 기인한다. 저들이 비판하고 극복했다는 후설 현상학은 좁은 의미의 선험적 관념론으로서의 그것이고 후설에게는 이 선험적 관념론에 담지 못할 다른 일면이 또 있다는 것을 간과하고 있는 것이다. 이것이 이른바 그의 후기 사상이 보여주는 영역이다. 이런 사정을 선명하게 보여주는 것이 생활 세계 개념

---

6) 이 논평은 『철학 연구』 제32집, 1993 봄, 270-277쪽에 실려 있다. 괄호 속의 숫자는 이 책의 쪽수.

이다. 『위기』나 『경험과 판단』에 따르면 과학주의가 몸에 배어 있는 현대 성인은 첫째 생활 세계적 환원에 의해서 그 이념의 옷(과학, 학문)을 벗고 생활 세계에 돌아와야 하지만 이 세계는 소박한 자연적 태도에 머물러 있으므로 다시 둘째로 선험적 환원에 의해서 그 구성 원천인 선험적 주관으로까지 되돌아가야 한다. 그럼으로써 생활 세계도 구성된 세계임이 밝혀져야 한다. 선험적 관념론의 이런 체계에서는 생활 세계는 종착점에 이르는 중간점이다. 그러나 후설의 후기 사상은 생활 세계를 그 이상 소급해 들어갈 수 없는 종착점이라 한다.[7] 이것은 무슨 뜻인가.

선험적 주관성의 대상 구성 작용은 통상 <질료 + 노에시스 = 노에마>로 표시된다. 여기서 노에시스 쪽이 강조되는 것이 선험적 관념론이다. 이때 질료는 그저 주어지는 자료에 불과하다. 그런데 이 질료가 어떻게 주어지는가를 묻는 데서 질료학이라고도 불리는 발생적 현상학이 성립한다. 위의 정적 현상학에서 일부러 도외시했던 시간 차원을 도입한 것이다. 질료의 발생 원천으로의 추구 작업은 결국 선술어적 수동적인 원초적 작용으로 소급해간다. 이 원초적 영역은 바로 신체적 주관이 직접 체험하는 구체적인 세계요 이것이 바로 생활 세계며 노에시스에 제공되는 질료다. 관념론에서의 질료는 노에시스의 전적인 지배 아래 있지만 질료학에서는 질료에 더 무게가 실린다. 그리하여 대사 형성 작용(Konstitution. 구성 작용)은 여기서는 질료에 이미 숨겨져 있는 질서를 밝혀내는 작업으로 된다. 넓은 의미의 생활 세계는 이 직접 경험의 토대 위에 구성된 의미

---

7) 졸고 「후설의 생활 세계 개념」, 『사색』 제5집(숭전대학 처학과) 1977.
  졸고 「있어서의 경험의 의의 II」, 『철학 연구』 제12집, 1977 참조. 두 편 다 『현상학의 이해』(민음사, 1984)에 수록되어 있음.

의 세계, 즉 문화 세계, 역사의 세계도 포함한다. 그리하여 생활
세계를 토대로 하는 현상학을 생활 세계적 현상학이라고 부른
다.8)

　여기에 박차를 가한 것이 이남인의 본능의 현상학과 신체
에 관한 현상학적 연구의 급증이다. 본능의 현상학은 발생적
현상학의 제일 밑바닥에 위치한다. 그는 "이론 이성은 실천
이성의 기능이며 지성은 의지의 시녀다"(『제일철학 II』 201)
라는 후설의 말을 인용하면서 선험적 현상학이 다른 지향성
에 대한 광의의 이론 이성의 절대적 우위를 주장하는 데 대해
서 발생적 현상학은 이성에 대한 의지, 본능의 절대적 우위를
주장한다고 한다. 그리하여 선험적 현상학은 처음엔 정적 현
상학으로 출발하여 스스로 인식론임을 선언하고 나서지만 발
생적 현상학적 분석의 심화와 더불어 인식론이라는 좁은 틀
을 부수고 실천철학, 역사철학, 문화철학, 생철학, 실존철학
그리고 존재론, 형이상학, 신학 등으로 그 지평을 무한히 확
장해나간다고 한다.9) 이리하여 이남인은 후설의 본능의 현상
학을 통해서 실존적 현상학을 비롯한 후설 이후의 현대의 여
러 사조들이 자기들의 입장을 주장하고 나설 때 그것은 후설
을 극복하고 후설과 단절함으로써가 아니라 오히려 후설 현
상학과의 깊은 내면적 연관에서 이루어질 수 있다는 것을 보
여주고 있다.

---

8) 졸고 「생활 세계적 현상학」 『철학 사상』 제1호(서울대 철학사상연구소),
1991 참조.
9) 이남인, 「본능의 현상학과 선험적 현상학」, 『철학 연구』 제30집(1992) 255,
257쪽 참조.

4. 수입 사상에 대한 비교철학적 연구

1) 유 교

여기서는 신귀현의 「퇴계의 거경궁리(居敬窮理)의 성리학과 후설의 본질 직관의 현상학에 관한 비교 고찰」[10]을 살펴보자. 퇴계의 궁리성찰(窮理省察)은 사물의 현상 아닌 이법(理法)을 탐구함을 말하는데, 그러기 위해서는 자연적 사물에 대한 욕심을 배제하고 이법을 회복해야 한다고 한다. 이것은 후설이 자연적 태도의 일반 정립을 배제하고(판단 중지) 사물의 본질을 파악하려는 태도와 궤를 같이한다. 거기에 그치지 않고 이법을 파악하기 위해서는 관점을 다양하게 변경 고찰해야 한다는 주장은 후설의 자유 변경의 방법을 방불케 하며, 또 다양한 광점에서 궁리하기 위해서는 고찰의 대상을 철저히 분석한 다음 그 결과를 다시 종합해야 하며 부분과 전체를 이해해야 그 이법을 꿰뚫어볼 수 있다는 주장도 후설의 범주적 본질 직관과 같다고 한다. 그러나 유교가 원래 도덕 지향적이라 퇴계에서도 이론적 탐구의 방법인 궁리성찰에 그치지 않고 실천의 방법인 거경존양(居敬存養)도 겸하여 논하고 있음은 지행병진(知行竝進)의 뚜렷한 나타남이라 할 수 있다.

2) 불 교

한자경의 「후설 현상학의 선험적 주관성과 불교 유식철학의 아뢰야식의 비교」[11]에 따르면 현상학과 유식철학은 다같이 객

---

10) 『현상학과 한국 사상』, 11-84쪽.
11) 『현상학과 한국 사상』, 187-208쪽.

관적 세계를 주관의 구성 작용으로 설명하고자 하는 관념론 체계다. 구성 주체인 선험적 주관성과 전변(轉變)주체인 아뢰야식(阿賴耶識)은 공히 그 구성 결과(물리적 세계와 심리적 경험적 자아 그리고 법과 我)와 구분되는 초월적 존재며, 더 나아가서 이 구성 주체가 구성 결과에 대해서 절대 우선권을 가지고 있다고 주장하는 점에서 양자는 공통적이다. 그러나 한자경에 의하면 현상학에서의 구성 주체인 선험적 주관성은 탈세계화된 절대적 자아, 순수 자아인 데 반해서 유식에서의 아뢰야식은 그런 현상 초월적인 측면 외에 현상 구속적인 측면, 즉 현상에 얽매여 있는 측면도 더불어 가지고 있다.12) 그것은 아뢰야식은 다른 현상의 경험에서 생긴 종자를 지니고 있어서 윤회의 고리에서 벗어날 수가 없기 때문이다. 유식은 이 윤회의 과정과 윤회의 주체를 넘어서는 해탈의 경지, 여래장(如來藏) 또는 아말라식의 경지에 이르는 것을 궁극 목표로 한다.

5. 한국의 토속 사상

1) 신바람

이것은 위에서 이미 지적한 바와 같이 김형효의 논문 「'삶의 세계'와 한국사상사의 진리 — 후기 현상학의 방법론에 의거하여」13)에서 다루어지고 있다. 부제에 있는 '후기 현상학의 방법

---

12) 아뢰야식의 이 이중성이 후설의 선험적 주관성에도 있다는 것을 한자경은 같은 논문에서 해석학적 순환(207)을 거론하면서 인정하고 있다. 즉, 후설의 후기 사상에 따르면 자아도 생활 세계 속에서 역사 문화적으로 구성된 결과다. 이것은 선험적 주관성이 신체적 주관성으로 구체화됨으로써 일어나는 변화다.
13) 『한국학보』 제1집, 1975, 125-148쪽.

론'이란 후설의 생활 세계와 메를로-퐁티의 사실성의 세계로 돌아감을 말한다. 후설의 생활 세계란 "나는 생각한다"가 아니라 "나는 할 수 있다"에 따라 나의 신체가 살고 있는 곳이요 거기서 "내가 지각한다"는 것은 "세상 사람들이 지각한다"는 것이다. 이것이 메를로-퐁티의 사실성으로 오면 언제나 이미 거기에 있었던 세계로서 언제나 우리의 미래적 자유에의 결단을 제약한다. 철학한다는 것은 결국 우리가 태어나기 전에 이미 우리 앞에 있어온 이 고향으로서의 세계를 다시 배우는 것이다. 그러면 우리나라의 생활 세계는 어떤 성격의 것인가. 그것은 한국인의 고향 의식으로서의 단군 신화나 또는 예부터 내려오는 무교(Shamanism) 의식(儀式)에서의 신명(神明), 즉 신바람에서 찾을 수 있다.[14] 신바람은 유불도 등 외래 종교 사상이 수입되기 전부터 우리 민족의 사유 방식과 의식 구조를 지배해왔던 우리 고유의 기질이다. 이런 신바람은 우리가 선택하는 것이 아니라 신바람이 우리를 선택하는 것이다. 따라서 신바람은 우리의 모든 자유로운 미래적 엶(開示)을 제약한다. 그러므로 한국의 철학도 바로 이런 신바람과의 마중과 대화라는 변증법적 연계성에서 고려되어야 올바로 이해될 수 있다. 그리하여 이 논문은 원효와 지눌, 퇴계와 율곡의 사상을 신바람과의 관련에서, 즉 그 순기능과 역기능의 양면에 걸쳐 분석하고 있다.[15]

2) 풍수지리

풍수지리라고 하면 우리는 곧 부모님의 묘 자리를 위해 명당

---

14) 위 논문, 1313쪽 이하.
15) 신바람에 관해서는 조요한, 『한국미의 조명』(열화당, 1999)에 실려 있는 논문 「한국인의 미의식」, 특히 104-108에서 무교(巫敎. shamanism)와 관련하여 상세히 설명되어 있다.

을 찾는 일이나 이에 종사하는 지관을 연상한다. 홍성하는 「풍수지리에서 나타난 대지 개념에 대한 현상학적인 고찰」16)과 「후설 현상학과 한국의 풍수지리 사상에 나타난 직관에 대한 연구」17) 두 논문에서 우리 고유의 풍수지리 사상에 담겨 있는 대지 사상을 현상학적으로 분석함으로써, 대지와 인간의 조화라는 고래의 우리 관념의 근원을 밝히고 있다. 풍수에는 음택 풍수와 양기 풍수가 있다. 각각 돌아가신 부모님을 매정할 좋은 곳, 살아 있는 우리가 살 좋은 터를 고르는 것을 말하는데, 여기서 좋은 곳이란 무엇을 두고 하는 말인가. 여기에는 예부터 이어져 내려오는 기철학이 결부되어 있다. 여기에 따르면 대지는 살아 있으며 그것은 대지 속에 생기가 흐르고 있기 때문인데 이 생기를 타면 길(吉)하고 여기에 거역하면 흉(凶)한다. 땅 속을 흐르는 기는 바람을 만나면 흩어지고 물을 만나면 그 이상 움직이지 않는다. 풍수란 원래 장풍득수(藏風得水)를 줄인 말로서, 바람을 잠재우고 물을 얻는다는 뜻이다. 그럼으로써 기가 많이 모인 곳, 여기가 명당이다. 사람이 죽어 매장되면 피와 살은 소멸되고 뼈만 남는데 이 뼈가 명당에서 생기를 얻으면 자손에게 좋은 영향을 준다. 그것은 부모로부터 몸을 받은 자손들이 부모와 같은 기를 구하기에 서로 감응되기 때문이다. 명당이 좋다는 것은 땅 속을 흐르는 기로 말미암아 돌아가신 부모님을 편안하게 모실 수 있고 살아 있는 우리가 복을 받을 수 있다는 뜻이다. 우리는 모름지기 대지의 소리에 귀기울임으로써 대지와 인간의 조화를 감지할 줄 알아야 한다. 그런데 이 기를 어떻게 파악하는가. 당연히 후설 현상학의 환원의 방법이 논의된다. 그리고 나서 위 논문은 "마음을 비우고 사심 없이 산

16) 『현상학과 한국 사상』, 257-288쪽.
17) 『철학과 현상학 연구』 제15집(근간)에 수록 예정.

을 대하면 대지의 근원적인 모습, 본질을 파악할 수 있다"고 한다.

3) 기의학(氣醫學)

이번에는 신체에 대한 기의학적 접근이 주제다. 한정선은 이 문제를 정식으로 다루기에 앞서「한스 요나스의 현상학적 생명 이해 — 현상학과 자연과학의 대화」[18]를 거친다. 한스 요나스는 자연과학적인 여러 방법에 따른 신체 연구와 그 성과를 수용하면서도 그 방법과 지평에 한계가 있음을 확인하고 여기에 철학의 방법, 더 정확히 현상학적 방법을 도입하여 그 부족함을 보완하고자 한다. "모든 생명체가 살려고 애쓴다는 사건 자체가 그 생명체들을 그 자체로서 가치 있는 것으로 만든다." 신체를 살아 있는 생명체로 보는 이 입장을 동양의 기의학에서 재발견하여 나온 논문이「기철학적으로 본 신체의 생명 현상」[19]이다. 기의학은 신체의 생명 현상을 오장유부론과 경락 이론으로 설명한다. 여기서는 인간의 신체를 흐르고 있는 기가 결국 우주 자연의 기에서 왔으며 또한 신체는 우주 자연이라는 기의 장 안에서 우주 자연과 교섭하는 하나의 통일체인 생명체적 장이다. 물론 기라는 개념은 현대 과학적인 접근 방법으로는 잘 잡히지 않는다.

4) 한국적 수줍음

철학이 논리적인 이론적 학문이라 자칫 소홀히 하기 쉬운 것

---

18)『자연의 현상학』,『철학과 현상학 연구』 제10집, 1998, 150-181쪽.
19)『철학과 현상학 연구』 제15집(근간)에 수록 예정.

이 감정의 영역이다. 조정옥은 원래 셸러를 공부하고 이 감정의 영역을 살리고자 애써온 몇 안 되는 우리나라 철학자들 중의 한 사람이다. 그가 「셸러의 부끄러움 이론을 통해 본 한국인의 수줍음」[20]을 냈다. 여기서 그는 셸러의 브끄러움과 비교하면서 한국인의 부끄러움 또는 수줍음의 근원을 찾아본다. 유교 사회에서 부끄러움은 사단칠정(四端七情) 중의 수오지심(羞惡之心)으로 다루어진다. 이것과 셸러의 브끄러움(Scham)은 양심과 도덕의 근본이며 실마리라는 점에서 공통적이다. 유교적 전통에서는 공동체 구성원 앞에서 예(禮)라는 공동체 질서에 동화해야 하며 그러기 위해서는 개인의 감정과 욕망에 대한 끊임없는 절제와 극기가 요구된다. 유교 사상은 인간애를 제일로 하지만 구체적으로는 그 인간애가 예라는 형식을 통해서 실현될 것을 요구한다. 그래서 타인에게 다가가려는 충동을 느끼는 동시에 타인과 자신의 본질적 차이로 인한 간격을 느낀다. 이 갈등에서 수줍음이 생긴다. 남녀간의 간격과 서열의 차이가 분명한 그래서 수줍음의 감정이 흔히 있는 일이다. 셸러는 부끄러움을 저급한 충동의 절제를 통해서 고차적 정신이 우세하도록 하는 기능이라 한다. 충동과 정신의 갈등이라는 점에서는 양자가 공통적임을 알 수 있다.

6. 몸의 현상학

  몸, 신체는 후설 후기 사상 그리고 후설의 뒤를 잇는 실존적 현상학자들(사르트르, 마르셀, 메를로-퐁티 등)뿐만 아니라 20세기 후반의 포스트모더니즘의 대부분의 대표자들의 핵심 개

---

20)『현상학과 한국 사상』, 289-307쪽.

넘이었으며, 20세기말에서부터 우리나라의 중심적 화두들 중의 하나였다. 우리 학회지도 결국 『몸의 현상학』 특집호(제14집)를 내기에 이르렀다. 따라서 우리에게도 몸에 관한 현상학적 연구는 많이 있지만 여기서는 우리 학회지에 실린 논문들 중의 일부만을 다루기로 한다. 먼저 후설 자신의 신체론부터 보자.

1) 후설의 신체론

강동수의 「후설의 선험현상학에서 신체성 분석의 의의」[21]는 후설의 『이념 Ⅱ』의 인격적 자아를 이남인의 본능의 현상학의 도움을 얻어 집중적으로 분석한다. 이 인격적 자아는 결국 신체적 자아며, 그 지평 속에 타자아가 발견되는 상호 주관적 존재다. 이 인격적 자아의 구성 근원은 본능과 이성이다. 본능들의 맨 밑층에 신체적 욕구와 연결된 원초적 본능이 있다. 이것은 질료적 신체, 즉 육체의 야성(Tierheit)에 근거한다. 그러면 이성은 어디서 오는가. 전통적으로 이성은 신체 아닌 밖에서부터 온다고들 한다. 그러나 그렇지 않다. 이성도 본능과 같이 질료적 신체에 근거를 두고 있다.[22] 신체는 은폐된 이성의 층을 지니고 있는 것이다.

다음 조관성은 신체와 관련해서 「인격적 자아의 가치 평가와 가치 그리고 문화」[23]와 「인격적 자아의 실천적 삶과 행위 그리고 신체」[24]의 두 논문을 내고 있다. 둘 다 윤리학의 입장에서의 신체론이다. 윤리학에서 볼 때 셸러는 실천학을 도외시하고 가치론만 내세우는 반면, 칸트는 가치론을 도외시하고 실천학만

---

21) 『몸의 현상학』, 11-41쪽.
22) 위 논문, 23쪽.
23) 『문화와 생활 세계』, 17-67쪽.
24) 『몸의 현상학』, 42-103쪽.

강조한다. 이에 대해 후설은 가치론과 실천학 양자를 모두 겸비한 윤리학을 펼친다. 이것은 후설의 윤리학이 현실계에 몸담고 가치 평가를 하면서 살고 있는 구체적인 인격적 자아를 모태로 하기 때문이다. 이 인격적 자아는 신체적 자아를 말한다. 후설에서 신체는 마음, 정신이 깃든 육체다. 몸과 마음은 하나다. 몸, 즉 인격적 자아가 신체와 정신으로 이루어진 단일체라는 것은 몸이 감각적 경험의 주체면서 능동적으로 자기 운동을 하는 의지 기관이기도 하다는 뜻이다. 조관성은 몸의 이 이중성, 즉 물질적 육체면서 마음이 깃든 육체, 곧 신체라는 이중성에서 후설 현상학이 자연적 채도를 기초로 하는 외적인 자연주의적 태도와 내적인 인격적 태도를 하나의 순환하는 연속성 안에 함께 포용하는 철학이라고 규정한다.[25]

이상 두 사람의 인격적 자아에 관한 논의는 후설의 후기 사상이 보다 실질적인 기반 위에 있음을 보여준다. 이것을 보다 더 극명하게 보여주는 것이 메를로-퐁티의 몸의 현상학이다.

2) 메를로-퐁티의 몸의 현상학

류의근은 「메를로-퐁티의 공간 분석과 그 의의」[26]에서 공간 개념의 분석을 통하여 메를로-퐁티의 신체 개념을 밝히고 있다. 동일한 강의실이라도 교수가 강의하러 들어갈 때의 그것과 청소부가 청소하러 들어갈 때의 그것은 다르다. 각기 체험되는 공간이 다른 것이다. 과학들이 아는 바 객관적 세계가 아니라 그에 앞서 신체가 세계와의 직접적 접촉에서 체험하는 바 근원적인 현상을 그것이 스스로 현상하는 그대로 기술하려는 입장,

25) 위 논문, 52쪽 참조.
26) 『자연의 현상학』, 182-202쪽.

이것을 메를로-퐁티는 현상학적 실증주의(202)라고 부른다. 이 입장에서 그는 신체를 단적으로 세계와 인간에 대한 선험적 관점(185)이라 규정한다. 류의근은 메를로-퐁티의 신체가 칸트의 선험적 통가, 후설의 선험적 주관, 하이데거의 존재에 비유될 수 있다는 점에서 선험철학의 계보에 속한다고 본다. 여기서 선험성이란 주객 분리 이전의 선술어적 경험의 영역의 탐구, 해명을 뜻한다. 즉, 신체는 세계를 세계로서 그리고 타자를 타자로서 있게 하는 가능 조건이다.

우리는 최재식이 밝혀주는 메를로-퐁티 신체론의 보다 구체적인 다른 면을 다음 제7절 영화현상학의 3)과 4)에서 볼 수 있다. 그러나 이런 서양식 신체론에 대해서 동양식 신체론이 있음을 우리는 위 기철학을 기초로 하는 기의학에서 우주론적 견지에서의 몸철학을 본 바 있다.

7. 영화현상학

놀랍게도 1990년대의 학회지에 영화에 관한 논문이 네 편이나 들어 있다. 그런데 잉가르덴, 하이데거, 메를로-퐁티 세 사람의 서로 다른 네 시각으로부터의 고찰이다.

1) 잉가르덴의 영화론

먼저 잉가르덴의 존재론적 현상학에서의 영화론은 홍성하의 논문 「대중 문화로서 영화에 대한 잉가르덴의 현상학」[27)]에서 다루어지고 있다. 이에 따르면 잉가르덴의 영화 이론은 「문학

---

27) 『문화와 생활 세계』, 159-183쪽.

적 예술 작품」(1930)과 「예술존재론 연구」(1947)의 두 글에 실려 있는데, 1930년이 30여 년 간의 무성 영화 시대가 유성 영화 시대로 바뀌는 때라서 두 글은 각기 무성 영화와 유성 영화를 대상으로 하고 있다. 그만치 영화 이론으로서는 고전적인 시대에 속하지만 미학적 대상에 현상학적 접근을 시도한 첫 번째 케이스라는 점에서 의의가 크다. 사진술과 음향, 조명 등 기술을 동원하여 만들어낸 영상을 마치 실제로 있는 것처럼 믿게 하는 영화의 특징을 특히 연극과 비교하면서 상세히 논하고 있다.

2) 하이데거의 영화론

이것은 이종관의 논문 「영화, 그 구원을 향한 빛의 향연? ─ 하이데거의 근대성 비판에 비추어본 영화의 존재론적 가능성」[28]에서 소개되고 있다. 하이데거는 영화를 터무니없는 환상의 세계를 그린다고 격렬하게 비난하지만, 이종관은 논문의 부제에 적혀있듯이 하이데거의 근대성 비판과 예슬철학을 자세히 살펴보면 영화의 존재론의 가능성이 보인다고 한다. 하이데거는 근대 과학 이론이 사물뿐만 아니라 인간까지도 기능적 연간에서만 존재 의미를 갖는 부속품(Bestand)이라고 규정하는 데서 최고의 위기를 느낀다. 무엇이 이 위기에서 우리를 구원해 줄 것인가. 그는 예술, 그 중에서도 그 원형이라고 할 시를 든다. 시에서 언어는 정보 전달의 도구가 아니라 존재가 머무르는 곳, "존재의 집"이다. 그런데 오늘날 시는 더없이 빈곤해졌다. 다른 구원의 빛은 없는가. 여기서 영화가 우리의 시선을 끈다. 영화는 비지시적(非指示的)인 소리, 리듬, 이미지 등이 함께 어울려져 시보다 더 시적인 현상을 자아낸다. 영화의 언어

---

28) 위의 책, 128-158쪽.

는 이미지(상. 像)이다. 이미지는 고정된 형식과 법칙을 가지고 있지 않다. 상의 독일 말 Bild는 어원적으로는 상상이나 환상이 아니라 보이지 않는 것, 숨겨진 것이 드러나는 것을 말한다. 이것은 하이데거의 진리(aletheia) 개념을 연상케 한다. 영화는 이렇게 언어의 도구화에 항거하면서 존재와 언어를 다시 그 시원적 밀월 관계로 돌려보내고 있다.

3) 메를로-퐁티의 지각 이론에 근거한 영화 이론

이것은 최재식의 논문 「영화에 대한 현상학적 이해 — 메를로-퐁티를 중심으로」29)에 실려 있다. 메를로-퐁티의 지각 이론은 현상학에 형태심리학(Gestaltpsychologie) 이론이 접목된 이론이다. 여기서 현상학이란 후설의 후기 사상, 즉 생활세계론을 말한다. 이 이론은 신체적 주관이 갖는 가장 원초적인 체험인 지각은 이성에 의해서 조직화될 단순한 소재가 아니라 그 나름의 고유하고 자발적인 조직 능력을 가지고 있다. 즉, 지각은 이미 꼴(figure)과 배경이라는 구조를 갖춘 통일적 전체다. 같은 대상이라도 꼴과 배경의 구조가 바뀌면 다르게 지각된다. 여기서 우리는 직접성이라는 개념이 근본적으로 바뀌어야 함을 감지할 수 있다.30) 영화는 지각현상학이 밝혀주고 있는 지각의 이 창조적인 자발적 능력을 받아들임으로써 가능해지는 예술 활동이다. 몽타주 이론이 그 좋은 예증이다. 토막 토막의 필름들은 몽타주에 의해서 작가의 의도대로 편집되어 새로운 시간 속에 숨을 돌려 쉬고 리듬이 생동하는 공간을 가지게 되

---

29) 『자연의 현상학』, 301-325쪽.
30) 형태 개념에 관한 더 자세한 논의는 최재식, 「메를로-퐁티의 현상학에 있어 형태개념에 의거한 사회성 이론(I)」(『현상학과 실천철학』, 『철학과 현상학 연구』 제7집, 1973, 247-256쪽) 참조.

는 것이다.

4) 메를로-퐁티의 몸의 현상학에 근거한 영화론

이것은 다시 이종관의 논문 「몸의 현상학으로 본 영상 문화
— 최근 영화현상학의 발전을 중심으로」[31]에 실려 있다. 메를로
-퐁티에서 몸은 외부 자극을 나름대로 형태화하고 조직화하는
도식을 형성한다. 신체의 일부가 잘려나가서 없는 데에도 마치
그 부위가 존재하거나 하는 듯이 그 환상의 부위(Phantom-
Glied)에 통증을 느끼는 환지통(幻肢痛)은 이 신체 도식이 몸
에 존속해 있기 때문에 생기는 것이다. 이렇게 몸은 세계를 형
태화하면서 형성하는 주관이면서 동시에 타인의 대상이 되기
도 한다. 영화현상학은 몸의 이 이중성에 근거한다. 지각은 몸
짓으로 되면서 타인의 시각적 대상이 된다. 몸은 지각과 표현
을 동시에 주관적이고 객관적인 양상으로 순환시키며 살아간
다. 보면서 그 자신의 봄을 보이게 하는 이 순환 구조가 영화가
현상학적 접근을 허용하는 지점이다. 소보책(Sobochak)은 이
이론을 토대로 영화현상학을 전개한다. 관객은 영화를 보면서
끊임없이 기호와 의미를 영화와 함께 만들어낸다. 영화는 자신
을 봄의 주체와 보이는 대상으로 함으로써 봄의 구조에 대한
상호 주관적 통찰을 가능케 한다. 싱어(L. Singer)는 더 나아가
영화가 그것만이 가지고 있는 특수 기법(카메라의 여러 가지
조작, 편집 등)에 의해서 우리의 자연적 봄의 한계를 넘어 우리
가 결코 있어본 적이 없는, 우리가 결코 알 수 없는 곳으로 우
리를 옮겨놓음으로써 새로운 희열을 제공함을 강조한다. 영화
는 현대 대중 문화의 꽃이다. 현상학이 영화를 문제 삼는 것은

---

31) 『몸의 현상학』, 137-179쪽.

영화를 정초하기 위해서가 아니라 대중적 가치 속에 숨겨져 있는 영화의 예술적 가치를 드러내기 위해서다. 그러나 그것뿐이 아니다. 영화는 낡고 묵은 문제까지 속 시원하게 풀어준다.

7. 간호학

현상학이 특히 그 방법을 통해서 인접 특수 과학에 많은 영향을 미치고 있는 것이 사실인데, 한국 간호학계에서 이것이 사실로 나타났다. <한국질적연구센터>가 1998년에 발족하여 2년도 채 되기 전에 회원 120명을 넘더니, 2000년 6월에는 학회지 『질적연구』 창간호를 냈다. 그것도 연 2회 간행 예정으로. 이것은 물론 이화여대의 신경림 교수와 그 주변 학자들의 눈부신 노력의 덕분임에 틀림없지만 그러나 뒤집어보면 간호학 해당 분야 학자들이 이런 연구 센터의 발족을 그렇게 시급하게 요구했다는 말이다. 이것은 또 간호학 학자들이 종전의 실증과학적 연구 방법의 한계를 통감하고 있었다는 증거이기도 하다. 후설은 "실증주의는 철학의 머리를 잘라버렸다"고 한다. 신체는 계량 가능한 대상 이상의 살아 있는 생명체며 의미를 산출하는 주체다. 실증과학은 마음을 읽는 학문, 즉 현상학과 해석학의 힘에 의지하지 않을 수 없는 것이다.

8. 맺음말

1) 20세기말에 우리는 그간의 한국 현상학 연구를 정산하는 두 편의 논문을 가지고 있다. 백종현의 「20세기 한국의 철학」[32]과

이기상의 「한국의 해석학적 상황과 초월론적 자아 ─ 현상학, 실존철학의 수용과 한국철학의 정립」[33])이 그것이다. 두 편이 모두 그 "맺음말"에서 20세기말 우리나라 학계의 공통 화두인 "세계화"를 논하고 있다. 세계화란 결코 서구 문명의 척도에 맞춘다는 뜻이 아니다. 역사를 만들어가고 있는 주체가 이제 더 이상 유럽만이 아님이 분명해지고 있다. 유럽철학만이 유일하게 참다운 철학이 아니다. 원래 현상학과 실존철학이 요구하고 있는 철학함이 색안경을 버리고 사태 자체를 그 근원, 즉 경험에서 직접 대하도록 노력함이 아니더냐. 우리는 여기에 동도서기(東道西器) 아닌 서도서기(西道西器)라는 색안경을 버리고 우리들 자신의 눈을 가지고 주체적으로 보고 해석해야 한다고 강조하고 있다. 여기에 하나 덧붙인다면 그러기 위해서 우리는 '우리의 눈'의 정체를 파악하는 노력을 게을리하지 말아야 하겠다.

2) 이것과 관련하여 우리나라 현상학자들은 우리나라 사람들의 글을 잘 읽기를 권한다. 우리 학회지 제11집 *Phenomenology of Nature*에 실린 페터(H. Vetter)의 글[34])은 조가경의 *Bewusstsein und Natursein*을 근거로 하고 있다. 우리나라에서는 이런 일이 보기 드물다. 스승이나 선배를 모시는 미덕도 좋지만 우리도 앞사람의 업적 위에 벽돌 하나씩 쌓아올리는 학풍을 키웠으면 좋겠다. 물론 이것은 당연히 상호 비판적 대화를 거쳐야 한다.

3) 우리의 눈을 가지고 우리의 철학을 정립하자는 같은 맥락에서 번역어의 정리를 학회 중심으로 체계적으로 하였으면 좋

---

32) 『철학 사상』 제6집(서울대 철학사상연구소, 1998. 9), 25-100쪽. 이 논문의 제2부 실존철학 현상학의 수용 45-100쪽은 이남인 담당.
33) 『문화와 생활 세계』, 450-518쪽.
34) Die Frage nach dem "Natursein" bei Heidegger aus der Sicht von Kah Kyung Cho.

겠다. 우리들의 논문이 날이 갈수록 읽기 쉬워져 가는 것이 사실이다. 그러나 아직도 어려운 한자어가 적지 않다. 현상학에서 사용되는 전문 개념들 의 정리 작업 등과 같이 묶어서 조직적인 번역어 다듬기 운동이 필요하다.

김형효 교수의 『하이데거와 마음의 철학』을 읽고

배 의 용 (동국대 철학과 교수)

1

확실히 하이데거의 『존재와 시간』은 획기적일 만큼 독창적이다. 이에 비해 대승불교의 원류인 유식학은 차라리 진부하게 보일 수 있다. 김형효 교수는 자신의 이 저서에서 이 두 사상들에 대한 그 나름의 깨달음을 유감없이 표출하고 있다. 그것은 무엇보다도 '무애자유'의 필치에 잘 나타나 있다.

이 저서를 김교수의 바람과는 달리 '엄밀한 철학적 해석서'로 평가할 수 없게 만드는 것이 바로 그의 깨달음, 즉 '자유'를 '걸림 없이' 서술함에 있다니, 참으로 아이러니컬하기만 하다.[1] 그 뿐이랴. 이 저서는 확실히 비교철학적 연구에도 속하지 않는다. 두 사상 체계를 비교하며 고찰한다는 것은 유사성과 차이점을

---

1) 이 저서는 그 체제로 볼 때, 학술서로 씌어지기보다 일반 대중에 하이데거의 사상을 널리 보급하기 위해 씌어진 것으로 보는 것이 옳지 않을까 생각한다. 만일 그렇다면, 이하의 논평은 사실 부질없는 헛손질에 불과할 것이다.

밝히고, 더 나아가 새로운 문제점들을 들춰내어 해명함을 의미한다. 이 저서에서는 아쉽게도 이런 두 가지 기본 과제의 수행에 해당하는 어떠한 논술도 찾아볼 수 없다. 대신에 명멸하는 불꽃들을 두 손가락으로 가리(키)는 정경이 읽는 이를 시종 안타깝게 만들 뿐이다.

이 저서에서 김교수가 『존재와 시간』을 읽는 방법은 크게 유식학의 두 가지 교설에 근거하고 있다. 이 두 교설이 이 저서 전체를 통해 수없이 '반복'해서 등장하여 하이데거의 온갖 논의들을 집어삼키고 있다.

첫째, 현존재 분석론에서의 현존재나 '현(Da)'을 모두 유식학에서의 '마음(알라야식)'으로 해석할 수 있다(A).

둘째, 현존재의 '현시성(Erschlossenheit)' 일반을 견분(見分)과 상분(相分)의 상호 관계로 해석할 수 있다(B).

기초존재론의 거의 모든 내용들을 이와 같은 관점들에 따라 해석할 때, 어떤 결과가 초래될지는 어느 정도 '아프리오리하게' 예견된다. 우선 전체적으로 말하자면, 이러한 관점들을 초지일관하려다보니 하이데거의 논의를 잘 따라가면서 쉽게 풀어 정리하는 일보다 이러한 해석의 가능성과 정당성을 입증하는 일이 더 중요해지는 경우가 적지 않다. 그러나 어찌 두 철학 체계의 사상적 내용이 처음부터 끝까지 정확히 일치할 수 있겠는가. 그런데도 무리하게 일치시키려고 들면 견강부회가 불가피해질 뿐더러 인용되는 원문까지 이러한 해석의 기조에 맞춰 적당히 슬쩍 고쳐 옮기는 일이 불가피해진다. 같은 이야기의 중언부언, 너무 심한 의역들이 이 책의 두드러진 특징을 이루고 있는 것도 바로 이 때문이다.

물론 김교수가 『존재와 시간』을 유식학을 통해 해석하려고 시도한 것을 나무랄 수는 없다. 확실히 『존재와 시간』에는 불교의 핵심 사상을 연상시키는 내용들이 적지 않다. 그리고 이런 내용을 유식불교적으로 해설하는 대목들에서는 김교수의 명쾌하고 유려한 서술이 이해에 큰 도움이 된다. 그럼에도 불구하고 저서 전체를 통하여 해석의 출발점에 놓여 있는 저런 가정들은 끝내 구체적인 전거에 의해 정당화되지 않은 채로 남는다. 이는 결국 하이데거의 전기 사상을 유식학을 통해 읽는 실험이 그다지 성공적이지 못하다는 결론을 정당화하는 것 같다. 그러나 이런 결론은 아직 성급하다. 같은 실험이라도 방법을 달리한다면 다른 결과가 나올 수 있기 때문이다. 적어도 하이데거가 『존재와 시간』에서 개진하고 있는 해석학적 방법만이라도 그 자신에게 되돌렸던들 이런 결과는 나오지 않았을 것으로 믿어진다.

2

이러한 불행한 결과로 볼 때, 김교수의 출발점부터 재고하지 않으면 안 될 것으로 보인다. 무엇보다 먼저 김교수가 후설 현상학을 너무 경시하고 있다는 점을 지적하지 않을 수 없다. 『존재와 시간』에는 유식학을 연상시키는 대목보다도 후설의 현상학적 연구 결실을 밑바탕으로 삼고 있는 대목들이 훨씬 더 많다. 하이데거가 이 저서를 후설에게 증정한 것은 인간적 의리 때문만은 결코 아니었던 것이다.

하이데거가 후설의 『논리연구』를, 그 중에서도 특히 제6연구를 중요시하여 집중적으로 연구하였던 사실은 주지하는 바다. 나아가 하이데거는 후설의 『내적 시간 의식의 현상학』을 발행하기까지 깊은 연구를 수행하였다는 것은 두말할 필요도 없다.

게다가 하이데거의 『존재와 시간』과 『이념들』(1권)에서 확립된 정태적 현상학과의 연관성에도 주목할 필요가 있다. 이 저서에서 존재(Sein)는 의식권 전체의 밑바탕을 이루고 있는 정립 작용(Setzung)의 노에마적 상관자다. 후설에 의하면 존재 정립은 반드시 의미 부여(Meinung ; 사념)를 통하여 이루어진다. 그래서 그는 정립적 의미 부여를 단순한(이차적) 의미 부여와 구별하여 'Vermeinung(억념)', 내지 '억견(Doxa)'이라 부른다.2) 후설은 이러한 억견적 양태가 의식의 본래 모습(= '자연적 태도의 일반 정립')임을 강조한다. 이는 억견적 양태의 중립적 변양과 그것의 노에마적 대상성은 파생적임을 뜻한다. 후설의 이러한 정태적 의식 분석에 대한 전이해가 없이 하이데거의 『존재와 시간』을 읽는다면, 아무래도 유망하게 보이지 않을 것이다.

우선 당장 하이데거는 후설이 판단 중지의 대상으로 삼았던 '자연적 태도의 일반 정립'을 이 저서의 중심 주제로 삼고 있다.3) 이것은 일찍이 후설 자신이 유망한 연구 과제라고 제시했던 것이다. 이 연구 과제를 하이데거는 현상학적 방법보다는 해석학적 방법에 주로 의존하여 이행한다.4) 그리하여 '존재 정

2) 'Doxa'를 '억견'이라 옮기는 것이 적절한 이유는 존재 정립(= 臆 ; Thesis)과 의미 사념(= 見 ; Sinn)의 두 요소가 잘 결합되어 있기 때문이다. 후설은 '존재와 의미의 결합'을 '명제(Satz)'라고 부른다. 이리하여 판단(Urteilen)의 상관자인 명제가 선험적 차원에서 의식권 전체로 확장된다. 이러한 확장의 정당성은 내적 시간 의식의 현상학에서 근거가 다져진다.
3) 『존재와 시간』은 주지하다시피 원래 하이데거가 이 저서에서 계획했던 연구들 가운데 일부에 해당한다. 요컨대 출판된 이 저서는 계획했던 '존재와 시간'이란 주제를 (언어가 아니라) 현존재를 실마리로 삼아 다루었다고 말해도 좋을 것이다.
4) 이로써 하이데거가 현상학적 방법을 송두리째 포기했다고 말하는 것은 물론 아니다. 오히려 그는 이 저서에서 '아프리오리'를 탐구하고(형상적 환원), '선결 문제를 전제하는 오류'(후설식으로, 메타바시스)를 경계하는 것(선험적

립'(내지 존재 믿음)을 인식론적 반성의 시선으로 객관화하지 않고 존재론적 이해(혹은 해석)를 통해 근원적으로 드러내고자 한다. 이는 이미 그때 그가 후설로부터 벗어나는 길로 접어들었음을 말한다. 이러한 이탈의 가장 중요한 계기는 인간의 마음을 움직이는 근본적 추동력을 '이성'이 아니라 '염려(Sorge)'에서 찾는다는 데 있다. 이에 따라 인식에 앞선 인간의 근원적 존재 방식도 전혀 엉뚱하게도 기분에서 찾게 된다. "그러므로 기분 상태(Befindlichkeit)에서 이미 처지(Da)가 개시되어 있기 때문에 모든 내재적 반성이 '체험'을 발견할 수 있는 것이다."5) 이보다 더욱 중요한 것(하이데거의 진정한 독창적 발견)은 바로 뒤따르는 진술에서 제시된다. 즉, "'한낱 기분'에서 처지가 보다 근원적으로 개시된다. 그러나 이에 대응해서 그것은 또한 그 어떤 비-지각보다도 더 완강하게 이것을 은폐한다." 이는 기분의 근원적 개시가 이와 같이 은폐된 연후에 비로소 현상학적 인식적 태도가 성립되는 것이라는 주장을 함축한다.6)

하이데거가 이렇게 해서 '이성 비판'의 길로부터 실존의 해석학적 해명의 길로 내달았다고 해서 처음 목표까지 달라졌다고 생각하면 오산이다. 여전히 그는 후설의 문제 설정과 해결 방법을 존중하고 있다. 즉, 그는 "어떻게 인식하는 이 주관이 자신의 내적 권역에서 벗어나 다른 외적 권역으로 들어갈 수 있는가 ……"(S.60)라는 문제 설정을 일단 인정하되, 이러한 문제 설정에서 시종 간과되고 있는 보다 근원적인 문제를 지적한다. 그것은 곧 인식하는 주관의 존재 방식의 문제다. 이에 대해 하

환원)을 기본으로 삼고 있다. 단지 내재적 반성이라는 방법만을 포기했을 뿐이다.
5) 『존재와 시간』, S.136(인용판은 김교수에 따름).
6) "…… 세계내 존재의 현상학적 정시는 차단과 은폐를 되돌려놓은 성격을 갖는다"(S.58)는 진술도 이와 맥을 같이 한다.

이데거는 인식 주관은 "그것의 일차적 존재 방식에서 언제나 이미 밖에 나와 있다"(S.62)고 대답한다. 따라서 저 설문에 대해서도 "주관은 구태여 자신의 내면에서 벗어날 필요가 없다"는 답이 내려진다. 이와 같이 '언제나 이미 자기 바깥의 세상에 나와 있는 존재 방식'을 하이데거는 '세상에 존재함(In-der-Welt-sein)'이라고 지칭한다. 이 유명한 개념은 그러나 후설에 비추어보면 사실 전혀 새로운 것이 아니다. 후설은 일찍이 저런 문제 설정을 '사이비 문제'로 결론지었는데, 그 이유가 인식 주관(= 의식)의 바로 이런 존재 방식에 있었기 때문이다. 요컨대 하이데거가 기분(상태)에 의해 현존재와 그의 세상이 근원적으로 개시되어 있으며, 이것이 근원적(일차적) 진리라고 주장한 것은 그의 스승의 소론을 그대로 이어받은 데 불과하다. 단지 후설에서는 세계와 자기의 존재를 '동시에 근원적으로'(이것을 하이데거는 '동근원적'이라는 말로 즐겨 표현한다) 개시하는 것이 선험적 주관성으로서의 '의식'이었던 데 반해 하이데거에서는 현존재의 '처지(Da)'로 규정되고 있을 뿐이다.

3

이로써 김교수의 첫째 논점을 고찰할 준비가 된 셈이다. 김교수가 현존재의 'Da'를 '마음'으로 본 것은 어떤 점에서 수긍할 만하다. 그러나 전술했듯 후설에서 '의식'은 엄밀한 의미에서 마음과 동의어가 아니다. 그에게 '마음'(독일어로 어떻게 쓰든 간에, 이를테면 Seele, Gemüt, Psyche 등)은 선험적 주관성이 자신을 세간화한 것이므로 파생적 개념이라 할 수 있다. 이로부터 다시 마음을 신체와 결부해서 파악할 때 '인격' 내지 '인간'의 노에마가 성립한다. 김교수는 여러 곳에서 하이데거가 'Da' 대신 '마음'이란 개념을, 그리고 '인간'이란 개념 대신 '현존재'라는 개념을 쓰는 이유를 추정하고 있다. 그러나 그의 추정과는 달리 하이데거는 후설과 똑같은 이유로 이런 개념들을 쓰지 않는 것이다. 그럼, 왜 하이데거는 '의식'조차 개념은 피하는가. 이에 대한 중요한 이유 중 하나는 의식의 대상이 '관조적 대상(Vorhandene)'이라는 데 있다. 주지하다시피 하이데거에게는 존재론적으로 '도구적 대상'이 '관조적 대상' 보다 더 근원적인 것으로 간주된다. 게다가 '의식'의 개념 속에는 다 담을 수 없는 의미 내용들이 'Da' 속에 들어가게 되어 있다. 이를테면, '순간'이나 '내던져져 있음' 등이 그러하다. 그러나 하이데거에서 'Da'의 가장 중요한 의미는 세계와 자신의 동근원적 개시성임에 틀림없다. 유식학에서 이른바 '유식성(vijñaptimātratā)'으로 의미하는 바도 바로 이것이다.

유식성은 김교수도 강조하듯, 단지 의식만이 있다는 이야기가 아니라, 종자가 현행하는 순간(이것이 곧 본래적인 의미의 '식'인데), 동시에 현출하는 견분과 상분은 사실상 알라야식('심'이라고도 불리는)의 전변에 지나지 않는다는 이야기다. 그러니까 '식'이 현출하는 순간마다 그 속에 주관과 객관의 세계가 펼쳐진다는 것이다. 존재자적으로 말하자면, 식만 '현출'하면[7] 주관과 객관이 필연적으로 따른다. 이 점에서 확실히 유식학, 후

---

7) 의식의 '현출'(혹은 현행)은 아직 '존재'가 아니다. '존재'는 (존재 정립된) 세계(= 상분)와 자아(= 견분)에 대해서만 붙일 수 있는 술어이기 때문이다. 따라서 하이데거가 '의식의 존재 방식'을 밝히라고 요구한다면, 이는 사태를 오해한 데 기인한다. 차제에 현상학계에 제안하고 싶다. 'Akt'를 작용이라 옮기지 말고 '현행(現行)'으로 옮기자는 것이다. '작용'은 비트켄슈타인이 이미 지적한 바 있듯, 쓸데없는 가상을 불러일으키기 쉬운 반면, '현행'은 사태를 보다 정확히 드러내기 때문이다. 그러면 'Aktuell'이란 골치 아픈 술어도 자연스럽게 '현행적'으로 옮길 수 있는 이점도 있다.

설 현상학과 『존재와 시간』은 정확히 일치한다.[8] 그러나 좀더 면밀히 들여다보면, 『존재와 시간』의 하이데거는 바로 이 지점부터 유식학과 현상학 양자와 갈라지게 된다. 즉, 그는 '현존재'라는 것을 따로 내세우고 있다. 이것이 어떤 문제를 야기하는지 조금 더 상론하기로 하자.

『존재와 시간』에서 '현존재'에 해당하는 것을 우선 후설 현상학에서 찾아보자. 그것은 의식일 수 없음은 위에서 이미 밝혀져 있다. 그렇다면 마음인가. 마음은 의식의 주관성이 자신을 초월적으로 통각(혹은 파악)한 결과다. 그래서 그것은 이미 공간적 세계 속에 들어가 있는 것으로 간주된다. 이것은 『존재와 시간』에서 현존재의 정의, 즉 '세계 안에 있음'에 정확히 일치한다. 그렇다면 하이데거는 마음을 현존재라고 부른다는 말인가. 하기야 『존재와 시간』에서 신체의 문제가 주제적으로 다루어지지 않는다는 점도 이러한 추측을 밑받침해준다. 만일 그렇다면, 김교수의 제안 중 한쪽은 타당한 셈이 된다. 다만 그는 마음을 항상 알라야식으로 이해하고 있다. 그러나 유식학에서는 '마나식'(제7식)을 바로 이러한 초월적 통각의 주체로 설정하고 있다. 즉, 마나식이 '나(我)'로 정립하는 것은 통속적으로 '마음'이라 불리는 것이다.[9] 이 문제는 일단 그냥 넘어가기로 하자. 정작 문제는 이제부터다. 후설은 『이념들』(1권)에서 선험적 환원을 통해 일체의 초월적 통각을 배제할 것을 요구하고 순수

---

8) 앞에서 말한 방법적 차이에도 불구하고 이러한 현상학적 인식을 하이데거는 적어도 『존재와 시간』에서는 끝까지 견지하고 있다. 김교수는 마지막 요약편에서 비로소 "현존재의 'Da'는 곧 마음의 현상과 같은 그런 의미를 지니기에 그것을 심식이라고 불러도 좋으리라"(408쪽)고 하여 이러한 견지에 접근하고 있다.

9) 마음과 신체로 이루어진 인간의 관념은 제6의식이 전오식의 '유근신'과 마나식의 '마음'을 반연하여 구성하는 것으로 설명된다.

의식으로 밀고 들어갔었다. 이러한 접근 방법이 데카르트적인 길로서 나중에 폐기되는 것처럼 여겨지는 데는 오해가 개재되어 있다. 만일 초월적 통각이 완전히 배제된 지점에서 보지 않았다면, 마음이 초월적 통각의 결과인 것을 어찌 알 수 있겠는가. 만일 유식학에서 마나식과 의식의 모든 염려 작용들을 후설이 말하는 초월적 통각으로 이해한다면, 후설의 선험적 환원은 알라야식에까지 밀고 들어가기 위해 필수적인 절차라고 보아야 할 것이다. 이런 조치에 의해서만 초월적 통각 내지 구성의 전말을 남김없이 드러내보일 수 있을 것이다.

그렇다면 하이데거는 왜 마음을 현존재로 내세우게 되었을까. 이것이 함축하는 의미는 무엇인가. 이른바 '염려(Sorge)'의 존재 방식들에서 드러나듯, 현존재의 'Da'에서는 자기와 세계뿐만 아니라 **타인**들도 근원적으로 개시된다. 이와 반대로 데카르트적인 길에 따라 순수 의식에서 출발할 때는 타인의 구성이 커다란 난점으로 제기된다.10) 하이데거가 마음을 현존재로 내세우게 된 한 가지 까닭은 여기에 있다. 그러나 마음이란 술어는 또 다른 곤란한 문제를 수반한다. 『존재와 시간』의 구체적인 내용으로 볼 때, 마음을 현존재 대신 내세웠다가는 완전히 유심론으로 치부될 게 뻔하다. 나아가 현존재란 술어는 인간 존재와 존재와의 깊은 연관성을 '역사적 생기'로서 해명하기 위해서도 필연적이었다. 그렇지만 여기서 하이데거와 유식학은 결코 연결될 수 없을 만큼 멀어져 있다. 왜냐 하면 유식학적으로 볼 때 하이데거의 현존재는 더 이상 알라야식이 아니라 '육단심(肉丹心)', 즉 마나식이 알라야식의 견분을 반영한 것이기 때문이다. 육단심은 물론 기분을 느끼고, 다른 사람들이나 공동 역사와 교제하고 투쟁할 뿐 아니라 '던져진 던짐'으로서의 본래

---

10) 『데카르트적 성찰』을 참조.

적 결단을 내리기도 한다. 그리고 김교수가 그처럼 강조하듯, 사실성을 훈습할 수도 있다. 그러나 이것은 후설이 말하는 '습성(Habitus)'에 그치지, 집지식이나 이숙식의 기능으로서의 훈습과 증장은 아니다.[11] 그도 그럴 것이 하이데거에서는 시간성의 탈자적 지평이란 것이 탄생과 죽음의 '사이'로 한정되어 있기 때문이다. 하이데거에서는 죽음이 선구적 결단의 필연적 조건이며, 그래서 또한 본래적 역사성의 필연적 조건이라는 점을 간과해서는 안 된다.[12] 그에게는 불교적 윤회라는 것은 실존의 진리에 위배되는 것임에 틀림없다. 인도인들에 역사(Historie) 관념이 결여되었던 것은 우연한 일이 아니라고나 할까. 그러나 과연 유한한 시간성이 본래성 회복의 아프리오리한 조건인가. 윤회를 믿는 인도인들에게는 본래적 역사(Geschichte)도 성립하지 않았던 것일까.

후설이 '모나드' 개념을 빌어 나의 자아의 고유한 권역 속에 언제나 이미 타인의 자아(= 타아)가 함축되어 있음을 해명함으로써 타인의 구성 문제가 데카르트적인 길에서도 해결될 수 있음이 분명해졌다. 실제로 이러한 후설의 방법은 유식학에서

---

11) 이것이 김교수가 역설하는 유사성, 즉 현존재의 동시적인 진리와 비진리 그리고 무부성(無覆性)과 유부성(有覆性)과의 유사성에 어려움을 가져오지 않는다. 왜냐 하면 먼저 유부성과 무부성이란 개념쌍은 종자가 지닌 성질을 가리키지 (김교수가 알고 있듯) 알라야식의 양상을 가리키지 않기 때문이고, 다음에 근원적 개시성이 불안의 기분 상태에서 이미 주어진다면, 육단심이야말로 언제나 진리에 있을 수 있기 때문이다. 여기서 의문이 제기된다. 불안이 현존재를 무(無)의 심연 앞에 데려가 양심의 소리를 들을 수 있게 한다는 것이 필연적인 아프리오리인가(하이데거가 결단을 서술할 때마다 '불안을 느낄 준비를 한'(angstbereit)이란 술어를 덧붙이는 것도 이 때문이 아니고 무엇인가). 게다가 불안을 느끼는 것이 아무나 할 수 있는 것이 아니라 엄청난 회심을 필요로 한다는 주장은 자가당착이 아닌가. 불안을 통해 회심을 하는 것이지, 회심을 한 다음 불안해한다는 것은 무슨 도리인가.
12) 『존재와 시간』, S.386 참조.

타인의 문제를 설명하는 것과 완전히 일치한다. 후설 자신이 초반에 자신의 '순수 의식' 개념을 너무 데카르트적인 방향으로 잘못 설정했던 데서 혼란이 빚어졌을 뿐이었다.[13] 더 나아가 세계의 구성을 자아만의 공능(Leistung)에 의해서가 아니라 모나드적 공동체의 공업(共業)에 의해 설명하는 점에서도 현상학과 유식학은 일치한다.[14] 그러나 여기서 더욱 중요한 점은 양자가 탈자적 시간성의 한계를 죽음으로 설정하지 않고, 무한하게 확장하고 있다는 것이다. 그렇다면 무한한 시간성의 바탕 위에서도 "죽음에의 선구를 통해 가능성의 유산을 자신에게 전승하면서" '운명적인 반복'을 계속할 수 없을까.

4

먼저, 하이데거에게 가능성의 유산을 자신에게 전승하는 반복을 김교수는 현재 완료적 운명으로서의 "사실성을 새로운 가능성으로 전승하는 …… 연동 장치와 같다"[15]고 이해한다. 그런 점에서 "과거적 사실에는 가능성에 의한 새로운 견분이 축

13) '순수 의식'에서 '순수'는 방법적(조작적) 개념이지 주제적(事象的) 개념이 아니라는 점에 유의하기만 하면, 후설이 순수 의식에 도달하는 과정(현상학적 환원)에서 세계의 존재를 부정한다는 식의 오해는 일어나지 않을 것이다. 그러나 '순수 의식'에서 '순수'를 '의식'의 한정어로 사용하면 이런 오해가 불가피하게 되므로 가능한 한, '순화된 관점에서 본 의식'으로 바꿔 쓰는 것이 좋을 것이다.
14) 여기서 'Leistung'을 '업'(業)로 옮기는 것이 가장 적절함이 드러난다. 너무 불교적 술어라서 차마 제안하기 어렵지만, 서양철학의 한국화를 위해서는 꼭 고려해볼 만하다고 생각된다. 공동 주관성에 의한 객관적 세계의 구성에 관해서는 배의용, "불교 유식학과 후설 현상학의 심식 이론에 관한 비교 연구", 『한국불교학』 제25집, 1999, 127-166쪽 참조.
15) 『하이데거와 마음의 철학』, 370쪽.

적된다"(368)고 말한다. 김교수의 해석에 의하면, 영웅적인 선택을 통해 추구하는 미래적 본래성은 흠이 생기기 전의 깨끗한 본바탕과 다르지 않다. 이것은 이미 마음에 현시되어 있는 진리, 즉 진여자성이며, 진리를 현시하는 마음은 양심의 부름에 귀기울이는 현존재다.16) 김교수는 "반복이란 마음에 현재 완료적으로 있어온 (실존의 사실성과) 실존의 가능성(과의 사이에 오고가는 왕복의) 화답이다……"17)라고 보충해 (고쳐) 읽는다. 그러나 사실성과 가능성 사이를 왕복하는 화답이란 구체적으로 어떻게 이루어지는가. 김교수는 이에 대해 다시 예의 '견분-상분'의 보도(寶刀)를 꺼내 휘두른다. 그러나 이번에는 요란한 소리 아래 베어지는 것은 허공뿐이다. 종자생현행, 현행훈종자…… 사실 이 저서에서 김교수는 이것으로 하이데거를 난도질하고 있다.18)

하이데거가 반복에서 생각하고 있는 것은 단순히 사실성(= 상분)과 가능성(= 견분)과의 왕복 운동이 아니다. 그것은 미래의 죽음을 선구함으로써 (미리 미래로 나아가) 자기에게 주어지는 '모든 가능한 순간들을 미리 자기 것으로 획득하여(Aneignung)'

---

16) '현시되어 있음(Erschlossenheit)'과 현시하고 있음(Erschliessung)의 관계는 김교수의 화두에 해당한다. 특히 147, 233f., 259f., 289쪽 이하를 보라.
17) "Die Wiederholung *erwiedert* vielmehr die Möglichkeit der dagewesenen Existenz"(직역한다면, "반복은 오히려 현존했었던 실존의 가능성에 화답한다"로 될 것이다). 김교수는 'dagewesen'을 '마음에 현재 완료적으로 있어온'이라고 옮기는데, 이것은 'Dasein'에서 'da'를 굳이 '마음'으로 읽고자 하는 의지의 발로로 보인다.
18) 김교수에게는 종자가 반드시 견분이고 현행은 반드시 상분으로 정해져 있는데, 이것이 어느 유식학파의 소론인지는 알 길이 없다. 내가 아는 한, 종자에는 상분 종자도 있고, 견분 종자도 있다. 그래서 종자가 현행하면 견분과 상분으로 이분된다. 견분이 마음이라면 상분은 세상이다. 그러나 김교수는 늘 알라야식의 견분과 상분만을 생각하고 있는 것 같다. 모든 식에 견분과 상분이 있음에도 불구하고 말이다.

현재로 다가와 완료되는 순간들을 언제나 이미 '현존하고 있었던' 가능성으로서 인수함을 의미한다.[19] 이리하여 나에게 근거 없이 던져졌던 모든 가능성들을 모두 내가 근거가 되어 스스로 던졌던 것으로 떠맡을 수 있게 된다. 따라서 '가능성의 유산'이란 모두 '나의 것'이며 이런 맥락에서 '탄생'까지도 "죽음의 건너뛸 수 없는 가능성으로부터 되돌아와서 실존 속에 되찾아넣어진다"(S.391)고 말할 수 있다. 반복의 의미는 이것에 그치지 않는다. 현재 완료되어 과거로 넘어간 모든 순간들은 다음 순간들에 의하여 끊임없이 되살려지고, 그 의미가 새롭게 충실화된다. 따라서 그 어떤 순간의 의미도 미완성이라고 볼 수 있다. 그러나 무의 심연 속에서는 완성으로의 진보 역시 무의미하다는 것을 상황 속에서 결단하는 현존재는 이미 알고 있다. 여기서 순간을 여한 없이 살 수 있는 대자유가 가능해진다. 물론 불안은 끝내 떨쳐버릴 수 없긴 하지만 말이다.

이러한 의미에서의 무한한 반복이 현상학과 유식학에서는 어떻게 가능한가. 죽음에의 선구 없이도 본래적 결단이 가능한가. 우선 유식학에서는 무엇보다도 '초발심(初發心)'을 중요시한다. 그래서 초발심이 원만한 정각이라(初發心是遍正覺)고까지 설한다. 나아가 초발심한 보살들의 수행은 '세세상행(世世常行)'으로 규정된다. 이것은 보살의 원행(願行)이 무한한 반복을 전제하고 있음을 말해준다. 왜 첫 결단에서부터 '삼아승지겁(三阿僧祗劫)'에 걸친 무한한 반복을 선구해야 하는가. 그것은 중생의 세계가 무한하므로 환동성불(還同成佛)에 무량한 시간(?)이 필요하기 때문이다. 그러나 또 한편, 매 순간 실존적 진리를 성취할 수 있음을 분명히 강조한다. 『금강경』에서 설하는 "隨處作主면 立處皆眞"이란 매순간 자신이 처한 상황에서

---

19) 『존재와 시간』, S.391 참조. **미래에 있었던 반복**'이란 표현에 유의하라.

주인(가능성의 근거)으로서 행동하면, 선 곳마다 모두 진리가 됨을 말한다. 이보다 더 간결하게 본래적 실존의 근원적 진리를 표현할 수 있을까.[20] 그뿐이랴. 본래적 실존이 진리를 살고, 비본래적 실존은 비진리를 산다는 것은 유식학적 견지에서보면 '세속제'에 불과하다. 승의제에서는 모든 중생이 여여하게 법신의 자성을 갖추고 있다고 설한다. 세속과 승의와의 미묘한 관계를 하이데거로서는 이해하기도 힘들다.

후설의 현상학은 그럼 어떤 식으로 실존의 본래적 생기를 이해하는가. 확실히 후설은 이 문제를 주제적으로 다룬 적이 없다. 그에게는 인식이 의지와 감정의 기초며, 따라서 인식의 문제를 해결하는 것이 그의 주요 관심사이기 때문이다. 그러나 그의 현상학적 철학을 종합한다면, 어떤 결론을 재구성할 수 있음에 틀림없다. 먼저 현상학적 방법의 실존론적 의미를 추출할 수 있다. 이 방면에서는 좋은 논문들이 이미 나와 있다. 여기서 핵심은 선험적 환원을 통해 인간에 대한 견지가 일대 전회를 경험하지 않을 수 없다는 데 있다. 이것을 하이데거는 "현존재 없이는 존재도 없고, 진리도 없다"고 적절히 표현하고 있다. 그리고 현상학 전체를 통해서 도출될 수 있는 결론들 중 상당 부분이 이미 하이데거에 의해 적절히 활용되고 있다. 물론 전거를 밝히지 않은 채 말이다. 가령 도구적 존재를 '정관적 대상'보다 선행하는 것으로 보는 것은 억견(Doxa)이 자연적 태도의 본질을 이룬다는 현상학적 통찰에 근거하고 있다. 단지 후설에서는 시간의 무한성에 의거하여 하이데거와는 다른 '반복' 형식이 예상되는데, 이것은 '언제나 새로운 개시(immer neurer Anfang)'로서 암시되고 있다는 것만 말해두고자 한다.

---

20) 그래서 나는 'Da'를 '처(處)'로 옮기고 싶다. 'Dasein'은 '처해 있음'으로 옮기면 될 것이다. 이것은 'Befindlichkeit(처한 느낌)'과도 상통한다.

이상으로부터 다음과 같이 결론지을 수 있을 것 같다. 김교수의 '깨달음'은 핵심에서 옳았다. 즉, 현존재를 마음으로 읽는 것은 크게 틀리지 않았다. 그러나 그의 깨달음을 논증하는 데는 실패했다. 논증의 도구가 너무 허술했기 때문이다. 그러나 이 저서를 대중적 해설서로 본다면 이런 결함마저도 대충 이해될 수 있을 것 같다. 아무튼 하이데거라는 대어를 그렇듯 쉽게 낚아올릴 수는 없는 일이고보면, 그의 노고에 진심으로 경의를 표하고 싶다.

□ 박종원

성균대 철학과를 졸업하고 동 대학원에서 석사 학위를 받은 뒤 프랑스 파리 제1대학에서 박사 학위를 받았으며, 현재 성균관 대와 경희대, 홍익대 강사로 있다. 주요 논문으로 「프랑스 정신 주의 콩디야크철학의 의미」, 「지성주의적 자연 해석과 비판을 위한 소고」, 「인과율에 관한 믿음의 근거」, 「베르그송의 근대 과학 해석에서 엘레아학파의 이미지」 등이 있으며, 저서로는 『서양철학의 이해』 등이 있다.

□ 진교훈

서울대 철학과를 졸업하고 동 대학원 수료 후 오스트리아 Wien대에서 철학 박사 학위를 취득했다. 현재 서울대 사범대 학 교수 및 중앙도서관장으로 재직하고 있다. 논문으로는 「철 학에서 본 생명」, 「가치관 교육의 개선 방향」, 「평화와 환경 보 존」, 「환경 문제의 윤리적 실천」 등이 있고, 저서로는 『현대 사

회와 정의』, 『21세기를 여는 한국인의 가치관』, 『오늘의 철학
적 인간학』, 『삶, 윤리, 예술』, 『윤리학과 윤리 교육』, 『문화철
학』, 『철학적 인간학 연구(Ⅱ)』, 『현상학과 실천철학』 등이, 역
서로 『철학적 인간학』, 『가치론』, 『윤리학 : 옳고 그름의 탐구』
등이 있다.

□ 이창재
연세대 철학과와 동 대학원 철학과를 졸업(철학 박사)한 뒤, 교
육부 국외 박사후 연수 과정을 시카고대에서 수료, 연세대와
이화여대, 한양대 등에 출강하였으며, 지금은 광운대 겸임 교수
로 있다. 주요 논문으로는 「'의미의 기원'에 대한 계보학적 고
찰 — 니체, 소쉬르, 프로이트를 중심으로」, 「이분법적 사유와
탈이분법적 사유 : 정신분석학적 관점에서 본 고찰」, 「도덕계보
학 : 니체의 생리심리학과 프로이트의 정신분석학」 등이 있다.

□ 홍준기
서울대 법학과와 총신대 신학대학원을 졸업한 뒤, 독일 브레멘
대에서 철학 박사(정신분석학 전공) 학위를 받았으며, 현재 홍
익대와 경희대 강사로 일하고 있다. 주요 논문으로는 「라캉과
알튀세르 이론에 대한 철학적, 체계적 재구성 : 주체 개념을 중
심으로」(박사 학위 논문), 「지젝의 라캉 읽기」 등이 있으며, 저
서로는 『라캉과 현대 철학』이, 역서로는 『욕망의 전복 : 자크
라캉 또는 제2의 정신분석학 혁명』, 『노아의 외투 : 아버지에
관한 라캉의 세 가지 견해』, 『알프레드 히치콕』 등이 있다.

□ 클라우스 헬트
후설의 제자였던 란트 그레베의 제자로, 쾰른에서 박사 학위를

받았고, 독일현상학회장을 역임하였으며, 현재 부퍼팔대학교의 정교수로 재직중이다. 최근에는 정치 문제에 대한 현상학적인 접근을 시도하고 있다. 국내에 알려진 주요 저서로는 *Lebendige Gegenwart* 등이 있다.

□ 루돌프 베르넷(Rudolf Bernet)
벨기에 루뱅대를 졸업한 뒤 동 대학원에서 석사 및 철학 박사 학위를 받았으며, 현재 루뱅대 철학과 교수이자 루뱅의 후설 아키프 소장을 맡고 있다. 독일현상학회 회장을 역임하고 *Husserliana*와 *Phaenomenologica* 등의 책임 편집자며, *Husserl Studies* 외 다수의 국제 학술지의 편집위원 및 자문위원으로 활동중이다. *Edmund Husserl* 외에 다수의 저서와 역서가 있으며, 주요 논문으로는 "Das Phaenomen und das Unischtbare. Zur Phaenomenologie des Blicks und des Subjekts", "Endlichkeit und Unendlichkeit in Husserls Phaenomenologie der Wahrnehmung", "Die Frage nach dem Ursprung der Zeit bei Husserl und Heidegger", "Husserl and Heidegger on Intentionality and Being", "Gesetz und Natur. Der kategorische Imperativ bei Kant und Lacan", "l'encadrement du souvenir chez Husserl, Proust et Barthes", "Den Anderen wie Dich selbst", "L'analyse husserlienne de l'imagination comme fondement du concept freudien d'inconscient" 등이 있다.

□ 박승억
성균관대 철학과와 동 대학원을 졸업하였으며, Trier대 철학과 Post-doc.로 있다. 주요 논문으로는 「후설의 학문 이론에 관한 연구」(박사 학위 논문), 「후설의 학문 이론적 전략과 제일철학」, 「귀납의 정당화에 관한 또 하나의 시도」 등이 있다.

□ 이유택

계명대 철학과를 졸업하고 동 대학원에서 석사 학위를 받은 뒤 독일 Augsburg대학에서 철학 박사 학위를 받았으며, 현재 계명대에 출강하고 있다. 저서로는 *Vom Seinkönnen zum Seinlassen : Heideggers Denken der Freiheit* (Würzburg : Ergon 2000)가 있으며, 논문으로는 「하이데거에게서의 철학과 철학함의 의미」(『철학논총』 제20집, 새한철학회 2000)가 있다.

□ 하병학

중앙대 철학과를 졸업하고 독일 에어랑엔대학에서 철학·독어학·사회학으로 석사 과정을 마친 뒤, 논문 「후설에 있어서 과학철학으로서의 논리학에 대한 보편 수학의 관계」로 박사 학위를 받았으며, 지금은 중앙대에서 강의를 맡고 있다. 주요 논문으로는 「현대 논리학적 단초들을 중심으로 한 라이프니츠 논리학의 이해」, 「오스카 베커(Oskar Becker)의 현상학 ─ 그의 수학철학을 중심으로」 등이 있으며, 번역서로는 『논리-의미론적 예비학』(투겐트하트·볼프 공저)이 있다.

□ 한전숙

서울대 문리대를 졸업한 뒤 전북대 문리대 철학과 교수, 전북대 문리대 학장, 서울대 교양과정부 철학과 교수, 서울대 인문대 철학과 교수를 지내는 가운데, 철학연구회장, 한국현상학회장, 한국철학회장을 역임했으며, 현재는 서울대 명예교수이자 호원대 특임교수로 있다.

□ 배의용

동국대 철학과와 동 대학원을 졸업한 뒤 원광대 전임교수를 지냈고 독일 레겐스부르그대에서 연구하였으며, 동국대 대학원에서 「E. Husserl의 전현상학기(前現象學期)의 기호 이론에 관한 연구」로 박사 학위를 받았다. 현재 동국대 경주 캠퍼스 교수회장으로 있으며, 저서로는 『불교와 현대 사상』(공저), 『후설과 현대 철학』(공저), 번역서로는 『에드문드 후설의 현상학』(Paul Jansen, 이문출판사, 1986), 『칸트 대 비트겐슈타인』(Susanne Fromm, 동국대 출판부, 1988), 논문으로는 「후설의 언어철학」, 「후설과 프레게의 의미론」, 「데리다와 형이상학 해체」, 「데리다의 후설 해체」, 「유식학의 유가행과 현상학적 환원 ─ 언어적 관점에서의 비교」, 「법상유식학과 E. 후설의 지각 이론」, 「불교 유식학과 후설 현상학의 심식 이론에 관한 비교 연구」 등이 있다.

『철학과 현상학 연구』 편집 규정

1.『철학과 현상학 연구』의 학문적 목표 및 편집 방향

1)『철학과 현상학 연구』는 일차적으로 현상학의 발전을 도모하려는 것이며, 이를 위하여 철학의 다양한 분야와 방법론과 대화하고자 한다. 더 나아가 국제적으로 쟁점이 되고 있는 주제 및 한국의 토착적인 주제를 현상학적으로 발전시켜, 국제적인 학문 교류의 토대를 마련하고자 한다.

2) 현상학의 다양한 분야를 포섭하고 미개척 분야를 개발하기 위하여, 편집위원회에서는 1~2년 동안의 특집 주제를 미리 선정하여 회원들에게 공고하고, 이를 월례 발표를 통하여 충분히 토론하고 특집 논문으로 발전시킬 것을 권장한다. 한편, 필자들의 독창성을 장려하기 위한 자유 주제 논문들도 특집 주제와 함께 항상적으로 수용하고 출판한다.

3)『철학과 현상학 연구』는 1년에 2회(봄, 가을) 발행한다.

2. 투고 규정

1) 특집 주제는 한국현상학회 통지문에 6개월~1년 전부터 공고될 것이며, 자유 주제는 필자의 재량에 따른다. (현상학회가 주관하는 국제학술대회에서 발표된 논문도 한글로 번역한 형태로 투고할 수 있다.) 서평은 최근 3년 이내에 출간된 철학 관련 국내외 저서 및 번역서에 대한 평이어야 한다.

2) 논문의 분량은 200자 원고지 150매 이내로 한다. 분량을 초과하는 논문은 심사 대상에서 제외될 수 있다. 서평의 분량은 200자 원고지 20매 이내로 한다.

3) 논문 초록(200자 원고지 2~3매)과 주제 분류어, 주제 검색어 등을 첨부해야 한다. 논문 게재가 확정된 논문인 경우는 인터넷상에서 국제적으로 소개할 수 있도록 영어 또는 독일어로 된 간단한 논문 초록도 제시해야 한다.

4) 글자체는 신명조, 논문 규격은 좌우측 여백 0, 들여쓰기 2를 사용한다. 참고 문헌은 각주로 처리한다. 기타 논문 작성 요령은 최근의『철학과 현상학 연구』를 참조한다.

5) 워드프로세서로 완성된 논문은 디스켓 1장과 출력 원고 3부(보관용, 출판용, 심사용)의 형태로 제출해야 한다.

6) 논문 제출 마감은 각각 2월말, 8월말이다.

7) 연구비 200만 원 이상을 수혜받은 논문에 한해서 게재료 20만 원 이상(단, 영수증 액수와 동일한 금액)을 받는다.

8) 논문 접수처 :
서울특별시 종로구 명륜동3가 53, 성균관대학교 문과대학 철학과 내, 『철학과 현상학 연구』 편집장 앞.
☎ 760-0321, e-mail : sjklee@yurim.skku.ac.kr

3. 투고 논문 심사 기준

1) 투고 논문은 1항에 언급된 『철학과 현상학 연구』의 학문적 목표 및 편집 방향에 부합해야 한다.

2) 반성적·비판적·독창적 주제 또는 토착적인 주제를 다룬다는 문제 의식이 있으며, 이에 해당하는 논점이 명확하게 제시되어야 한다.

3) 1차 참고 문헌과 최근의 2차 참고 문헌을 충분히 연구해야 한다.

4) 가능한 한 국내의 선행 연구에 대한 토론이 제기되어야 한다.

4. 투고 논문 심사 절차

1) 2월말과 8월말에 투고된 논문들은 편집위원회에서 심사위원을 선정하여 심사를 맡긴다.

2) 심사위원은 논문 주제에 해당되는 전문가를 편집위원 및 회원 가운데에서 1명을 선정하며, 불가피한 경우에는 외부의 전문가에게 심사를 맡긴다. 심사와 관련된 사항에 대해서는 철저한 보안을 유지한다.

3) 심사 결과는 A(최우수), B(우수), C(수정하는 조건으로 게재 可), F(게재 不可)로 판정한다. 게재 불가의 판정이 난 논문에 한해서, 편집위원회는 제2의 심사위원을 선정하여 재심사하도록 하며, 이때도 C와 F로 판정을 받은 논문의 경우에는 탈락시킨다. 재심사 때 A와 B를 판정받은 논문은 제1·제2 심사위원이 합의하여 최종 판정하도록 한다.

4) 심사위원은 『철학과 현상학 연구』의 논문심사결과보고서 양식을 자세하게 작성해서 편집이사에게 제출해야 한다. 불성실한 논문 심사에 대해서는 편집이사가 편집위원회의 과반수 이상의 동의를 얻어 새로운 심사위원을 선정할 수 있다.

2000년   월   일

철학과 현상학 연구 제15집
현상학과 정신분석

초판 1쇄 인쇄 / 2000년 11월 25일
초판 1쇄 발행 / 2000년 11월 30일

●

엮은이 / 한국현상학회
펴낸이 / 전 춘 호
펴낸곳 / 철학과현실사
서울특별시 서초구 양재동 338의 10호
전화 579-5908~9

●

등록일자 / 1987년 12월 15일(등록번호 / 제1-583호)

●

ISBN 89-7775-320-1 03100
*엮은이와의 협의에 의하여 인지는 생략합니다.
*잘못된 책은 바꾸어 드립니다.

값 12,000원